厚德博學
經濟匡時

本书获得“双一流引导项目”
“财税正义与财税制度建设研究”的资助

匡时 大学通识系列

社会分析与公民素养

公正

曾军平◎著

上海财经大学出版社

图书在版编目(CIP)数据

公正/曾军平著．—上海：上海财经大学出版社，2021.9
(匡时·大学通识系列)
ISBN 978-7-5642-3853-7/F·3853

Ⅰ.①公… Ⅱ.①曾… Ⅲ.①公正-高等学校-教材 Ⅳ.①D081

中国版本图书馆 CIP 数据核字(2021)第 169633 号

公 正

著 作 者：曾军平 著
责任编辑：朱静怡
封面设计：张克瑶
出版发行：上海财经大学出版社有限公司
地　　址：上海市中山北一路 369 号(邮编 200083)
网　　址：http://www.sufep.com
经　　销：全国新华书店
印刷装订：江苏凤凰数码印务有限公司
开　　本：710mm×1000mm 1/16
印　　张：21
字　　数：320 千字
版　　次：2021 年 9 月第 1 版
印　　次：2021 年 9 月第 1 次印刷
定　　价：68.00 元

前　言

正义是社会制度的首要价值。从公平正义角度就经济政策、制度、规则进行分析，是经济学理论分析所不可或缺的，如果经济学的相关理论分析还期待能够对社会真正有所裨益的话。一方面，鉴于公平正义所具有的价值和意义，经济政策、制度与规则的合理性、正当性需要公平正义为价值基础：如果一种政策、制度和规则是不公平、不正义的，哪怕它再有效率，其合理性、正当性也不能得到证明。另一方面，由于资源有效配置的根本障碍在于社会合作中的人际利益矛盾和冲突，哪怕是考虑资源的有效配置，这需要公平规则的构建来为其提供得以实现的途径和机制。没有公平正义的制度规则，就不可能有持续有效的配置结果及其相关的经济的繁荣和发展。

然而，受研究主题及其研究范式的影响，公平正义在现代经济学的理论分析中并未获得其应有的地位。相应地，在经济政策、制度与规则的选择上，公平正义并未充分发挥其本应该发挥的作用：其一，现代主流的新古典经济学以资源的有效配置为核心主题，关于利益的公平分配问题，它在很大程度上被诸多主流经济理论给忽视了，比如宏观经济学的相关政策分析；其二，尽管有一些经济理论问题涉及公平正义的考虑，比如有关收入公平的理论研究，但整体而言，公平正义问题在经济学的分析中处于从属的位置；其三，由于将公平错误地理解为平均主义意义上的结果均等和(或)差距缩小,经济学以公平正义为导向的诸多政策与制度恰正与公平正义的要求背道而驰。

对于主流经济学在公平正义理论分析中所存在的局限,本人于 2014 年起在上海财经大学开设了名为"公正"的课程。就"公正"课程而言,从学校课程建设的层面来说,它是作为全校通识课程纳入教学计划之中的;但在课程负责人看来,鉴于公正问题本身的重要性及现代主流经济学有关公平正义认知的局限性,它不仅是一门通识课程,也是一门经济学的基础课,是经济学等基础课程的基础:课程开设的目的不仅是加强公正方面的通识教育,也是加强经济学基本价值理念的专业教育。我们期待,在增强学生通识教育的同时,"公正"课程的开设能够为经济学的理论分析提供经济学本应该具有的伦理基础。

此前,该课程所使用的教材是哈佛大学桑德尔教授为其通识课所撰写的《公正》。就桑德尔教授的"公正"课程及教材而言,质量无疑是一流的,社会影响也非常大,网上还有相关的配套视频,这都是"公正"课程学习不可或缺的资料。但是,考虑到桑德尔教授的《公正》教材使用的案例多是欧美的,对于公正问题的理论分析主要以公正的相关原则就现实问题进行分析,关于公正相关原则的批判性分析则相对不足,在参考和借鉴桑德尔教授课程及教材的基础上,结合多年"公正"课程的教学积累,我们编撰了本教材。

相比桑德尔教授的《公正》教材,本教材有三个特点。其一,方法论的完善。公平正义的理性分析需要有方法论的基础,桑德尔教授的教材及课程在此方面的讨论很少,本教材则专门设置了一个章节来讨论,在内容上进行了完善。其二,公正原则的批判性分析。与桑德尔教授的教材主要用具有代表性的公正原则就现实问题做出批判性分析不同,本教材更侧重于对具有代表性的公正原则本身合理与否进行批判性分析,因为价值原则的分歧是最根本的分歧,理论的批判需要从基本的价值原则开始。其三,对公平正义的新思考。本教材以可逆性检验一致有效意义上的平等待人来定义公平正义，试图提出能够替代已有公正原则的新的正义理论；而桑德尔教授的教材对于公正的理解是悬而未决的：在对公正的三大理论传统——功利主义、自由主义与至善论——进行介绍和分析之后，桑德尔教授并未给出一种替代性的公正原则。另外，在案例的选择方面，本教材注重案例来源及类型的多样化，除了采用欧美的一些典型案例之外，我们还增加了我国的一些案例。

本教材的完成得益于上海财经大学通识教育中心及上海市教委长期给予的支持。从 2014 年本课程纳入学校通识教育课程立项，到进一步纳入学校通识核心课程与上海市教委立项的思政课程，上海财经大学和上海市教委对课程建设给予了充分的支持。也正因为有方方面面的支持，本课程才得以持续建设，本教材才能得以完成。作为课程负责人及本书的作者，值此教材出版之际，特向上海财经大学通识教育中心和上海市教委表示衷心的感谢！

课程与教材的建设，也离不开选修“公正”课程的所有同学的支持。自课程开设以来，每个学期都有 2 个班百余名同学参与了“公正”课程的学习。同学们的踊跃参与是对课程建设最大的支持，从某种意义上说，本教材及相关的课程建设是本人和同学们集体智慧的结晶。其一，在教学过程中，各届同学在课堂上积极发言，这激发我不断地对公正问题进行思考。其二，在课程结束后，各届同学就课程的建设提供建设性的意见，这为课程体系及教学方法的完善提供了依据和方向。其三，同学们在期末为本课程考试而撰写的案例分析，更是为课程的教学和教材的撰写提供了丰富的、可供使用的素材。另外，责任编辑朱静怡老师为本书的出版付出了辛勤的劳动，在此一并表示感谢！

值得特别指出的是，在性质上，由于本书涉及对于具有代表性的公正原则——功利主义、自由主义、均等主义、自由至上主义、契约主义、罗尔斯主义、自由平等主义、康德主义、女权主义及其他公正理论——的批判性讨论，而不是局限于已有理论的介绍，本书不仅是一本教材，也具有专著的性质。进而，本书不仅可以作为学习公正相关理论的教材，也可以作为研究公正理论的学术参考资料。

当然，公平正义的理论分析极其复杂，相关的学术研究资料浩如烟海，而在学科划分上，公平正义属于政治哲学的范畴而非本人专业所涉及的经济学、财政学方面，书中的错误在所难免，希望使用本书学习和研究的同学、专家能够指出书中存在的错漏，以便将来做出修正和完善。

曾军平

2021 年 3 月 14 日于上海财经大学凤凰楼

目　录

前言　// 1

1　导论　// 1

1.1　帕克:他应该被牺牲吗?　// 2

1.2　经同意而杀人、吃人吗?　// 6

1.3　因饥饿而偷盗、抢劫吗?　// 8

1.4　协助帕克自杀:道德吗?　// 9

1.5　何谓公正? 如何才公正?　// 13

1.6　为何是公正? 有何意义?　// 15

2　方法论　// 19

2.1　为稳定而缩小收入差距?　// 20

2.2　父母应因疏忽而入刑吗?　// 22

2.3　特别互助贡献税公平吗?　// 24

2.4　公共生产还是私人生产?　// 27

2.5　行为与制度该如何辩护?　// 28

2.6　标准的标准:何种标准?　// 34

3 功利主义 // 38

3.1 如果你是审讯官:会更变态吗? // 39

3.2 功利主义原则:能得到证明吗? // 45

3.3 否定权利:只有功利没有权利? // 48

3.4 功利优先:权利由功利定义的? // 52

3.5 权利优先:不会侵犯个体权利? // 58

3.6 应该否定对最大幸福的追求吗? // 61

3.7 功利主义公正观:评价与含义 // 64

4 自由主义 // 69

4.1 个体自愿加班:应禁止吗? // 70

4.2 个体自由决策与自我选择? // 76

4.3 因偏好不合理而加以干预? // 80

4.4 因准备不充分而进行干预? // 88

4.5 基于决策能力不足而干预? // 91

4.6 究竟何谓不侵犯他人利益? // 96

4.7 小结:自由主义的公正观 // 98

5 均等主义 // 105

5.1 为公平分配而缩小差距? // 106

5.2 分配公平:绝对的均等? // 110

5.3 分配公平:相对的均等? // 112

5.4 为社会稳定等而缩小吗? // 116

5.5 公平:是规则还是结果? // 119

5.6 均等主义:评价与含义 // 121

6 自由至上主义 // 124

6.1 如果马云问你:你怎么说? // 125

6.2 资格理论:应禁止再分配? // 131
6.3 为激励穷人而禁止再分配? // 136
6.4 为社会进步而禁止再分配? // 140
6.5 救助:靠道德还是靠法律? // 141
6.6 小结:自由至上主义观点 // 148

7 契约主义 // 151
7.1 为避免职业暴露而拒绝? // 153
7.2 公正必须要双方同意吗? // 161
7.3 只要双方同意就公正吗? // 168
7.4 同意是否与公正无关呢? // 176
7.5 究竟要如何同意才公正? // 180
7.6 契约主义:评价及含义 // 187

8 自由平等主义 // 192
8.1 开征美人税:公平正义吗? // 193
8.2 自由平等主义方案合理吗? // 199
8.3 起点公平:起跑线一样吗? // 208
8.4 究竟何种起点才是公平的? // 212
8.5 历史的错误该如何去面对? // 218
8.6 自由平等主义:评价及含义 // 221

9 康德主义 // 224
9.1 为私利而举报:这道德吗? // 225
9.2 道德必须要出于义务动机? // 229
9.3 道德的最高原则究竟为何? // 235
9.4 人是目的而不只是手段呢? // 242
9.5 究竟是义务论还是后果论? // 245

9.6 康德主义:评价及其含义 // 249

10 其他公正观 // 254

10.1 应得之说:公正就是应得? // 255
10.2 服从事物的目的、天性吗? // 258
10.3 公正:就是按规则办事吗? // 262
10.4 女权主义:性别如何平等? // 266
10.5 其他公正观:总结性评价 // 269

11 公正新论 // 272

11.1 究竟何谓公平、何谓正义呢? // 274
11.2 可逆性检验有效均衡存在吗? // 279
11.3 可逆性检验一致有效合理吗? // 283
11.4 公正是相对、特殊、主观的吗? // 288
11.5 公正与其他价值的关系如何? // 291
11.6 公正所适用的主体范围如何? // 294

12 公正:如何可能? // 301

12.1 收入如何分配才公平? // 302
12.2 忒弥斯为何蒙住眼睛? // 305
12.3 为何要先把泥点晾干? // 308
12.4 法外私刑有什么问题? // 311
12.5 子贡赎人为何反被批? // 315
12.6 应禁止政治不正确吗? // 317
12.7 公正的条件及其含义 // 324

1

导 论

任何一门学科都有其研究的主题。

作为自然科学的"带头"学科，物理学是一门研究物质一般运动规律的学科。大至宏观宇宙，小至基本粒子，它们的运动形式和规律如何？

而化学，它作为自然科学的一种类型，主要在分子、原子层面来研究化学反应，研究物质的组成、性质、结构及其变化的规律。

至于经济学，在保罗·萨缪尔森和威廉·诺德豪斯看来，它"研究的是一个社会如何利用稀缺的资源生产有价值的商品，并将它们在不同的个体之间进行分配"①。

受此影响，任何一本研究上述主题的专著、教材也都有其相应的、所要探索的主题：探索物质运动的法则、研究化学反应的模式以及讨论经济运行的规律等。

那么，作为一本以《公正》为名的教材，本书所要讨论的主题又是什么呢？对相关问题进行探讨又有怎样的价值和意义呢？

---

① 萨缪尔森，诺德豪斯. 经济学[M]. 北京：商务印书馆，2013：5.

为了了解《公正》所要讨论的主题及其价值和意义，我们先看一个具体案例。

1.1 帕克：他应该被牺牲吗？

那是1884年的夏天，在南大西洋离陆地1 000多英里的地方，当时有四名英国海员，他们分别是：

船长：托马斯·达德利（Thomas Dudly）；

大副：埃德温·斯蒂芬斯（Edwin Stephens）；

船员：埃德蒙·布鲁克斯（Edmund Brooks）；

男仆：理查德·帕克（Richard Parker），他是一个17岁的孤儿，第一次参加海上长途旅行。

由于遭受到暴风雨的袭击，他们的船沉没了，他们逃到救生艇上。由于情况紧急，他们从船上带来的食物极其有限，吃完剩下的食物后，他们缺乏食物和水。

由于饥渴难忍，又加上是第一次海上旅行，男仆帕克喝了海水，生病快要死了。

在海上漂流了20天之后，为了生存，达德利船长用小刀杀死了帕克，以帕克的尸体和血为食物，船长等三人支撑了四天。在第24天，他们被路过的船只获救。回到英格兰之后，达德利等被捕并接受审判。①

这里引出一个问题：为了生存，达德利船长杀死帕克并以其尸体和血为食物，正当吗？

是尊重权利，还是选择功利？

诺奇克（Nozick）指出："个人拥有权利，而且有一些事情是任何人或任何群体都不能对他们做的（否则就会侵犯他们的权利）。"②也正因为如此，对于达德

① 参见桑德尔.公正：该如何做是好？[M].北京：中信出版社，2012：34—35.

② 诺奇克.无政府、国家和乌托邦[M].北京：中国社会科学出版社，2008：前言1.

利等人强制剥夺帕克生命并以其为食物的行为，有人会坚决予以反对，认为这是不可取的。因为这是对帕克权利——生存权——的严重挑战和侵犯。

与上述反对者的观点不同，有人则对此持肯定的态度。在他们看来，在当时特定的环境下，船长的行为是可取的，这有利于社会功利的最大化：

其一，如果不牺牲一个人，由于食物和水的缺乏已经超越人体的极限，最后四个人都得死。现在，牺牲帕克一人而挽救三个，合理。

其二，在四个人中，被牺牲的人——帕克——又弱又病，是当时符合逻辑的"最佳"候选人，因为他反正很快就要死去了。

其三，与其他三人都有家室不同，帕克是个孤儿，他的死不会留下孤儿寡母，不会剥夺任何其他人的依靠，也不会给其他人带来悲伤。相反，如果当时死的是其他人，那情况就要糟糕得多。

如何突破法律和道德的困境？

当然，一旦支持者基于社会功利的最大化来为杀人、吃人的行为进行辩护，这会与人类社会的基本道德、国家的法律制度相冲突。因为，普遍的道德观念与法律制度并不支持此等行为。

对于这一点，为船长的行为进行辩护的论者可能会说，在一般的情况下，杀人、吃人的行为是不合理的。但是，这一般情况在这里并不适用。由于船长和帕克四人当时在远离大陆 1 000 多英里的海上，他们处于"丛林社会"的自然状态，社会状态下的法律和道德对他们并不适用、没有约束力。

问题是，法律和道德的适用效力是否因为环境的变化和地点的转移而调整呢？如果真是这样的话，那是否意味着，在我们的社会中，抢劫犯、强奸犯一旦将受害人劫持至深山老林之中，使得他们和受害人一起处于独立于社会的自然状态下，他们的罪行就可以减轻抑或消失了呢？

与此同时，我们可以把视野放得更宽点，地球是宇宙的一隅，甚至可以说是极其孤僻的一隅，相对于其他星球上的生命来说（如果其他星球上也存在类似于我们的生命），我们人类完全处于远离其他生命的自然状态之中。如果法律、道德并不适合于自然状态之下，那这是否意味着人类社会根本就不应该有法律和道德的存在呢?

直觉上看,完全反对法律和道德适用性的观点是站不住脚的。因为,为船长的行为进行辩护的论者,一般不会认可歹徒将受害人劫持至偏僻处而能够减轻或免除其罪行的观点。与此同时,地球与其他星球所存在的物理限制,也不能成为否定法律与道德约束力的理由。

鉴于此,为船长的行为所做的辩护往往建立在认可法律和道德约束力的基础之上:船长的行为之所以是正当的,这并不是要否定所有禁止侵犯生命的法律、道德,而只是认为具体的法律和道德都有它适用的范围。反对侵犯生命的法律、道德只适合于物质比较充裕的社会,而在海上这一生存资源极度匮乏的"社会",正如电影《楢山节考》所反映的环境,相关的制度规则并不合适。

楢山是个地名,一座传说中的灵山。节是规则或仪式,按规矩,年过六十的老人(男人是年过七十)会被背上楢山与神灵共生。考是考证或纪录,电影就是对这一古老故事的冷静叙说。

故事发生在一百多年前日本信州深山里一个偏僻的村落。村子后的楢山连绵不断,峰顶终年积雪,将这个小小的村落与世隔绝。

由于长期的极端穷苦,村子里没有多余的粮食给没有劳动力的老年人吃,于是便有一个不成文的规定,男人一到七十、女人一到六十就要被儿子背上楢山任其自生自灭。[①]

关于《楢山节考》所反映的弃老现象,有学者认为,我国古代曾经也有类似情形的习俗,比如湖北郧县的"寄死窑"。当地百姓大多是听着弃老的传说长大的,对人一到六十就要前去等死的"寄死窑"也很熟悉:

"石窑呈筒状,窑内空间约一米宽,两米长,可躺下,不能直立。内壁有打磨过的痕迹,正中还有灯龛和烟痕。窑门口的石壁上也凿有不太清晰的波浪纹和树叶纹的图案,窑口有一长一短两个安装木门的槽痕,两侧有对称的栓门杠石凹。把人关进去后,从外面插上栓,就无法逃脱了……有的洞中有一

① 参见百度百科关于"楢山节考"的介绍和说明。

个人头大小的小洞，小洞中凿出一块倒悬石笋状的尖利的石头，关进洞中的人，在无法忍受痛苦时，可以触石而亡。这里只是待死之地，到人真正死亡后，就被掩埋在另外的地方，所以在目前发现的所有的‘寄死窑’里，都没有发现尸骨。”①

弃老是很残忍的，这与我们的传统美德相违背。寄死窑，它连防止逃跑的外栓内槽和自杀装置都考虑得如此“周全”，而这一切的设计都是为了生养自己的父母双亲，实在令人不寒而栗。难以想象设计者究竟是个不忍看到父母被折磨而又不得不遵从礼法的孝子，抑或是个见怪不敬、冷漠嗜血的杀人凶手。但尽管如此，支持弃老的论者还是可能会争辩说，这是人类社会在极端情况下所采取的为实现社会功利、维系种族发展而不得已采取的做法。

从这个意义上来说，船长的行为之所以得到辩护，这不是当时那种环境不需要法律和道德，而是一般的法律和道德在当时的特定环境下不适合：针对特定的情形，我们应该修改人类的法律和道德，确定更“好”的、符合社会功利最大化的道德与法律规范。

问题是，此等“好”的规则本身能够得到辩护吗？支持者应该如何看待此等规则所蕴含的残忍？如何回应权利侵犯论者所给予的反对和批评？

如何看待船长等人的生存权？

同样地，从维护权利角度对船长等人行为的批评也面临伦理的困境。毋庸置疑，基于个体权利维护角度来批评船长等人的行为有其合理性，这一点至少从帕克的角度来看是如此。但问题是，当我们从维护帕克权利的角度对船长的行为进行批评时，我们又该如何看待船长等人的生存权呢？毕竟，在当时那种食物和水都极端匮乏的情形下，如果不牺牲帕克，那最后四人都会面临死亡。既然个体的生存权利都面临极限挑战，是否可以牺牲部分个体的权利来维护整体权利的最大化呢？

为了说明这一问题，我们可以设想如下场景：当时帕克生病了，得的是某种

① 参见杨菁.汉江流域“寄死窑”与《栖山节考》[J].中国民商，2016(6).

传染病。为了避免帕克将病毒传染给其他人，船长等人将帕克进行强制隔离，或者强制要求帕克戴口罩，那么，此等强制行为是否侵犯了帕克的权利呢？帕克及其支持者是否可以基于侵犯权利而对船长等人的行为进行抗议呢？

1.2 经同意而杀人、吃人吗？

为了扩展问题讨论的视野并明确我们持有上述立场的伦理依据，我们可以对上述案例做出一定的修改：我们假设帕克自己同意被杀、被吃，情况会如何呢？

可以自愿被剥夺生命吗？

理论上，帕克同意被杀、被吃，有几种可能的情况：(1)帕克有牺牲精神，眼看其他同胞的生命危在旦夕，他自愿奉献自己；(2)为了维持自己的生存，船长等人晓之以理，动之以情，劝说帕克牺牲自己，而帕克考虑到自己的严重病情，预计自己已经来日不多，他自己同意提前结束自己的生命；(3)在面对生存危机时，船长和帕克等人同意采取抓阄的方式来决定生死，帕克不幸抽到下签。①

但是，不管是哪一种情况，由于帕克自己已经同意（我们假设同意中没有任何武力的胁迫而完全是个体的自愿），侵犯权利的问题已经得到解决，那么，反对船长行为的论者是否还会坚持他们原有的立场呢？

对于上述情况，也许有人会认为，尽管杀人、吃人行为很血腥、很残忍，但如果帕克真的同意了（没有任何强迫行为），此等行为还是可以得到支持和理解的。一方面既然帕克已经同意，就说明他已经放弃了自己的权利，杀人、吃人行为并没有侵犯帕克的权利。另一方面，在当时特定的环境下，如果不牺牲帕克，四个人都会丧生大西洋。

当然，也有人还是会持反对意见。在此类论者看来，不管帕克自己是否已经

① 达德利船长曾建议用抓阄来决定谁死，这样其他人也许能够活下去，但被布鲁克斯拒绝，结果他们没有抓阄。参见桑德尔. 公正：该如何做是好？［M］. 北京：中信出版社，2012：35.

同意放弃自己的生命，杀人、吃人的行为都是不可取的。因为，生命不可侵，生命的权利不可放弃：个体可以放弃自己的财产权，但是不能放弃自己的生命权。在这方面，约翰·洛克(John Locke)就认为人的生命不能被任何人(包括自己)所剥夺："因为一个人既然没有创造自己生命的能力，就不能用契约或通过同意把自己交由任何人奴役，或置身于别人的绝对的、任意的权力之下，任其夺去生命。"①

人可以作为手段吗？

问题并没有因此结束。如果船长行为不正当的根源在于侵犯生命，那么，我们还可以假设：帕克已经病死了，他直挺挺地躺在他们的救生艇上，船长等人此时可以以帕克的尸体为食物来谋生吗？当然，为了将问题简化，我们假设在去世之前，帕克已经表达了其遗体由船长等人任意处置的想法(包括立下遗嘱)。

既然帕克已经因病去世，而帕克也已经明确表达了将自己的遗体交由船长等人处置的愿望和想法，那基于"生命不可侵"与"权利不可侵"等方面的论点来反驳船长等人的行为就存在局限性。也正因为如此，反对船长等人行为的论者，此时可能会改变反对吃人的立场：他们尽管反对杀人，但并不反对吃人！

当然，对于帕克已经去世的情况，也还有一些人可能会反对。在他们看来，哪怕帕克已经去世，哪怕他生前已经放弃了遗体的处置权(包括明确认可自己死后船长等人可以他尸体为食的做法)，吃人的行为依旧不可取。因为，"人是目的而不是手段"，人拥有不容侵犯的尊严，而吃人的行为都是把人当作工具而不是目的，比如骇人听闻的"罗腾堡食人案"。②

---

① 洛克. 政府论——论政府的真正起源、范围和目的：下篇[M]. 北京：商务印书馆，1996：17. 印度《刑法》第 309 条规定，自杀未遂是一种危害社会秩序的罪行，因此可以被判处一年监禁并处罚金。这条法律的立法精神来自印度《宪法》第 21 条，即"印度公民的生存权和人身自由受法律保护"。目前，世界上有类似法律规定的除印度外还有四个国家：马来西亚、巴基斯坦、孟加拉国和新加坡。

② 参见这个人吃人的故事让我不寒而栗[EB/OL]. 搜狐网，2018-01-21；桑德尔. 公正：该如何做是好？[M]. 北京：中信出版社，2012：81－82.

1.3 因饥饿而偷盗、抢劫吗?

船长杀害帕克案有三个限定性特征:(1)行为方式的强制性,船长通过暴力剥夺了帕克的生命而未能征求帕克的同意;(2)施暴对象的特定性,船长等人所强制剥夺的是帕克的生命而不是其他方面的东西,比如说财产;(3)行为目的的外在性,船长杀害帕克是出于船长利益的考虑,其出发点不是帕克自己。

在前面,我们已经就第一个方面的限定性特征做出了修正,讨论了帕克自己同意情况下船长等人的行为正当与否问题。为了理解问题的实质,我们也可以就其他方面的限定性条件做出修正,比如,条件(2)下,我们假设船长等人强制剥夺的不是帕克的生命,而是帕克所拥有的财产,情况又如何呢?

为生存而偷盗、抢劫吗?

我们可以假设,帕克并没有喝海水,他身体健康。他们四人通过艰苦的搏斗,来到一个荒岛上。由于物资缺乏,他们只能靠采集野生的椰果来维持生存。

在他们四人中,帕克最年轻,身材敏捷,擅长爬树,能够采摘很多的、足够自己消费的椰果,但其他三人则能力相对缺乏,他们所能采摘的椰果数量根本不足以维持他们各自的生存。

由于船长等人采摘到的椰果极其有限,他们遭受到饥饿的威胁。但是,帕克又不愿意将自己多余的椰果主动捐献出来,船长等三人想行窃帕克的椰果,甚至试图对帕克进行“武装暴动”,用武力去抢夺帕克的椰果,他们的行为正当吗?

对于这样的情况,有的论者可能会说,帕克所采摘的椰果是他的劳动产品,帕克对于它们是有权利的,如果帕克自己不愿意自愿捐赠,偷盗和抢劫都是不合理的,与船长杀害帕克的问题一样,这是对帕克权利的侵犯。

对于上述“侵犯帕克财产权利”的观点,有一些论者则可能会反驳,这是不对的，因为这意味着将财产权置于生命权之上。在他们看来，当财产权和生命权相冲突时，首先要考虑的是生命权而不是财产权。

由国家强制进行分配？

当然，也有一些论者会说，船长等人私自偷盗和抢劫是野蛮的，在伦理上不可取。为解决个体生存保障的行为应该交由国家和政府来进行，个体没有强制剥夺他人私人财产的权力。

如果情况恰如上所说，偷盗、抢劫帕克椰果行为的问题是权力主体的私人性，这是否意味着：一旦船长等人联合起来成立一个临时政府，然后，他们通过立法，要求帕克就其所采摘到的椰果向“国家”纳税，以保障船长等人的基本生存，船长等人的行为此时是否就具有正当性了呢？

如果帕克也同意加入临时政府之中并且也对临时政府所规定的税法表示认可，基于法律来向帕克进行征税应该没什么问题。但问题是，在临时政府成立的过程中，如果帕克并不愿意加入其中，或者，帕克同意组成一个政府，但他并不支持船长等人提出的税收条款，船长等人是否可以强制帕克去加入政府抑或强制帕克接受政府所制定的税收条款呢？如果强制是可以的，那这种做法和直接剥夺帕克所采摘到的椰果有什么本质的区别呢？

1.4 协助帕克自杀：道德吗？

在做进一步的讨论和分析之前，我们先看一个104岁的澳大利亚科学家古德尔（Goodall）赴瑞士安乐死的案例。[①]

古德尔生于伦敦，是一名生态学家。虽然在近30年前便终止全职工作，但他仍然坚守在研究岗位上。近年来，古德尔还完成了30卷《世界生态系统》图书的编纂工作。直到2016年，他仍然保有澳大利亚埃迪斯科文大学荣誉研究助理

① 澳洲104岁科学家赴瑞士安乐死：“活这么久我很后悔”[EB/OL]. 界面新闻，2018-05-03.

一职，被认为是澳大利亚最年长的科学家。

当然，埃迪斯科文大学当年也提出，古德尔本人的健康问题是极大的安全隐患，并对这位百岁老人搭乘公共交通上班的能力提出质疑。在古德尔多次抗议后，他最终得以继续从事研究工作，但不得不转而选择离家更近的地方工作，也就是说，他无法再见到原办公室的同事和朋友。

后来，古德尔日益下降的视力让他很难再读电子邮件，他也不能再去参加业余剧场的彩排。ABC 的报道提到，从 90 岁起，古德尔就不能再打网球，此外，他的绝大多数朋友也已离世。

“这令我非常不开心，感觉被限制了，”古德尔说。在他看来，这样的生活“毫无疑问是缺乏尊严的，根本没有尊严可言”。

他提到，家人也意识到了自己对生活有多么不满意。古德尔的女儿凯伦是一名临床心理学家，她和父亲坦诚地交流过生死问题。显然，她并不希望父亲选择安乐死，但她表示理解。

104 岁生日那天，古德尔许下了一个愿望：“我想死去。”

5 月 2 日，古德尔从澳大利亚西部城市珀斯启程前往瑞士的巴塞尔，他将在当地一家辅助死亡机构结束自己漫长的一生。

在这里，古德尔先生因厌倦生活而准备寻求安乐死。类似地，我们也可以假设：帕克的病情极其严重，生不如死，帕克想自杀（我们对帕克案的限定性条件(3)进行修改），但需要得到船长等人的协助，船长等人应该给予协助吗（假设船长等人并不存在食品危机的问题）？

进一步地，如果船长等人成功协助帕克完成了自杀，在法律并没有允许协助自杀的情况下，当船长等人回到英国之后，他们应受到法律的制裁吗？或者，为了避免现实中法律空白所带来的困境，对于法律制度不明确的国家，它们是否应该将安乐死等协助自杀行为合法化？

安乐死合法化？

关于安乐死，又称安死术，是指病人患有痛苦不堪的疾病无法治疗，且濒临死亡，为了减轻其死亡前的痛苦，基于患者本人的请求或者同意，采用适当的方法，促使其提早死亡的行为。与船长强制剥夺帕克的生命不同，安乐死是基于患者本人的请求或者同意的。也正因为如此，安乐死的合法化，有诸多的支持者。在支持者看来，我们每一个人都有权利选择安乐死，有结束自己生命的权利。在此方面，荷兰著名人道主义学者简·格拉道特·范隆就坚信：

"延续一个人的生命与结束一个人的生命之间的选择与这种自我决定的权利密切相关。所有的人都必须被允许自我决定自己的生与死，应当有成文的法律规定保证和保护人们对自己生命做决定的权利。对于死亡不可避免而又遭受极大痛苦的病人来说，满足他们最后一个要求是人道的，他们应当有这个权利。"①

个体不仅应该有决定生死的权利，同时，在安乐死的支持者看来，行使这项权利对于患者乃至整个社会福利水平的提升都具有不同寻常的价值和意义：

一方面，就患者而言，在绝症后期，人体的免疫系统已经失去平衡，各种并发症会随之而来，患者会饱受着各种病痛的折磨但自己却无能为力。与此同时，患者知道自己已经处于生命的最后阶段，他们知道自己时刻都可能会被死神带走，但又不知道到底是什么时候，这种不确定性也给他们带来巨大的心理压力。相比而言，如果借助安乐死等辅助自杀手段，患者身体与心理上的痛苦就会大大减轻。② 也正因为如此，在《理想国》一书中，柏拉图就赞成把自杀作为解除无法治疗的痛苦的一种办法。而毕达哥拉斯等哲人也认为对老人和虚弱者实施自愿的安乐死在道德上是合理的。③

另一方面，从社会的角度看，在个体身患绝症的时候，尽力医治这个过程需要耗费大量的人力和物力，这会给患者的家庭、国家带来较重的经济负担。但放

---

① 转引自王晓慧. 论安乐死[M]. 长春：吉林人民出版社，2004：40.

② 当然，安乐死通过将凝血剂注入血管内，造成人缺氧而死亡。这个过程也会持续一小会，而在这之间对当事人来说也是痛苦的，只是因为先前的准备没有将痛苦表现出来。但整体来看，安乐死会极大程度地减少患者的痛苦。

③ 参见什么是姑息治疗、临终关怀和安乐死？[EB/OL]. 搜狐网，2017-11-22.

弃治疗后，这笔原本花费在患者身上的治疗费用就可以转移到其他人身上，可以提高家人的生活质量，或者捐献给更需要这笔钱的人，让它发挥更大的作用。

也正因为如此，在我国，即便安乐死没有法律的规定，但在司法实践中，例如在“王明成为母亲实施安乐死”“文裕章拔去其妻子身上的医疗设备”与“邓明建帮助患重病的母亲自杀”等案件中，相关当事人最后都未被判处实刑，实际司法活动根据情节、前后实际情况予以法定刑以下的刑罚。

禁止安乐死？

但是，对于安乐死的合法化，还是有人对此持否定态度。至于反对的原因，这不在于他们不认可安乐死在减轻患者痛苦上的功效，也不在于他们否定安乐死所带来的各方面资源的节约，而在于：

(1)人类的理性不能被欲望所支配，否则，我们都会成为欲望的奴隶。

(2)生命不可侵犯，哪怕是个体自己，也无法剥夺自己的生命，而其他人也不应该协助患者结束他的生命。

(3)生命是无价的，我们不能用金钱来衡量。

(4)杀害生命是非人道的，侵犯了人的尊严，即便这是被害者本人的要求。

(5)对于医生来说，帮助病人实施安乐死与他自己治病救人的职责、使命和初心相背离。

(6)一旦安乐死合法化，这可能会被不法分子用作违法的工具，导致社会混乱的发生。比如让老人能够选择安乐死会使得子女对老人的赡养和救助不会竭尽全力，会使本应该能被挽救的老人早早选择死亡，使得老人的权益反而受到损害。

既然如此，对于上述反对意见，主张安乐死合法化的论者又该如何回应呢？安乐死合法化能够得到更进一步的辩护吗？

1.5 何谓公正？如何才公正？

帕克被害案引发了我们对一系列问题的思考：

(1)船长等人为了自己的生存而杀害帕克，行为正当吗？在资源极度匮乏的极端环境中，法律与伦理应该将消灭部分个体的做法合法化、正当化吗？

(2)如果杀害行为已经获得帕克的同意，那情况又如何呢？同意是否能够为杀人、吃人之类的行为的正当性与合法性提供基础？哪怕是在资源并不匮乏的一般环境中？

(3)为了维护自己的生存，如果船长等人不是剥夺帕克的生命，而只是偷盗或抢劫帕克的财产，其行为正当吗？在人际间强制性进行财产转移是否需要依赖于国家和政府？如果是的，那政府施加强制权力的合法性基础又何在？对于那些不愿意加入国家之中的个体，国家和政府可以强制他们加入吗？或者，国家和政府可以强制向他们征税吗？

(4)如果帕克本人为缓解疾病带来的痛苦而请求船长等人进行协助自杀，船长应该帮忙吗？国家应该给予安乐死这类的协助自杀行为以合法化地位吗？个体权利、减轻患者痛苦与节约社会资源等能够成为安乐死合法化的充分理由吗？

就上述问题而言，尽管它们涉及的领域有很多，涉及经济、法律、政治与社会等诸多方面，但它们大体涉及两类问题，即个体行为与社会制度(包括法律制度与道德伦理)的合法性、正当性问题。而个体行为与社会制度的合法性与正当性问题所涉及的都是人际利益、人际关系的调整，它们都是有关公平正义的问题。因此，上述问题所涉及的都是有关“如何才公正”的问题：行为如何才公正？制度如何才公正？

当然，行为与制度究竟如何才公正，这要以“何谓公正”问题的解决作为前提：究竟是维护个体生命和财产权利是公正，还是实现社会功利最大化抑或大家同意才是公正？因为，对于公正，不同人有不同的理解，进而也就形成不同的公正观：以社会福利最大化为标准的功利主义的公正观、强调个体权利的自由主义的公正观、将同意与公正联系在一起的契约主义公正观以及主张"人是目的而不是手段"的康德主义的公正观，等等。而现实中，人们之所以对于行为选择与制度安排的合理性、正当性存在分歧，往往与他们所持有的公正观的差异性有关。

也就是说，相关问题的讨论涉及"何谓公正"与"如何才是公正"这两个层面的问题。而对这两个层面的问题进行探讨，正如本书的副标题所显示的，这是本书所要讨论的主题。以代表性的公正观——功利主义、自由主义、均等主义、自由至上主义、契约主义、罗尔斯主义、自由平等主义、康德主义、应得之说、女权主义、亚里士多德的目的论与规则论等——为主线，本书将就具有代表性的思想家——苏格拉底、柏拉图、亚里士多德、阿奎那、霍布斯、洛克、卢梭、边沁、穆勒（又名密尔）、斯密、康德、斯宾塞、罗尔斯、诺奇克、哈耶克、德沃金、布坎南与弗里德曼等人——的公正思想做出介绍，探究公平正义的含义，确定有关道德与立法基本标准的公平正义原则，并在此基础上就相关现实问题的公正与否做出讨论。

当然，不管是就行为与制度的公正性进行评价，还是就公正原则本身的合理与否进行评判，我们首先需要确定就相关问题做出理性分析的方法。也正因为如此，在就"何谓公正"与"如何才是公正"这两个问题做出具体分析之前，本书首先在方法论层面讨论就理论与现实问题进行理性分析的基本方法（第 2 章）。与此同时，鉴于已有理论对于公平正义的理解尚存在一定的不足，在就相关公正原则进行批判性分析之后，本书最后阐述了我们对于公正的理解并在此基础上进一步讨论公平正义得以实现的途径和机制。

1.6 为何是公正？有何意义？

本书以公正作为讨论的主题，那讨论公正问题的初衷究竟是什么？就公正问题进行探索的价值和意义何在？

关于就公正问题进行探索和讨论的价值，我们可以看一篇题为《公正是最大的动力》的短文：[①]

詹姆斯是20世纪初的一位经济学家，有段时间他在研究企业激发员工最大的动力是什么。他走访了一些企业，发现大多数企业都把薪酬作为激发员工的第一动力，对那些能力大的、业绩突出的人才施以重金奖励。还有少数的企业管理者除对员工进行特殊奖励外，还进行花样百出的精神奖励。但人人都不否认，薪水应该是最大的动力。

就在詹姆斯要进行论文写作时，他应邀到一家企业去讲学，遇到了一位熟人。这位熟人原来在另一家著名的企业工作，但不知怎么却到了这家企业工作，一定是这家企业重金把他挖来的。詹姆斯因为经常跟企业打交道，所以认识很多人。这些人才就在那些企业里跳来跳去，他见得多了。

不料，在与这位熟人的交流中，当他得知这里的薪水只相当于那家著名企业的三分之一时，不由大吃了一惊。问起跳槽的原因，熟人很愉快地说："因为这里更公正！"他解释说，他到过很多企业，很多庸庸碌碌的人却居于高位，对那些有才干的人指手画脚。那些有才干的人一开始也许是为了生存而姑息迁就，时间一长心中就会愤愤不平：他什么也不会却比我的薪水拿得多？为什么我们干得一样多他却比我拿得多？他的能力不如我却为什么跟我享受一样的待遇？为什么我要养活那些无知的家伙……诸如此类的不公正就会消磨掉人才的斗志，或者促使人才离开。

听了他的话，詹姆斯有一种豁然开朗的感觉。回去后他就写出了一本轰动世界、流传很广的书：《公正是最大的动力》。在书中他这样写道：公正是人类社会进步的保证和目标，公正是对人格的尊重，可以使一个人最大限度地释放自己的能量。不公正则是对心灵的一种践踏，是对文明的一种挑衅，是对社会的一种罪行。所以坚持公正的管理和处世原则，是每一个人都要履行的责任和义务！

---

① 一冰．公正是最大的动力[J]．深圳青年，2005(7)．

基于公正对于企业管理、对于员工激励所具有的作用，詹姆斯认识到公正对于社会的发展和进步所具有的意义：公正不仅是人类社会进步的目标，同时也是实现人类社会繁荣和发展的手段。应该说，詹姆斯将公正视为最大动力的观点是有说服力的，因为，社会进步之所以受到阻碍，在很多时候就是因为社会合作中的人际冲突，在于人类社会未能公正协调彼此间的矛盾。反过来，一旦人际的利益矛盾和冲突得以公平解决，每一理性的个体都会为了自己的利益而充分利用他的潜能，推动社会不断地发展、繁荣和进步！

也正因为如此，公正是道德与法律、是个人行为和社会制度最基本的原则和标准。在此方面，亚里士多德曾明确指出："城邦以正义为原则。由正义衍生的礼法，可凭以判断[人间的]是非曲直，正义恰正是树立秩序的基础。"①而罗尔斯则认为："正义是社会制度的首要价值。正像真理是思想体系的首要价值一样。一种理论，无论它多么精致和简洁，只要它不真实，就必须加以拒绝或修正；同样，某些法律和制度，不管它们如何有效率和有条理，只要它们不正义，就必须加以改造或废除。"②

然而，尽管公平正义对于社会的发展和进步具有极其重要的价值，但在就经济政策与制度等问题进行分析时，主流的新古典经济学并未给公平正义以应有的地位："杰文斯将经济学的列车开上资源配置的轨道"之后，主流经济学的理论分析要么忽视了公平正义问题，要么是将其置于从属位置。但事实上，正如布坎南所言："社会哲学的终极问题仍然是，我们应该如何组织自己？如何把人与人组织起来，以便保持和平、自由和繁荣？"③而公平正义是社会组织的基本原则，公平正义问题应该是包括经济学在内的社会科学分析的核心问题。

忽视公平正义问题，或者将公平正义置于从属位置，这都将使得经济学的理论分析不得要领！

---

① 亚里士多德. 政治学[M]. 北京：商务印书馆，1997：9.

② 罗尔斯. 正义论[M]. 北京：中国社会科学出版社，2003：3.

③ 布坎南. 自由、市场与国家——80年代的政治经济学[M]. 上海：上海三联书店，1989：383.

思考题

(1) 社会主义核心价值观——富强、民主、文明、和谐、自由、平等、公正、法治、爱国、敬业、诚信、友善——将公正、平等作为其核心内容之一。应该如何理解核心价值观中的平等和公正？公正和平等与核心价值观其他价值规范的关系如何？

(2)“公生明”三个字是中国历史上赫赫有名的戒碑官箴。战国的《荀子·不苟》中就有“公生明，偏生暗”的说法。宋代的司马光曾书写“公生明”三字并立碑，现在存放于苏州博物馆内。请问:“公生明”的官箴对于我们理解公平正义的价值具有何种价值和意义？

(3)《读者文摘》曾刊文写道:1895 年秋冬，丧权辱国、割地赔款的《马关条约》墨迹未干，国民群情激愤、痛心疾首，广州民间书局羊城富文斋印行了曾任中国驻日参赞黄遵宪的《日本国志》。此书一出版便洛阳纸贵，风行天下。人们惊讶地发现，这部中国近代第一部深入系统研究日本的著作，其实在 1887 年就已成书，然而一直未能出版。曾有人指责黄:如果此书早就出版，让国人了解日本，主战派大臣就不会轻易言战，于是战争赔款“偿银二万万可省矣”。问题是，“先见”为何成为“马后炮”？这对于我们讨论公平正义问题具有怎样的含义？

(4)在报纸上互相指责对方为“伏地魔”后，中日驻英国大使又到英国广播公司(BBC)交锋，使得中日外交论战直接升级到电视“面对面”舌战。2014 年 1 月，BBC《新闻之夜》节目在 8 日晚同时邀请中国驻英大使刘晓明和日本驻英大使林景一做客演播室，不过俩人不在一个房间。中国大使刘晓明与日本大使林景一就日本修宪问题、日本政客参拜靖国神社(拜鬼)问题、钓鱼岛问题以及中国划设东海防空识别区等问题发表了各自的看法(具体请参见凤凰网视频:中日驻英大使的 BBC 舌战)。对于两国大使的表现，他们究竟有什么不一样？为何不一样？

(5)新冠疫情期间，山东捐赠给武汉一批寿光蔬菜，武汉将其放到市场上售卖，先低价后提价卖出。部分山东市民不满武汉这一做法，认为这些蔬菜应该供给前线，保证一线人员的三餐供应。但是，经济学观点却认为，不能忽视市场的作用，市场能将资源高速合理地分配到消费终端，即使面临灾难，关闭市场或者限制市场价格都会产生更大的配置扭曲。如何评价武汉的做法？

(6)在意大利，有些患有冠状病毒的老人自愿放弃治疗，选择将有限的医疗资源让给那些患病的年轻人。更不用说，在火灾、地震等自然灾害和人为灾害中，选择献出自己生命去拯救其他人的人们，他们无不是放弃了自己的自然权利。这种行为似乎与洛克的观点相悖。那么，我们如何评价老人放弃治疗等自我牺牲的行为？

(7)在日本生活的居民都有这样一种恐惧，那就是收电视费的职员。日本的电视公司很奇葩，因为只要你家里有电视，那无论你有没有使用，职员都会强制收费。理由是，电视信号覆盖到你家了，你既然买了电视，那么我们之间就有协议啦，你就必须付钱。此等收费可取吗？

2

方法论

《公正》在现实层面讨论行为与制度的合理性、正当性。比如，在新冠疫情期间，在医疗资源紧张的情况下，医院在救治病人时收重拒轻，这可取吗？国家强制人们出门戴口罩侵犯个体的权利吗？捐献给武汉疫区的白菜可以在市场上销售吗？而作为现实问题讨论的伦理基础，功利主义、自由主义等价值原则本身合理吗？

遵照启蒙运动以来的理性传统，行为与制度是否正当，相关的价值原则是否合理，这取决于它们是否能够在人类理性的法庭面前为自己存在的权利进行辩护。在就法国为行将到来的革命启发过人们头脑的那些伟大人物进行评价时，恩格斯曾指出：

“他们本身都是非常革命的。他们不承认任何外界的权威，不管这种权威是什么样的。宗教、自然观、社会、国家制度，一切都受到了最无情的批判；一切都必须在理性的法庭面前为自己的存在作辩护或者放弃存在的权利。思维的悟性成了衡量一切的唯一尺度。那时，如黑格尔所说的，是世界用头立地的时代。”①

---

① 恩格斯. 马克思恩格斯选集：第3卷[M]. 北京：人民出版社，1972：54.

问题是，相关的问题应该如何来辩护呢？理论上，不管是对现实行为与制度的合理性进行分析，还是研究判别行为与制度合理与否的规范标准，这都需要确定就相关问题做出理性分析和讨论的基本方法。也正因为如此，在就问题做出具体分析之前，本章首先探讨方法论方面的问题。

关于讨论的思路，鉴于伦理标准问题是由现实问题的讨论所衍生出来的，方法论的讨论也从现实问题的分析方法开始：我们如何才能就行为与制度的合理性进行理性辩护和论证？而为了确定就现实问题进行分析的方法，我们先讨论几个具体的问题，分析相关论证中所存在和需要注意的方法论问题。

2.1 为稳定而缩小收入差距？

财富分配的动物实验

耶鲁大学心理学家劳里桑托斯与经济学家曾经一起做过一个有关财富分配效应的动物实验。[①] 作为财富分配效应实验的基础，实验者先做出了两个基础性的实验：

其一，让猴子认识货币。他们把一些恰似中国古代铜钱的钻孔金属小圆盘当货币。猴子开始拿到货币，嗅了嗅，见不能吃，便气愤地扔回给实验人员。后来，实验人员在给猴子货币的同时亮出食物，每当猴子扔出一枚货币，就给猴子以食物犒劳。慢慢地，猴子知道货币可以交换食物，不再随便扔货币，而是保留着，见实验人员拿着食物时才恭敬地把货币放到实验人员的手里买食物。

其二，让猴子对物价做出反应。实验人员给每只猴子 12 枚货币作为它们的预算，亮出果冻和葡萄，开始都是一枚货币可买 2 个。接着，让果冻涨价，一枚货币只能买 1 个，葡萄价格不变。猴子很快做出反应，更多的时候只买葡萄，减少了果冻的消费量。再接着，让果冻降价，一枚货币可买 4 个，葡萄价格照样不变。

① 美国用猴子做收入分配实验，结果令人震撼[EB/OL]. 搜狐网，2016-02-17.

猴子又做出了反应，它们尽量买果冻吃，减少了葡萄的消费量。

在上述实验的基础上，实验人员进一步就财富分配效应进行实验。涉及两个环节：

其一，第一环节。实验人员改变平均分配方法，一次性向笼子里投入很多货币，7 只猴子疯狂争抢，有的抢到的多，有的抢到的少，有的一枚也没抢到。伴随分配差距的出现，惊奇的一幕上演了。一只抢到大量货币的雄猴子，买了足够的食品吃了个大肚圆圆，竟"饱暖思淫欲"起来，从剩余的几枚货币中拿出一枚走向一只什么也没有抢到的雌猴子身边，把货币交给雌猴子后开始亲热，竟没遭到任何反抗地与雌猴子发生了性关系。完事后，雌猴子坦然地拿着这枚"卖淫"得来的货币到实验人员那里买食物。

其二，第二环节。实验人员将猴子饿两天，然后把大量的货币给了其中的一只猴子，伴随着极大的分配不公，更令人震撼的一幕上演了！这只猴子双手捧满货币，其余 6 只猴子眼睛都直了，仅仅几秒钟的眼神交流，一哄而上开始抢钱。拥有货币的猴子不肯放弃这笔庞大的财富，以一敌六打了起来，结果富猴子被抓打得落荒而逃身无分文。战斗结束，六只猴子开始抢落在地上的货币，有的多、有的少，买水果开始了，笼内太平。

为稳定而缩小收入差距？

基于上述实验，劳里桑托斯等学者认为他们验证了一个具有倾向性的观念：收入、财富差距大导致社会的不稳定。反过来，为了维护社会的稳定，政府有必要去缩小社会收入、财富差距，比如征收累进税等等。问题是，为了社会稳定而缩小收入和财富的差距，这真的能够得到辩护吗？

为了分析这一问题，我们做如下两点假设：(1)在社会范围内，决定收入和财富分配的规则是公平合理的，且事先获得了所有个体的同意。特别地，为避免不必要的争议，我们假设社会的制度规则能保障每一个体的基本生存。(2)社会中每一个体的心态良好，他们都没有嫉妒心。

在上述假设前提下，我们可以思考：(1)在此制度规则下，个体间的收入和财富会存在差距吗？(2)收入和财富的差距会导致社会的不稳定吗？

毫无疑问，在公平的规则下，受个体行为选择、努力程度与运气等方面因素的影响，个体间收入和财富存在差距是必然的，并且，个体间的收入差距还可能会很大。但是，收入和财富差距大是否必然导致不稳定呢？

从理论上看，如果决定分配结果的规则是公平的且获得了相关个体的一致认同，而个体的心态又是良好的，所有个体都应该接受公平规则产生的结果，而不应该存在社会不稳定的问题。进而，基于维护社会稳定而为缩小收入和财富的差距进行辩护就存在局限性：其事实基础不可靠。

至于猴子实验中，之所以差距大导致冲突，这其中有一个问题，就是它们的基本生存未能得到保障(猴子已经饿了两天)。与之不同，在基本生存有保障的情况下，比如之前一个环节的实验，猴子社会就不存在不稳定的问题。基本生存保障虽然与差距缩小有关系，但这是两个性质完全不同的问题。

2.2 父母应因疏忽而入刑吗？

女童因父母疏忽而死亡

“大夫、大夫，快救救孩子！”

2014 年 5 月 29 日下午 5 时 37 分，河南科技大学第一附属医院急诊科闯进一对焦急的父母，他们怀中抱着一个女童，孩子双目紧闭，浑身僵硬。

随后，急诊科医护人员立刻将女童送往抢救室。经过检查，他们遗憾地发现，孩子的心跳为 0，脉搏为 0，血压也完全测不到了，孩子浑身通红，皮肤上还有灼伤的泡。孩子已经没有任何生命体征，死亡原因是中暑引发的热痉挛。

原来，女孩今年 2 岁半，于 29 日跟家人外出，被放置在私家车后座。中午 12 时许，几名大人下车办事，无意中将孩子遗忘在车内。当大人想起来的时候，已经是下午 5 时许。[1]

---

① 洛阳 2 岁女童留车内 5 小时中暑身亡，预防中暑十大要点[EB/OL]. 深港在线综合，2014-06-04.

对于父母因为疏忽而致小孩死亡的行为，有人主张进行刑事处罚。在他们看来，入刑有威慑的作用，能惩前毖后，使得父母养成好习惯。在此方面，我国现行的刑法就规定：过失致人死亡的，处三年以上七年以下有期徒刑。具体包括两种类型：疏忽大意的过失致人死亡和过于自信的致人死亡。父母将孩子遗忘车内而致其死亡，属于前面一种。

谦抑原则与刑罚制定

问题是，对于因疏忽将小孩遗忘车内而致其死亡的行为，父母应该入刑吗？

谦抑原则，又称必要性原则，是定罪的基本原则之一。所谓刑罚的谦抑原则，是指用最少量的刑罚取得最大的刑罚效果，它是指立法机关只有在该规范确属必不可少——没有可以代替刑罚的其他适当方法存在的条件下，才能将某种违反法秩序的行为设定成犯罪行为。

一般而言，下列情况没有设置刑事立法的必要：第一，刑罚无效果。就是说，假如某种行为设定为犯罪行为后，仍然不能达到预防与控制该项犯罪行为的效果，则该项立法无可行性。第二，可以用他法替代。

这也就是说，刑罚是否设置以及如何设置，这都与刑罚的效果密切相关。应该说，如果法律规定确实能够有预防的效果，那入刑是有其一定合理性的（中国香港地区、美国有法律要求不能将小孩单独留在家中）。但问题是，入刑是否可能提高父母的安全意识而不将孩子遗留在车内呢？

相关研究表明：父母将孩子留在车内，很大程度上是因为疏忽，而疏忽这在很大程度上又是由人生理上的不可控因素所导致的。将小孩遗忘车内的生理原因，《华盛顿邮报》普利策作品——《致命的分心：把孩子忘在汽车后座是可怕的失误还是犯罪行为》——给出的解释是：人类的大脑是拼凑而成的，表层是更新更复杂的结构，但下面是和低级生物一样的原始结构。人在压力下往往会被后一个系统所控制，理智思维被弱化到无力抵抗。这时除非记忆回路被重启，比如听到孩子哭，或被人提醒，否则，记忆可能完全消失。[①]

---

① 致命的分心：把孩子忘在汽车后座是可怕的失误还是犯罪行为？[EB/OL]. 搜狐网，2016-06-01.

其实，也正因为疏忽行为是受不可控因素所导致的，法律作用甚微。在美国，即便一些州将父母提起谋杀的指控，但这样的事情全美一年仍会发生15～25次。在此情况下，入刑就会有违刑法谦抑原则。

当然，入刑问题，一方面，是入刑的效果，另一方面则是入刑所引发的进一步的伦理问题：对于父母，如果因为自己的疏忽而痛失子女，他们往往一辈子都将生活在歉疚和良心的谴责中而难以自拔，再入刑就存在伦理上的合适性问题。

2.3 特别互助贡献税公平吗？

法国特别富人税及影响

2012年，由于接连受到国际金融危机和欧债危机的打击，法国社会不满情绪加大。在当年的总统选举中，隶属右翼的前总统萨科齐与隶属左翼的奥朗德提出了不同的应对危机的主张：萨科齐希望给企业减负，并改革高福利制度，从而提高法国的经济竞争力；奥朗德则主张"公正地重振法国经济"，保持已有的福利，减少贫富差距。

对年收入过百万的高收入者征高额所得税，是奥朗德竞选中极具号召力的主张之一。随着左翼社会党全面执掌法国政权，奥朗德逐步践行其竞选承诺。2013年10月18日，法国国民议会投票批准实施"特别富人税"，对年薪超过100万欧元的个人征收一项名为"特别互助贡献"的税收，实际税率接近75%。

特别互助贡献税的征收对法国经济带来了较为严重的负面影响：

其一，引致了资本的外逃。为了逃避沉重的赋税，许多法国人选择在国外落脚：曾主演《大鼻子情圣》《基度山伯爵》等经典影片的法国国宝级演员热拉尔·德帕迪约离开法国成为俄罗斯公民；法国首富、路易威登奢侈品集团董事长伯纳德·阿诺特被曝申请加入比利时国籍；伊布、法尔考等高薪球员也离开了法国。

其二，打击了人们的积极性。由于边际税率递增的原因，对于留在法国的企业和个人而言，人们创造得越多，他们所面临的税率就越高，自己留存的价值比例就越少。这严重打击了人们创造财富的积极性。

其三,降低了法国的吸引力。"特别富人税"增加了外界对法国"反对商业"的印象,令大部分人对在法国投资感到更加紧张,越来越多的人对法国复杂的税务系统不信任。"特别富人税"对跨国公司高层的吸引力明显降低。

也正是上述方方面面的原因,法国失业人数不断增加:2013 年 11 月失业人数增加 2.74 万人,达到 348.83 万人,创法失业人数最高纪录。同时,特别互助贡献税也加剧了企业的破产,2014 年,已经有 7 万个商家破产,11 万个工作岗位因此流失。也正因为如此,该政策在 2015 年就已经被取消了。[①]

富人税:因公平而征收?

然而,尽管特别富人税带来了诸多的问题且已被取消,但还是有论者对其合理性、正当性进行辩护,认为该税收是公平的。在此方面,法国预算部部长卡于萨克(Jerome Cahuzac)就宣称:这项提案正当,它不只是把辛苦赚来的钱充公而已。他认为,每个人都必须按收入做出贡献,以改善法国的财政处境。与此同时,在社会公众层面,一项法国民调显示:60%的法国受访者同意对年收入超过 100 万欧元的"极高收入者"设 75%的纳税层次,认为这是在危机时代的一条"公正"措施,"最富裕的人应为复兴公共财政做出更多的贡献"。[②]

在国家财政经济存在困难的情况下,特别互助贡献税之所以公平,有以下几个方面的理由:

其一,富人得到更多的好处。因为,特别税征收的目的是为了改善法国的财政状况,改善法国的经济。相比普通公众,富人从财政—经济改善中的获益更多。进而,由他们承担更多的成本、向他们征收更多的税收是公平合理的。

其二,富人占用更多的资源。因为,富人在创造其财富的过程中占据着更多的社会资源,如土地、资本和劳动,因此他们应当对社会付出和回报更多,征收特别税合理。

---

① 参见法国富人税为何这么高[N]. 深圳商报,2013-01-13;法国下院批准开征特别富人税 实际税率接近 75%[N]. 中国青年报,2013-10-20.

② 周子勋. 法国开征富人税象征意义更为重要[EB/OL]. 人民网,2013-10-21.

其三，富人占有更多的财富。他们更有能力为社会做贡献。

现在的问题是，如果我们暂且撇开特别富人税对于法国经济所带来的负面影响，单从公平正义的角度看，特别富人税能够得到支持吗？特别地，考虑到税收一般有两个目的：收入再分配和为公共产品筹资，为了分析简化，我们暂且不考虑税收的再分配功能，假设税收的征收仅仅是为了提供公共产品。①

从公平的角度看，特别富人税是否能够得到支持，这取决于有关富人税公平性的几点辩护——富人得到更多的好处、富人占用更多的资源与富人占有更多的财富——是否能够通过人类理性的检验：②

首先，基于“富人得到更多的好处”为特别税进行辩护，所考虑的是支出的受益情况。而受益原则（谁受益谁承担成本；谁受益多，谁承担的责任和成本也多）是税收征收的基本原则之一。直观上，以受益原则来为公共品筹资——征税——是有其合理性的。但是，这里有两个需要考虑的问题：

（1）对于政府的支出，富人受益是否真的更多？在反对者看来，个体从政府支出所获得的收益与财政支出的结构和方式有关，武断地认为富人受益更多并不可靠。

（2）即便富人确实从支出中受益多，这是否能够导出如此累进征收的特别税呢？为什么不是按照收入等比例进行征收的比例税？毕竟，在征收比例税的情况下，同样是富人所要缴纳的税收更多。这也就是说，从富人受益更多推导出特别互助贡献税或一般的累进税，这在论证上存在一个逻辑性不严密的问题。

其次，有关基于“富人占用更多的资源”为特别税所做的辩护，应该说，在社会财富的创造过程中，收入和财富越多，个体占用的资源——土地、资本和劳动——往往也越多，富人占用更多的资源基本上是一个事实。但问题是，富人占用更多的社会资源，这是否能够推导出特别贡献税抑或一般的累进税呢？这可以分两种情况讨论：

（1）有偿占用社会资源。对于此等情况，个体在占用资源的时候，他们其实已经通过价格的方式对社会进行回报了，进一步征税的依据不足。其实，也正是

① 有关收入公平分配是否支持特别富人税等累进税制的讨论，可参见第5章就均等主义所做的分析。

② 参见曾军平. 公平税收需要累进征收吗？[J]. 税务研究，2020(3).

因为市场价格的直接补偿性，社会也不需要因富人在创造就业等方面的作用而对他们进行额外的补贴。

(2)无偿占用社会资源。如果富人获得相关的资源是无偿的，此时他们确实需要补偿和对社会进行回报。但尽管如此，相比税收，采用价格补偿的方式往往会更合理。当然，如果是无偿占用非排斥性的公共性资源，收费存在困难，资源占用者应该缴纳税收，但正如前面的分析所表明的，这是否一定是累进税呢？

最后，至于基于"富人占有更多的财富"而就特别互助贡献税所做的辩护，它所采用的是税收分摊的能力原则。作为税收公平原则的可能类型，应该说，在无法准确衡量支出受益的情况下，基于能力来征税(能力原则)也不失为一种合理的税收征收方式。在此方面，亚里士多德就曾指出："拥有量多的付税多，拥有量少的付税少。"[①]问题是，能力原则是否必然意味着累进税、特别富人税？毕竟，比例税也体现了能力原则。在此情况下，特别富人税的支持者如果要为该税收进行辩护，那还需要更进一步的理由。

2.4 公共生产还是私人生产？

行为动机与生产方式选择

社会生产究竟是采用公共生产还是私人生产？这是经济学一直存在争议的理论问题。在已有的讨论中，受经济基础决定上层建筑思想的影响，理论界普遍存在以生产方式的形式来理解人类行为动机的倾向。认为人的行为动机由生产方式的性质决定：公共生产者代表社会利益、以社会利益最大化为目标来行事；而在私人生产中，个体则仅追逐个人的利益。

但事实上，无论是哪一种生产方式，生产都是人所进行的生产，个体追求利益的动机不会因生产方式的形成而变化。进而，当我们以行为动机的差异来就

① 亚里士多德全集：第8卷[M].北京：中国人民大学出版社，2016：279.

公共生产进行辩护时，这就存在一个前提性的认知偏差。

理论上，既然个体追求利益的动机是普遍的，生产方式——公共生产与私人生产——的选择不取决于决策个体的行为动机（是追求自己的利益还是追求社会的利益），而取决于在怎样的生产方式下，个体对于自我利益的追求能够引导向社会最有利的方面。

利益归属与理性程度问题

其实，除了行为动机方面的认识论偏差之外，相关的辩护往往还认为：(1)公共生产所得到的好处归社会全体人占有，而私人生产所得到的好处则全部归私人所有；(2)生产方式的形式决定了个体的理性程度，认为就公共生产进行决策的个体具有完全的理性，拥有决策的相关信息，而私人生产的决策者则是盲目的。

但事实上，名义所有权和实际所有权是存在很大差异的。由于资源的稀缺性，从某种意义上来说，利益都是私有的：个体之间的利益分配冲突并不会因生产方式形式的变化而发生变化。生产方式的好坏不取决于名义的所有权，而取决于相关个体占有企业利益、利润的合法性、正当性。

与此同时，无论是政府拥有产权的公共生产还是基于私人产权的私人生产，参与决策的个体的理性都是“有限的”，生产者的信息都是不充分的。基于公共生产能够获得全部信息来为公共生产进行论证同样存在前提性的认知偏差。

其实，既然任何个体的理性都是有限的，生产方式的好坏不取决于决策者所占有的信息是否是完全的，而取决于怎样的生产方式最能促使决策者所占有的知识得到最大程度的利用；取决于怎样的生产方式最能够激励生产决策者去搜寻有利于企业生产和决策的信息。即不取决于你是否“无所不知”，而取决于你所知的东西能运用多少，取决于你在多大程度上有激励去突破无知的限制。

2.5 行为与制度该如何辩护？

在就法国特别互助贡献税、收入分配的动物实验以及父母是否因过失而入刑等具体问题进行分析的基础上，并结合帕克被害案的相关讨论，我们可以就行为与制度做出理性辩护的方法论问题进行讨论。涉及基本立场、论证视角、论证要求与论证内容四个方面的内容。

基本立场：一个立场

就行为与制度的正当与否进行分析，首先需要确定的是讨论者所需要持有的立场：我们究竟应该站在何种立场来为行为与制度的合理性、正当性进行辩护和分析？

从可能性上来说，问题的分析有两种可能的立场：个体理性立场和公平合理立场。对于个体理性立场，它是个体从自己利益的角度出发的，基于自己利益的最大化而就行为与制度的正当性进行辩护。而公平合理立场，它考虑的不是狭隘的个体利益的最大化，而是从整体的角度去考虑利益分配的合理性。

就帕克被害案所涉及的问题来说，如果船长基于对自己有利、有利于维系自己的生命和福利来就杀害帕克、偷盗和(或)抢劫帕克的椰果进行辩护，那他所采取的就是个体理性的立场。而如果船长对于其行为的辩护是从整体角度考虑利益在群体间的公平分配，其立场则是公正合理的立场。

一般来说，如果我们要就自己的行为及我们所支持的制度规则进行辩护，正如《公正》所要讨论的主题那样，所要采取的立场无疑应该是公平合理的立场，单纯的个体利益最大化不能成为行为与制度合理的依据。尽管在诸多时候，我们对行为与制度的合理性辩护都有维护个体利益的考虑。

特别地，既然需要考虑分配公平，单纯的效率最大化——如经济学中的帕累托效率——也不能为行为与制度的合理性提供充分的辩护和论证，尽管帕累托效率本身实现了给定资源约束下整体福利的最大化。其实，也正是从这个意义上来说，当经济学家普遍从效率角度(如经济学的帕累托效率准则)来为制度与政策进行评价时，他们在规范价值标准的选择上就存在重大的偏差。

相反，当法国特别富人税的支持者从公平角度来就该税收进行辩护时，其视角完全是可取的，至于富人税的公平性是否能够得到辩护则是另外一回事。事实上，社会需要国家和政府，政府的运行需要支出，需要税收。对于特定的个体而言，如果某一税负确实是其所应该承担的责任和义务，那么，责任和义务履行给个体带来的压力及其他负面影响，并不能够成为其推卸责任的理由。因为，这意味着其他个体需要承担该个体所要承担的责任。

2013年9月23日，拟开征遗产税的传言引起了社会的热议。吊诡的是，用以调节贫富差距为目的而征收的遗产税却遭遇了普通民众铺天盖地的反对。反对征收遗产税的理由包括：(1)征收遗产税降低创造财富的积极性，降低社会的总体福利；(2)开征遗产税将刺激富人"死前赶快花，不花白不花，免得死后让别人花"的消费观念，形成奢靡之风；(3)征收遗产税会导致资金外流；(4)征收遗产税会有害于实体经济，带来工作岗位的减少。

应该说，正如法国的特别富人税那样，税收对于经济的影响是客观存在的，遗产税是如此，所得税和流转税同样是如此。但如果遗产税是公平的，是实现社会正义所必须，那上述相关的论据并不能有效地对遗产税的开征做出反驳。也就是说，遗产税真正的问题是：开征遗产税公平吗？个体在遗产继承上存在差异是不公平的吗？如果个体继承遗产上的差异是不公平的，那是否意味着要征收100%的遗产税而将所有的遗产进行充公呢？

论证视角：两个视角

行为是否正当？制度是否合理？其伦理辩护一般有两个视角：立论和驳论。

所谓立论，就是针对客观事物或问题，直接提出自己的见解和主张，阐明其理由。而驳论则是通过驳斥对立的论点，证明它们是错误的、荒谬的，从而反向证明自己观点的正确性。

毋庸置疑，对于行为与制度的合理性、正当性分析，立论无疑是重要的，它是论证的重要支柱。但是，与立论一样，驳论也不可或缺，它是理性论证的另一个支柱。

就帕克被害案来说，为船长行为所做的理性辩护，不仅需要涉及其对行为正当性的正面辩护，如有关促进社会功利最大化的论证，同时也需要对于反对此等行为的论点——侵犯个体权利的非人道性问题——进行反驳。反过来，对于船长行为的反对者，除了维护个体权利方面的立论之外，还需要有效反驳船长支持者所持有的社会功利最大化方面的辩护。

值得特别指出的是，在现实的讨论中，反对一个观点的论证往往是多样性的。在此情况下，理性的论证不仅要驳论，而且应该反驳所有可能与自己观点和主张相反的论证。对于与我们的观点相反或不一致的观点，如果我们不能就其支撑性论据做出完整有效的反驳，那就说明我们所反对的观点有其合理性，反过来，这意味着我们所辩护的对象本身可能存在缺陷和不足。

比如，安乐死的合法化问题。正如上一章的讨论所表明的，理论上有很多反对安乐死的理由，涉及人不能为欲望所驱使、生命不可侵、人道、尊严及医生职责等多方面的内容。如果要为安乐死的合法化进行辩护，理性的辩论就需要反驳所有可能反对安乐死的依据和理由。

论证规范：三点要求

在学科的类型划分上，恰如康德归纳指出的："古希腊哲学分为三个部分：物理学、伦理学和逻辑学。"①与上述三个学科相对应，行为与制度合理与否的论证一般涉及三个基本要件：事实、伦理和逻辑。相应的，对于各论证要件，理性的论证就有一些相应的规范要求：

首先，是有关论证所涉及的事实方面的要求。事实所涉及的是对现实的客观描述，它所涉及的可能是行为与制度安排的前提，也可能是行为与制度的结果，抑或阐述行为、制度与结果逻辑关系的因果解释。但是，既然涉及的是客观的描述，那论证所涉及的事实应该是真的，是可靠的。包括：

(1)前提认知的真实性。比如，公共生产与私人生产的选择问题，由于生产方式的选择不改变利益归属的性质、不改变人类行为的动机且不从根本上改变人类理性的程度，基于公共生产的利益归全体所有而私人生产的利益归私人占有、公共生产中个体行为是利他的而私人生产中个体行为是利己的以及公共生产具有完全理性而私人生产具有盲目性来为公共生产进行辩护，就存在前提认知失真的问题。

---

① 康德. 道德形而上学原理[M]. 上海：上海世纪出版集团，2012：1.

(2)因果解释的可靠性。比如,为社会稳定而缩小收入差距的问题,社会的不稳定是由收入、财富差距大所引起的还是由规则不公和(或)心态不健康所致?分析表明:在规则公平且个体心态良好的社会中,收入差距大并不会导致不稳定。这意味着,基于收入差距大来解释社会不稳定并不可靠。进而,为社会稳定而缩小收入差距的论证同样存在事实不可靠方面的问题。

(3)效果估计的准确性。比如,父母是否应该因疏忽而入刑的问题,认为入刑有必要的论点是认为加强惩罚能够养成父母的安全意识,这样有助于保护更多的幼小生命。但如果实际的情况是效果甚微,那此等论证就存在效果估计方面的偏差性问题。特别地,对于效应的估计,在有的场合,不仅可能与预期效果有偏差,甚至可能与其预期效果背道而驰,以此为依据而做出的决策更是存在局限。比如,弗里德曼曾批评以减轻贫困为目标的最低工资制度:

最低工资法也许是我们所能找到的其影响和善意支持该法规人们的意图恰好相反的最明显事例。……他们希望通过法律来禁止低于某种特殊水平的工资以便减少贫穷。事实上,如果最低工资法有任何影响的话,那么,它们的影响显然是增加贫穷。……最低工资的影响是使失业人数多于没有最低工资时的情况。①

其次,在伦理标准方面,伦理所涉及的是对现实进行评价的规范标准,这要求标准本身应该是合理的。这不仅包括为决策进行辩护的标准本身是合理的,同时,也涉及对合理标准的准确解释。

就安乐死是否应该合法化的问题来说,反对安乐死的一个理由是维护患者的尊严及其相关的人道主义诉求。但问题是,何谓尊严?何谓人道主义?是尽量维系人的生命是维护尊严还是减轻人的痛苦呢?

就古德尔来说,他在生命末期失去了朋友,失去了事业,也失去了业余活动,他认为此等生活没有尊严,而选择安乐死则维护了他自己的尊严。

而人道主义,它是起源于欧洲文艺复兴时期的一种思想体系,提倡关怀人、

① 弗里德曼.资本主义与自由[M].北京:商务印书馆,1999:173.

爱护人、尊重人，是一种以人为本、以人为中心的世界观。它强调的是对身体的尊重，还是精神和基本人权方面的保障？

与反对安乐死的论点对人道和尊严的理解存在不同，作家史铁生认为："与其让他们（植物人）无辜地，在无法表达自己的意愿、无从行使自己的权利的状态下屈辱地呼吸，不如帮他们凛然并庄严地结束生命。这才是对他们以往人格的尊重，才是人道。"①

最后，关于逻辑，它所涉及的是基于事实描述和伦理标准而就伦理辩护所做出的关系推演。按照逻辑学的一般标准，理性的论证在逻辑上应该是严密的。就法国特别富人税的公平性论证来说，基于"富人受益更多""富人占用更多的资源"与"富人占有更多的财富"来就富人税的公平性进行辩护，就存在逻辑不严密的问题。因为，理论上无法基于所给定的事实和所确定的伦理标准而推导出所支持的结论来。

一般地，在方法论层面，对于有关行为与制度正当与否的论证，如果它的事实是可靠的，它所采用的伦理标准是合理的，而整个分析的逻辑推演是严密的，那该论证就是成功的。反过来，这意味着，在驳论方面，如果我们要就对立的观点进行反驳，那我们要么针对的是其事实，要么是批判其伦理，要么则是批判其论证的逻辑。

论证内容：四项内容

由于完整的论证涉及事实、伦理和逻辑三个方面的要素，对一个观点进行反驳，这不等于我们要反对它的所有方面。相反，对于对立观点的合理性方面，科学的论证应该给予理性的认可和支持。比如，基于受益原则和能力原则等就特别富人税所做的论证，当我们就相关论证进行批评时，我们侧重的主要是其论证的逻辑，而不在于论证所采用的伦理原则：分摊税收负担的受益原则和能力原则。

对于反面的论证，理性的辩护不需要彻底的反驳、否定。反过来，对于正面

① 史铁生：安乐死断想[EB/OL]．搜狐网，2019-06-16.

的立论，由于论证的依据往往有很多，而科学的论证又提出了事实可靠、伦理合理与逻辑严密等方面的要求，那理性的分析就需要排除那些支持自己观点但论证上存在瑕疵的论证。否则，这会削弱论证的力量。

也正是从这个意义上来说，一个合理的论证就涉及四个方面的内容：(1)直接的立论抑或直接的正面论证；(2)直接的驳论抑或直接的反面论证；(3)理性认可对立观点的合理部分；(4)理性清除支持自己观点但论证存在瑕疵的论证。

2.6 标准的标准：何种标准？

行为与制度的正当性分析依赖于所采用的伦理标准本身的合理性。但是，对于以公平、正义来表达的伦理标准，不同人往往有不同的理解，并进而形成不同的公正观：功利主义、自由主义与契约主义，等等。在此情况下，何种标准才是合理的标准呢？对于各种类型的公平、正义原则，我们又应该如何来判断标准本身是否合理呢？也就是说，判别标准合理与否的标准是什么？

同意？ 法律与道德？

对于这一问题，有人认为，伦理标准是否合理，需要看它是否获得了相关个体，或者是大多数个体的同意。毋庸置疑，合理的标准应该获得大家的同意，但问题是，一致同意抑或大多数同意，它们本身就是一个伦理标准，与社会功利最大化等标准一样，它们都是需要加以检验和评判的对象。进而，它们本身并不能作为评价标准的标准。

除了以同意和大多数同意作为评判标准外，也有人认为，伦理标准是否合理，要以国家的法律与社会的道德规范为基本判准。应该说，以法律和道德为标准，是我们评判个体行为正当与否的基本方法，但是，如果以法律和道德来评价伦理标准的合理性，这完全是颠倒了两者之间的关系：在现实生活中，个体行为正当与否，需要以社会的法律和伦理规范为参照标准，而法律条文与道德规范本身是否恰当，则需要以公平正义作为最基本的原则。进而，以法律和道德作为评判公正原则正当与否的标准依旧不可取。

判别工具

既然如此，那伦理标准的合理性又要如何来判别呢？有关标准（公正观）的评判标准是什么？对于这一问题，我们从金里卡有关政治哲学成功与否的论述开始：用什么样的标准来判断政治哲学是否成功？金里卡认为：

“任何正义理论都需要面临这样的最终检验：这种正义论与我们对于正义的深思熟虑的确信相融贯，而且有助于阐明这些确信。”①

基于这一表述，我们首先可以发现：公正原则（标准）是否合理，其判别的基本工具是人类理性的直觉。至于其中的原因，在于：伦理标准问题是一个有关终极目的的问题，而对终极目的的探讨，正如穆勒（密尔）所言，它与有关人类知识前提的探索一样，只能依赖于个体的理性直觉来加以判别，不可通过推理而证明：

“通常意义上的‘证明’，并不适用于有关终极目的的问题。不可能通过推理而证明，这特点适合于所有的基本原理，不仅适用于人类知识的基本前提也适用于人类行为的基本前提。”②

当然，“直觉可能是没有根据的，而哲学史也充斥着不诉求我们关于对错的直观感受的各种论证，”但是，正如金里卡所言，我们“不相信除此之外还有什么看似合理的论证方式。”③至于直觉可能错误的问题，这只是要求直觉应该以理性为基础，将判断建立在人类的慎思之上，而不是去否定直觉本身。

标准的标准

进而，问题是，基于人类理性的直觉，我们如何就相关的伦理标准做出评价？

---

① 金里卡. 当代政治哲学[M]. 上海：上海译文出版社，2015：7.

② 穆勒. 功利主义[M]. 北京：中国社会科学出版社，2009：57.

③ 金里卡. 当代政治哲学[M]. 上海：上海译文出版社，2015：7.

有关评判伦理标准是否合理的标准是什么？就此而论，金里卡有关政治哲学成功与否的论述为我们给出了以下几个标准：

其一，是理性直觉的一致性标准，即我们所确定的伦理标准要与人类的理性的直觉、确信相吻合。包括两个方面：对于人类理性直觉给予充分认可的方面，规范性的伦理原则不应将其排斥在外，更不能与之相冲突；而对于人类理性直觉给予彻底否定的方面，如奴隶制，那么合理的公正原则就不应该给它们留有余地。

其二，是理性直觉的融贯性标准，即作为规范标准的公正原则要能够把相关的直觉有逻辑地组织起来。因为，人类理性的直觉有多个方面，合理的公正原则应该能够在直觉一致性基础上将它们整合成一个有机的整体。在此方面，罗尔斯指出，其正义论的目标就是"将那些我们经过必要的考虑认为是合理的原则"整合成一种相互融贯的、能够经得起人类理性检验的观念。① 类似地，金里卡也认为："如果一种正义理论与我们深思熟虑的直觉相吻合，并且这种正义理论还能够把这些直觉组织起来以引出它们的内在逻辑，那么，我们就有强有力的理由支持这种理论。"②

其三，是理性直觉的延展性标准，作为上述两个标准的延伸，合理的伦理标准应该能够确信地将其延展到理性直觉未能直接揭示的其他领域和方面。因为，如果原则只是适用于理性直接所确定的方面而不能适合其他的未知领域，那此等原则还是不能将理性的直觉有机统一起来。

一致性标准、融贯性标准与延展性标准，是我们检验一项公平正义原则是否合理的基本标准，这也是金里卡的论述直接或间接所给出的标准。但是，作为一个规范原则，它是为检验行为与制度正当与否服务的，合理的公正标准显然还需要满足原则可操作性标准：可以将它用于社会实践。

一般来说，如果公平正义标准与人类理性的直觉相一致，能够将理性的直觉整合在一起，能够将其延展到其他领域且具有现实的可操作性，那么，在人类理性的范围内，我们就有理由相信，此等公平正义原则是合理的，这一点至少在我

---

① 罗尔斯. 正义论[M]. 北京：中国社会科学出版社，2003：21.

② 金里卡. 当代政治哲学[M]. 上海：上海译文出版社，2015：7.

们理性认知的范围内是如此。

思考题

(1)一个人的行为是否道德,有几种可能的方法:判断一种人为行为是否道德完全取决于这种行为所带来的后果;判断一种人为行为是否道德完全取决于这种行为的实施过程是否尊重人的基本权益;判断一种人为行为是否道德要综合考虑过程的正义与所带来的后果。那对于个体行为的道德性判断,究竟是取决于它所带来的后果还是这种行为在实施过程中是否尊重了基本的义务与权利?我们如何选择?

(2)面对社会的诸多问题,人们难以仅秉持唯一的或结果主义或绝对主义等的道德准则,但真正做出公正决定时人们所提供的辩词辩论无非是结果主义或绝对主义的衍生品,究竟如何正确根据情况来依据特定的道德准则做出公正的选择?

(3)结果主义和绝对主义所提到的依据是结果和责任,社会对于这些构成道德基本元素的评判标准又是什么?

(4)站在结果主义和绝对主义这两个不同的角度分析一个问题,我们可能会得到不同的结论,而且都有依据,在这样的情况下,我们是不是没有办法分辨谁对谁错?是否能建立一套统一的道德标准来判断是非?

3

功利主义

对于功利主义(Utilitarianism),理论上有不同的版本:按照功利原则所适用的领域来分,有结果功利主义和规则功利主义;而按照功利原则所针对的主体对象分,则有行为功利主义与制度功利主义等。但是,不管功利主义所适用的领域与所针对的对象如何,功利主义者都普遍将功利原则与社会加总福利的最大化联系在一起:有利于社会福利、幸福最大的,就是公平正义的、合理的;反之,与社会功利最大化相背离的,就是错误的。①

在学术界,以社会功利来判断是非曲直的思想,有相当长的历史。在古希腊,苏格拉底就曾表达了功利主义的思想。但是,对功利主义原则做出系统表述,这应该归功于英国的法理学家、功利主义哲学家、经济学家和社会改革者杰里米·边沁(Jeremy Bentham,1748—1832)。在其代表作《道德与立法原理导论》中,边沁首次就功利原则做了系统的表述。之后,经过密尔(穆勒)和西奇威克等人的发展,功利主义逐渐成为一个具有广泛影响力的学术流派。在就功利主义进行总结性评价时,罗尔斯就指出:

---

① 边沁.道德与立法原理导论[M].北京:商务印书馆,2009:58;穆勒.功利主义[M].北京:中国社会科学出版社,2009:11.

“功利主义过去是，也许现在仍然是英语道德哲学传统当中最有影响和最为持久的一个流派。可能功利主义者当中没有人能够与亚里士多德和康德齐名（他们的伦理学著作属于同一类别），但是，如果把这个传统作为一个整体来看待……功利主义在它的总体成就上也许可以称得上是独具特色……历史打上了一连串薪火相传、成绩卓著的思想家的烙印。这些思想家包括哈奇森、休谟、斯密，作为古典功利主义主要代表人物的边沁、埃奇沃斯和西奇威克，以及密尔（他的观念中包含了许多非功利主义的特征）。”①

但另一方面，自提出以来，功利主义及其规范原则也一直受到理论的批判。在18世纪后期，康德就基于其德性论伦理而就功利主义以幸福最大化来表达的道德原则提出了批评。在康德看来，理性的使命不是实现幸福最大，而是应该为更高的理想而生存。而在20世纪70年代，功利主义又受到了罗尔斯与诺奇克等论者的大力批判。在批评者看来，功利主义的规范原则会侵犯个体的权利而与公平正义相背离。

那么，如何看待功利主义的最大幸福原则？公平正义是否就等同于功利主义所宣称的幸福抑或社会功利的最大化？本章我们将就功利主义的公正观及其相关的具体问题做出分析和探讨。

3.1 如果你是审讯官：会更变态吗？

电影《战略特勤组》讲述了这么一个故事：②

前美军特种部队炸弹专家史蒂芬·阿瑟·杨格正走向一条危险之路。作为穆斯林，他不满美国对待阿拉伯国家的政策，于是策划发动恐怖袭击。

他宣称在三个城市中分别安放了三颗小型原子弹，美国本土危在旦夕。FBI反恐部门女探员海伦·布洛迪负责调查此案。她的小队连同极度危险的谈判专

① 罗尔斯. 政治哲学史讲义[M]. 北京：中国社会科学出版社，2011：163—164.

② 参见百度百科“战略特勤组”词条。

家亨利·汉弗莱斯受命审讯史蒂芬。

绰号H的亨利手段残忍严酷,加上政府高层的纵容,他愈加有恃无恐。然而,尽管他杀了恐怖分子的妻子,也没能让恐怖分子吐露出核弹的地点。

无奈之下,审讯官将屠刀指向恐怖分子的两个儿子。所有陪同审讯的官员基于人性,阻止了变态的审讯官。

最后核弹爆炸,炸死一千万人。

在这个故事中,陪同审讯的官员基于人性而阻止亨利采取更残酷的手段,但最后却使得一千万人死于非命。现在,如果你是审讯官,是否会更"变态"呢?比如,残酷折磨恐怖分子的两个儿子,以促使恐怖分子能说出核弹的藏匿地点?

会采取更"变态"的行为!

由于恐怖行为的非人道性,同时也是因为恐怖袭击所带来的严重后果,在更"变态"行为的支持者看来,采取更"变态"的行为有其支持的理由:一方面,恐怖分子无人性,采取更"变态"的行为,这是他们应得的惩罚,是以其人之道还治其人之身。另一方面,面对恐怖袭击,作为审讯官的"我"及我的亲人、朋友和同胞都笼罩在核弹袭击的阴影之下,采取更"变态"的行为,这是保护自己、亲人、朋友和同胞的合理手段。否则,情况则会如电影的恐怖结局所揭示的,一千万人最终无辜丧命。

在个体自己、亲属、朋友与同胞的生命受到恐怖威胁时,在我们力所能及的范围内,采取一些手段来防止事态的恶化,这毫无疑问是有其合理性的。但现在的问题是,采取何种手段才是正当的呢?我们是否可以为保护我们自己及相关个体的生命而去侵犯其他无辜者的利益乃至生命呢?比如,对恐怖分子的两个儿子施以"变态"的酷刑。为了维护我们的生命和权利,我们是否应该避免残忍呢?

有关对无辜者施以酷刑的残忍做法,支持更"变态"行为的论者可能争辩说:其一,恐怖分子的儿子并不是无辜者,他们应该为其父亲的恶行承担责任。特别地,为了防止恐怖分子的儿子将来为恐怖分子复仇而报复社会,此类论者甚至可能认为，我们必须要将恐怖分子斩草除根，以绝后患。其二，在社会受到核弹严重威胁的情况下，我们不能仁慈，否则我们就成了恐怖分子的帮凶。“一战”时，一个叫亨利·坦迪(Henry Tandey)的英国兵，放过了一个德国伤兵，这个德国伤兵后来引发了第二次世界大战，难以计数的人死于这个野心勃勃的狂人之手，大家都知道他的名字叫希特勒。相反，在“二战”后期，日本拒不投降，美国决策者决定扔原子弹，二十万人丧生。如果美国的决策者们当时有妇人之仁，觉得扔原子弹有违人道，跟日本死拼，那么可以预见到，日本本土和东亚、东南亚以及美国都会有更多人死亡。

由于实施了非人道、反社会的暴行，恐怖分子无疑要受到法律的惩处。但问题是，对于一个完全未成年的且完全未参与恐怖袭击的小孩，他们为其父亲罪行承担责任的依据究竟何在呢？我们是否可以因他们是恐怖分子的儿子这一身份而需要他们承担责任呢？如果是这样的话，责任主体的范围是否可以进一步拓展到恐怖分子的邻居、同事、朋友及其他的亲属呢？照此逻辑不断地延展，这是否意味着“我们”——恐怖分子的邻居、同事、朋友、亲属以及邻居的邻居、同事的同事、朋友的朋友与亲属的亲属等等——都是应当受到惩罚的对象呢？

而有关儿子为父亲复仇的问题，古今中外的历史确实提供了诸多类似的案例，而复仇既有正义的，匡扶社稷，除暴安良；也有非正义的，不问是非，助纣为虐。但是，以恐怖分子的儿子长大以后可能复仇而对小孩施以酷刑在法理上说不通。一方面，恐怖分子的儿子长大以后在极大可能性上不是恐怖分子，甚至可能成为反恐先锋。另一方面，即便小孩长大以后步其父后尘，那相关的惩罚也应该等他们施加恐怖袭击之后，我们不能因为他们未来的行为而预先施加惩罚。

至于避免残忍的考虑，在敌我对峙的生死关头，对敌人的仁慈的确就是对自己及其亲属和同胞的残忍。在此情况下，采取某种残酷的手段说得通，在必要的时候，甚至可能需要消灭对方的生命。但这里的问题是，审讯官施加酷刑的对象是小孩，是两个完全不懂事、未成年的小孩，他们没有给我们施加任何敌对的、影响到我们生存权利的行为！

尽管如此，在支持更“变态”行为的论者看来，哪怕恐怖分子的儿子确实是无辜的，而恐怖分子的儿子将来也不会为其父亲复仇，支持更“变态”的做法还是有其理由:为了更多人的福利,牺牲恐怖分子的两个小孩是值得的,否则,这会对一千万人不利。我们不应该为了两个人的利益而放弃千万人的生命。特别地,如果核弹藏匿在小孩他们所处的城市,就连那两个孩子也救不了。

不会采取更“变态”的行为!

由于面对的是观念顽固不化的恐怖分子,对于暴力撬开他们嘴巴的可能性,有论者对此持悲观态度。在他们看来,恐怖分子往往被灌输某种特定的宗教信仰,试图通过暴力手段来使得他们放弃恐怖行径是不可能的:即便是折磨他们的孩子,他们依旧不会说出核弹的藏匿地点。由于更“变态”的行为对于获悉核弹地点无效,采取更“变态”的做法没意义。在电影中,审讯人员其实已经杀害了恐怖分子的妻子,但这还是未能使得恐怖分子说出核弹的地点。特别地,在此类论者看来,残酷折磨小孩的做法可能会激起诸多潜在恐怖分子的愤怒和仇恨,这会导致更多的恐怖分子。

如果更“变态”的行为对于问题的解决毫无帮助,那相关的做法确实是毫无意义的。但问题是,恐怖分子是否是一块块毫无人性、不为一切所动的、没有任何情感的石头呢?他们是否对亲属的安全、痛苦完全无动于衷呢?还是,除了更“变态”的做法,我们还有其他更好的、不需要依赖于暴力而促使恐怖分子自觉说出核弹地点的手段呢?如果迫使恐怖分子开口的概率不是零,而在不依赖于暴力我们又不可能获得核弹藏匿信息的前提下,我们是否应该尽我们最大的努力去争取呢?或者,面对恐怖分子可能的报复,我们是否应该纵容他们,让他们有恃无恐呢?

不!更“变态”行为的反对者可能说,恐怖分子不是一块块没有情感的石头,因为,如果没有情感,他们根本就不会发动恐怖袭击;同时,面对恐怖分子的威胁,我们也必须要采取办法,需要尽力争取获得核弹藏匿地点的信息。但是,我们的行为要在国家的法律与社会的道德框架下进行,我们所采取的行为要与法律、道德的要求相一致。就这里的问题来说,两个孩子是无辜的,残酷折磨他们是违反法律的。与此同时,道德的底线不能被突破,因为道德的底线也是我们作为人的最根本的评判标准。如果以骇人的手段去实施所谓的正义,为达到目的而不择手段，所谓的国家正义与国家恐怖主义无异，它只不过是以正义的名义去做罪恶的事，本身就是伪善。

就这里的问题来说，恐怖分子为了一己私利，置广大无辜群众性命于不顾是错误的，但任何侵犯他人生命权的行为都不是正义的，特别是侵犯无辜小孩的生命：不管出于什么样的目的，人的生命权是绝对不能被侵犯的，一旦将侵犯人的生命权作为一种审讯的手段，人的道德底线就被突破了。如果你觉得FBI、军方做的都是对的，那你就等于认同了斯蒂芬以及无数其他恐怖分子的观点：为了国家、民族、宗教、信仰、更多的生命和幸福，任何事都是可以做的！无论多么残忍，无论多么血腥，无论对象是否无辜。如果是这样的话，为达目的而不择手段的正义，到底是正义还是国家恐怖主义？

法律规范不能被突破，审讯需要以法律规范作为准绳。但是，在更“变态”行为的支持者看来，问题的关键不在于我们是否需要遵照法律，而在于我们究竟需要何种法律。在他们看来，为了国家、社会的利益，我们应出台相应的、能够促使恐怖分子说出炸弹藏匿地点的法律。也正因为如此，在具体的操作上，哪怕法律没有给予这种保障，为国家和社会的利益计，我们可以突破已有法律的约束。毕竟，在现实中，法律条款的表述不可能兼顾每一种情况，在某种极端的情况下，法律的条款甚至可能与其宗旨相违背，在此情况下，这条法律就失去了它的效力，此时做出与这条法律相违背的事情，在某种意义上，就称不上“违法”，因为法律条款最终要为法律的宗旨服务。就这里的问题来说，法律的目的在于维护公共安全和秩序，如果核弹爆炸导致千万人丧命，这严重危害到社会的安全和稳定，死守法律条款就失去了意义。类似地，在道德层面，千万人的生命大于个人的道德感受，我们不能用一个人的道德底线来强迫他人。

不能只讲利益，不讲是非！反对更“变态”行为的论者可能会对此反驳说，我们在考虑问题的时候应该讲是非，而不能只讲利益，功利主义为了利益做出错误的决定绝对不是我们所应该倡导和鼓励的。在对功利主义的价值原则进行批判时，张维迎先生就说：“功利主义讲的是利害，不是是非”，“我们人类做什么样的事情是正当的或不正当的，仅仅用功利主义标准可能是不行的，因为这样的标准可能会侵害人类的基本权利”。①

以国家利益、社会利益为重，这确实涉及利益的考量，但有利益的考量，这不等于不讲是非！支持采取更“变态”行为的论者可能进一步争辩说。一方面，面对威胁，不管我们采取何种行为，不管是采取更“变态”的暴力行为还是其他的非暴力手段，我们都涉及某种利益的考虑：是考虑一千万人的利益还是两个小孩的利益。另一方面，所谓的是非标准，在利益有冲突时，就是要考虑社会整体的利益。是与非、对与错，都应该以加总社会福利的最大化作为判别的标准。

直觉上看，两方巨大的人数差异似乎证明了数目的重要性，似乎如果有足够多的生命处于危险之中，我们可以放下对尊严和人权的道德顾虑。但是，如果这一点是正确的，那道德终究还是在将生命量化。基于此，更“变态”行为的反对者可能会反驳道：生命的价值不能量化，独立个体都是无价的，生命不能用数字衡量，只用数字衡量的生命是不公平的；个人不只是一种承载价值的客体，更重要的在于，他们还是具有不同内在价值的主体。单纯以数量来衡量，没有将其当作特殊存在者，没有看到每个人都具有不可通约的内在价值。

确实，每一个个体的价值是无限的，而每一个个体也确实具有其独特的价值。但是，在无限价值和无限价值之间，我们是否真的无法比较呢？毕竟，面对冲突，我们必须要进行选择。与此同时，在个体的独特价值无法单独衡量的情况下，基于人数来进行选择，是不是我们人类理性范围内所能采取的最能说得过去的方法呢？

不可否认，在面临冲突时，我们必须做出权衡。但是，当我们基于整体利益最大化而对无辜者施加惩罚时，其前提假设是：无辜者的权利是可以被忽视的，他们对其他一千万人所面临的危险负有义务和责任。在更“变态”行为的反对者看来，个人权利是个人手中的政治王牌。我们不应该为了获取信息而罔顾人权。我们应该尊重每一个人的人权，即便是处于特殊情景下的罪犯：恐怖分子虽然应该接受法律的制裁并为其罪恶行径付出代价，但同时他们仍然保有作为人最后的尊严。现在，如果审讯官对嫌犯的孩子下手，就侵犯了无辜者的生命权利，这使我们

① 张维迎. 功利主义五宗罪[EB/OL]. 新浪财经，2016-04-12.

与恐怖分子无异。也正因为如此,对任何一个人的人权的侵犯都应受到道德上的谴责,这并不会因为这种行为可能会拯救数以千万计的生命而得以改变。

3.2 功利主义原则:能得到证明吗?

面对恐怖主义者所布置的核弹的威胁,出于整体利益最大化的考虑,有的论者支持采取更"变态"的行为。相反,为维护个体权利计,对立的论者则对"变态"行为予以否认。既然如此,那以牺牲少数个体的权利来保护大多数人的生命到底是可取还是不可取呢?为了整体的利益,审讯官可以残忍地对无辜的两个小孩下手吗?牺牲少数、变态审讯的做法能够在人类理性的法庭面前为自己存在的权利做出辩护吗?或者,我们可以置一千万人的生命于不顾吗?

更"变态"的行为是否合理,这在很大程度上与功利主义公正原则的合理性有关:功利主义的加总幸福的最大化原则是社会的最高原则吗?功利主义者能为功利原则侵犯个体权利问题而做出理性辩护吗?伦理上讲,如果功利主义原则是最高的原则,它能够为其侵犯权利做出伦理辩护,以功利主义原则为依据所采取的行为就能得到证明。这意味着,更"变态"的行为是否可取,这在很大程度上与功利主义原则本身的合理性有关。也正因为如此,现实问题的分析将我们引向功利主义伦理标准的讨论:功利主义原则能否得到辩护和证明?

原则辩护的现实意义

功利主义原则能否得到辩护,无疑这是一个理论问题。但问题具有很大的现实价值和意义,因为,诸多问题的解决都与这一理论问题的回答密切相关。比如,新冠疫情暴发所引发的诸多问题:

(1)在抗击新冠疫情过程中,有人曾责怪武汉地方政府封城太迟,造成病毒的全国扩散,严重冲击国家经济,如果早一点封城,其他地区都不会有太大影响,因为一开始国内其他地方被感染的很少。与之相反,也有人认为,封城不可取,它侵犯了武汉市民的权利。既然如此,那我们如何看待武汉封城的决策呢?

(2)武汉暴发疫情时,为防止交叉感染,中央果断采取封城措施。但是,由于武汉医院的床位和检测试剂并不充足,部分疑似病例不能得到很好的治疗。为保全自己的性命,部分武汉居民连夜开车走小路逃离武汉,到其他城市寻求治疗,这在极大程度上增加了病毒扩散的可能性。那么,逃离湖北,逃离武汉,鄂人是恶人吗?

(3)为了彻底了解新冠病毒的机理,需要对感染病毒而去世的个体进行尸体解剖。假如没有逝者愿意捐献自己的遗体以供医学解剖,医生可以为攻克新冠肺炎而强制对尸体进行解剖吗?

(4)新冠疫情期间,网上有一则谣言:某国将一确诊患者枪毙。这虽是谣言,但也反映了社会上功利主义思想的存在。在电影《极度恐慌》中,政府炸毁村庄,以防止在对疫情治理无效的医疗条件下,导致致死率近乎百分之百且传播极为迅速的疫情的大暴发。那么,牺牲部分那些尚未感染疫情的人,从而保障全国人民的生命安全,这是否是一个公平的选择?

可以发现,对上述问题的回答,最终都依赖于我们如何评价和看待功利主义的公平正义原则。

功利原则的哲学论证

为了捍卫功利主义的规范原则,功利主义的支持者对其合理性给出了哲学上的论证。包括目的论论证和义务论论证两种基本形式:

首先,关于功利主义的目的论论证,正如罗尔斯的总结所表明的,其基本思路是个体的理性选择原则向社会整体层面的理论推演:

“正如一个人的幸福是由在不同时刻及时体验到的、构成个人生活的一系列满足所形成的那样,社会的幸福也是由属于它的所有个体欲望体系的满足所构成的。个人的原则是要尽可能地推进他自己的幸福,满足他的欲望体系,同样,社会的原则也是要尽可能地推进群体的福利,最大限度地实现包括它所有成员的总的欲望体系。因此,功利主义认为:如果一个社会的主要制度被安排得能够达到总计所有属于它的个人而形成的满足的最大净余额,那这个社会就是被正确组织的，因而也是正义的。”①

目的论论证具体涉及两个层面的内容：

其一，在个体层面，以边沁和密尔（穆勒）等为代表的功利主义者认为个体追求幸福的最大化，我们都被痛苦和快乐的感觉控制着。痛苦与快乐是我们“至高无上的主人”，在我们所做的任何事情中都主宰着我们，并决定着我们应当做什么事情。对与错的标准“与它们的王权紧密相连”。②

其二，在社会层面，功利主义认为应该使得加总幸福最大。在他们看来，使功利最大化不仅仅是个人的原则，同时也是立法者的原则：一个政府在决定要制定什么样的法律和政策时，它也应当能使得整体幸福实现最大化。③ 进而，道德与法律的最高原则就是使得幸福最大化：使得幸福最大化的就是公平正义的。

其次，有关功利主义的义务论论证，它将功利原则建立在人的平等的基础上，基于人的平等来推导功利原则。对此，金里卡归纳指出：

其一，人是重要的，并且每个人都同等重要；因此，

其二，应该同等程度地对待每个人的利益；因此，

其三，道德上正当的行为将使效用最大化。④

功利原则的现实实践

也正是因为功利原则在理论上得到了证明，功利主义者一直试图将功利原则用于指导社会的实践，以确定个体行为和法律制度的合理方式。比如边沁，在提出功利原则之后，他就对他所提出的功利原则非常满意，认为功利原则提供了一种道德科学，可以作为政治改革的基础。进而，他尝试着将其功利原则用于指导政策的制定，包括：监狱管理（他主张将监狱交给私人承包商）、乞丐管理（他主张采取办法将乞丐局限于救济院之内）与社会管理（他主张通过房屋的分配以使

① Rawls J. A Theory of Justice[M]. Cambridge, Masschusetts: The Belknap Press of Harvard University Press, 1971: 23.

② 桑德尔. 公正：该如何是好？[M]. 北京：中信出版社，2012：37；边沁. 道德与立法原理导论[M]. 北京：商务印书馆，2009：58.

③ 边沁. 道德与立法原理导论[M]. 北京：商务印书馆，2009：58.

④ 金里卡. 当代政治哲学[M]. 上海：上海译文出版社，2015：43.

居民从他们的邻居那里所受的痛苦——外部干扰——最小化。具体包括:在每个可能产生某种不良影响的群体附近,安置对这种不良影响有免疫力的群体;在胡言乱语的疯子或者说话不检点的人附近安置聋哑人;在妓女和放荡的女人附近,安置一些年长的女人;将严重畸形的人安置在盲人的居所附近)。甚至,他在去世之前还在考虑通过遗体捐献与保存等方式将功利原则用于遗体处理问题,以促进最大多数人的最大幸福。①

而在边沁之后,经过密尔(穆勒)、西奇威克与庇古等人的发展,功利原则得到了广泛的应用,特别是在经济学领域。在此方面,自庇古以来,经济学家普遍主张政府对社会的收入进行再分配。在经济学家们看来,由于收入的边际效用递减,收入对富人和穷人的价值是不同的,穷人对于一单位货币的评价要高于富人,进而,将富人的收入转移给穷人会增加社会整体的福利。现在,主流经济学理论普遍主张政府基于功利原则来就投资、征税、债务发行与通货膨胀等多个领域和方面进行决策。功利原则是福利经济学的伦理基础。

但问题是,功利主义者为功利原则所做的论证和辩护成功吗?对于权利侵犯问题,功利主义者又应该如何来回应呢?功利主义者能够为罗尔斯和诺奇克等人所指出的功利主义原则侵犯权利的问题进行辩护吗?

3.3 否定权利:只有功利没有权利?

为了应对自由主义权利论的挑战,功利主义者可能完全否定个体权利的价值和意义,认为社会的目的就是使社会幸福实现最大化:对于效用主体而言,其行为的道德价值仅在于它具有某种能够产生最大功利的属性。用威廉姆斯(Williams)的话说:人只是被当作效用的场所,或被当作服务于“效用系统”的因果杠杆——正当的行为就是追求某种利益(比如效用)的最大化。② 类似地,法

① 参见桑德尔.公正:该如何做是好?[M].北京:中信出版社,2012:40.

② Williams B. Moral Luck[M]. Cambridge: Cambridge University Press,1981:4. 也可参见金里卡.当代政治哲学[M].上海:上海译文出版社,2015:44.

律与政治等制度是否合理，也取决于它们是否有助于功利的最大化。

在此意义上，审讯行为是否正当，审讯的法律规则应该如何设定，不要考虑是否侵犯权利，只要看看它们是否能够有助于社会功利的提升。类似地，古罗马的大众娱乐项目——将基督徒扔给竞技场中的狮子——是否可取，也不需要考虑基督徒是否有生命的权利，只需要将此等做法的“成本”（基督徒被狮子撕裂并吞食而遭受的恐惧和痛苦）和“收益”（围在竞技场边欢呼的观众所感受到的狂喜）进行比较；[①]只要收益大于成本，那行为就是正当的。

伦理上，如果权利是没有价值的，有价值的只是功利和效用，功利原则侵犯权利的问题在伦理上就不是一个问题，罗尔斯与诺奇克等论者基于侵犯权利而就功利原则所进行的批评就不太有伦理的感召力。因为，侵犯只有在针对有价值的对象时才是问题，对于没有价值的东西，侵犯没有错误，甚至可能是善行。

权利本身具有价值

但关键的问题是，权利具有价值，认可个体权利，这是将人当作目的而不是手段、维护人类尊严的基础。康德认为，人是目的而不仅仅是手段和工具，“不论是谁，在任何时候都不应把自己和他人仅仅当作工具，而应该永远看作自身就是目的”[②]。而社会如果不把人仅仅当作“工具或资源”，尊重个体的权利就是不可或缺的：尊重个体权利是维护个体尊严的基础，是把人当人看的内在要求。在此方面，诺奇克所秉持的自由至上主义的最低限度国家就将权利维护与维护个体尊严、实现自我目的紧密联系在一起。在《无政府、国家与乌托邦》的结尾，诺奇克指出：

“最低限度的国家把我们当作不可侵犯的个人，不可以被别人以某种方式用作手段、工具、器械或资源的个人；它把我们当作拥有个人权利的人，并带有由此构成的尊严。它通过尊重我们的权利来尊重我们，允许我们单独地同我们愿意的人在一起，在我们能力所及的范围内，在拥有同样尊严的其他个人的自愿合作

① 参见桑德尔.公正：该如何做是好？[M].北京：中信出版社，2012：41.

② 康德.道德形而上学原理[M].上海：上海世纪出版集团，2012：40.

的帮助下，来选择我们的生活，来实现我们的目的和我们的自我观念。”①

与康德与诺奇克一样，以穆勒（密尔）为代表的功利主义者也强调了保障个体权利，尤其安全与自由等基本权利的价值和意义，只不过功利主义是从功利提升角度来阐述权利的价值的。在穆勒（密尔）看来，安全是我们的生存之基：安全利益“是所有利益中对每个人的情感而言最息息相关的利益。……没有安全，人类就难以为继。唯有基于安全，我们才有可能将‘恶’拒之门外，才有可能超越时间的束缚去实现每一种‘善’及所有‘善’的全部价值”②。至于自由，在穆勒（密尔）看来，“禁止人类相互伤害（包括我们绝不应当忘记的对每个人自由的无端干涉）的道德准则于人类幸福而言具有最为根本的意义，而其他任何准则无论多么重要，充其量也不过是为人们指明了如何处理某些具体事务的最佳方式”③。

权利的价值不容否定

实际上，权利不仅具有价值，同时，权利的价值亦不容否定：否定权利，这会极大程度地侵蚀公平、正义及功利原则本身的价值和意义。因为公平正义原则——不管我们是否以功利原则来对此进行表述——存在的价值和意义恰在于确定个体的权利、责任和义务范围。对罗尔斯来说，其正义论的主要任务就在于为参与社会合作的个体确立“一系列特殊原则来划分基本的权利和义务，来决定他们心目中的社会合作的利益和负担的适当分配”④。在此情况下，完全否定个体权利的价值来就功利主义做出辩护，那就否定了正义及功利主义原则的价值和意义。反过来，如果功利主义认为公平正义是重要的，它就应该对个体权利的价值给予充分的认可。

进一步地，权利不仅不容否定，甚至不能以整体利益的名义去否定权利。在此方面，罗尔斯批判指出：

---

① 诺奇克. 无政府、国家和乌托邦[M]. 北京：中国社会科学出版社，2008：399－400.

② 穆勒. 功利主义[M]. 北京：中国社会科学出版社，2009：88－89.

③ 穆勒. 功利主义[M]. 北京：中国社会科学出版社，2009：97.

④ 罗尔斯. 正义论[M]. 北京：中国社会科学出版社，2003：5.

“每个人都拥有一种基于正义的不可侵犯性，这种不可侵犯性即使以社会整体利益之名也不能逾越。……正义否认为了一些人分享更大利益而剥夺另一些人的自由是正当的，不承认许多人享受的较大利益能绰绰有余地补偿强加于少数人的牺牲。……由正义所保障的权利决不受制于政治的交易或社会利益的权衡。”①

类似地，桑德尔也评价指出：

“侵犯某人的权利就是对这一个体施加了某种错误，而无论这给总体福利带来什么样的后果。如果大多数人迫害一种不受欢迎的信仰的追随者，无论这种不宽容从长期上来讲给社会总体带来什么样的不良后果，难道这对作为个体的追随者们来说不是一种不公正吗？”②

之所以如此，这在于：整体是由个体组成的，以整体利益之名去否定个体权利，其实是一部分人（比如团体中的多数派）将其自己的利益建立在牺牲另外一部分人（比如团体中的少数派）的权利的基础之上，认为一部分人比另外一部分人高人一等，这与公平、正义的基本理念相冲突。③

功利的价值并非绝对

完全否定权利价值的否定性辩护之所以存在局限，一方面，是权利的价值及其意义，另一方面，在社会价值体系中，功利的价值并不是绝对的：

其一，如果只认可效用和功利的价值，将效用和功利绝对化，这在很大程度上也就否定了互助、友爱等其他价值的意义。因为，照此逻辑，在生命等价的假设前提下，个体 A 拯救个体 B 的生命可能是无意义、无价值的，如果 A 在施救过程中不幸牺牲的话。但人类理性的直觉告诉我们：英雄的牺牲是令人悲痛的，但

① 罗尔斯. 正义论[M]. 北京：中国社会科学出版社，2003：3－4.

② 桑德尔. 公正：该如何做是好？[M]. 北京：中信出版社，2012：55.

③ 一般地，当由于某种原因，一个集体目标不能成为一个充足理由去否认他们作为个人希望什么、拥有什么和做什么时，不能成为一个充足理由去向他们强加某些损失或损害时，个人便享有权利。从此等意义上看，权利的另一种表述就是免除整体的侵犯。

无私的救助与奉献闪烁着人性的光芒，熠熠生辉，互助与友爱不会因英雄的牺牲而有损其内在的价值。

其二，如果将效用、功利的最大化作为唯一的价值目标，这可能会容许乃至认可罪恶；并且，作恶的人越多，罪恶就越小。因为，根据功利主义的标准，只要有可能增进社会总的功利，那不管什么样的恶行都是被允许的。并且，为恶者从恶行中所获得的快乐越多，其行为越可取。在此方面，金里卡就批判指出：

“虽然规则功利主义不太可能会支持热衷于强奸和抢劫的生活方式，但它却的确认可把强奸者和抢劫者的快乐纳入效用计算之中。于是，作恶者的快乐越多，其行为的错误就越小。”①

鉴于权利本身客观具有的、不容否定的价值，同时也与否定权利的价值所带来的方方面面的问题有关，功利主义者一般都不会基于否定性辩护——完全否定权利的价值——来为功利原则及其侵犯权利的问题进行辩护。反过来，功利主义对于功利原则的辩护应该建立在认可权利价值的基础之上。

3.4 功利优先：权利由功利定义的？

作为肯定权利价值的辩护类型之一，我们考虑优先性辩护为功利原则做出伦理辩护的可能性。与否定性辩护完全否定权利的价值不同，有关功利优先的优先性辩护完全认可权利的价值。但是，在权利和功利的关系上，此等辩护认可功利相比权利具有优先性，认为个体的权利是基于功利原则来确定的，个体并没有超越于功利原则之上的权利。在为个体自由的合理边界划定范围时，密尔（穆勒）就指出：

“我恰当地声明：我放弃任何可能从抽象权利观念得出的、独立于功利的、对

① 金里卡. 当代政治哲学[M]. 上海：上海译文出版社，2015：38.

我的论证有利的东西。我将功利看作是所有伦理问题的终极诉求。”①

在此等意义上，既然功利原则在规范价值排序中高于权利，基于功利原则所做的决策就不会侵犯个体权利，而是在维护个体应得的权利。

如果个体的权利确实是由功利原则所确定的，那此等为功利原则所做的辩护毫无疑问是有力的，此时，罗尔斯与诺奇克等论者基于“侵权”问题而就功利原则所做的批评都是无关宏旨的：既然个体的权利是由功利原则确定的，以功利原则为依据所做的任何决策，不管是对小孩施加酷刑还是收入的人际转移，都不会侵犯个体的权利（因为被侵犯者根本就没有这种权利），而是在维护应有的权利（因为侵犯者本身就有这个权利）。问题是，个体的权利是否是由功利原则所确定的？抑或，权利的公正配置是否应该以功利原则作为最高标准呢？

忽略了选择及其过程对权利的决定性作用

按照优先性辩护的理论逻辑，在收入分配领域，如果强制将收入和财富——椰果——从帕克向船长等人进行转移能够提升四人社会整体的福利水平，那不管这种转移是直接的私人偷盗和抢劫，还是“政府”和“国家”基于政治权力所进行的再分配，这都不会侵犯帕克的权利。因为，针对权利侵犯论，支持就财富和收入进行转移的论者可能质疑道：椰果为何是属于你帕克的？在他们看来，如果椰果的分配和占有不符合功利最大化原则，帕克对其所摘采的椰果其实并没有权利。在此意义上，按照功利原则所进行的分配不仅没有侵犯帕克这一“富人”的权利，反而，这是在维护船长等“穷人”的生存权利。

应该说，对于某些问题，基于功利来确定个体权利有其合理性，而现实中，有的权利似乎就是根据功利原则来确定的，至少，他们可以从功利原则的角度来解释：(1)车道使用中的救护车、警车优先的规则，我们可以理解为，此等权利配置规则有利于实现道路使用中的功利最大化；(2)公交车位置配置中为老、弱、病、残、孕及怀抱小孩的乘客设置特殊座位的规则，也可以被视为是为座位利用实现功利最大化而确定的；(3)特殊环境下的照顾弱者的食品、医疗资源的分配规则。

---

① 转引自桑德尔．公正：该如何做是好？[M]．北京：中信出版社，2012：54－55．

比如，在新冠病毒重灾区武汉市，高峰期每天确诊的人数以千计，而医护人员和医疗资源又严重不足。在疫情最猖獗、医疗资源最紧张的时期，对于已经确诊的轻度患者，医生的建议是回家自行隔离，以将医院仅有的床位让给中重症患者。日本的做法也是“异曲同工”：为减轻医疗负担，只有符合诸多条件的人才有“资格”接受病毒的检测，这相当于将诸多轻症患者排除在“感染者”行列，以将有限的医疗资源集中到重症患者身上。弃轻救重的医疗资源配置方式也可以被视为是遵照功利原则进行的。

但是，如果认为所有的权利配置都是经过功利原则来确定的，或者它们都需要基于功利原则来确定，那人类理性的直觉告诉我们，这是有局限的。比如收入和财富的分配。假如个体对于收入和财富的权利是经由功利原则所确定的，那么，如果邻居比我有钱，我可以从他家的保险箱里随便拿钱；如果邻居家里的房子比我家的宽敞，我可以随便搬进去住；如果邻居车库有多余的豪车，即便没有征得他的同意，我也可随便把他家的车开走。只要我对钱、房屋与车的评价高于邻居，这显然与人类理性的直觉相冲突。因为，不管怎么样，收入和财富是人类劳动创造的结果，公平的分配必须要考虑劳动的贡献，考虑收入和财富的形成过程，而基于功利原则来进行分配的做法则只看需求的强烈程度，未考虑个体选择的作用，忽视了收入和财富形成的过程，这显然不公平。

未能给个体自由留下应有的空间

当然，针对上述对于功利原则所做的批判，功利主义者可能争辩说，功利主义之所以存在未考虑选择的决定性作用、忽视收入和财富形成过程的问题，这是因为我们是在分配的结果上使用功利主义。但事实上，功利主义有结果功利主义与规则功利主义，而功利主义者所真正主张的功利主义不是结果功利主义而是规则功利主义：构建规则使得功利最大化。如果采取的是规则功利主义，基于功利原则来进行分配，并不否定个体的选择对于收入和财富的所有权，同时，也不否定收入和财富的形成过程对于结果的决定性作用。

理论上，如果功利主义者将功利原则的应用限制在规则的架构上而不是最后结果的调整上，即遵循的是规则功利主义而不是结果功利主义，那对功利主义进行的批评力就会大大减弱：一方面，规则功利主义的分配方式充分考虑了收入和财富的形成过程，考虑了个体选择对于收入、财富分配的决定性作用。另一方面，照此思路，权利本身就是基于功利原则而得以确定的（因为决定收入和财富分配结果的规则是基于功利原则而得以选择的）：个体对于特定的收入和财富是否具有权利，就是要看相关的规则是否符合功利主义的原则，自然，功利原则不会侵犯个体权利。

但是，尽管如此，功利主义原则的合理性并不因此而得到证明：一方面，既然功利原则是规则层面的，功利原则的适用范围是受限制的，那么它不能在结果层面上加以使用，即不能对规则运行的结果再按照功利主义的原则进行调整。另一方面，也是这里尤为需要强调的一方面，在社会规则（比如收入公平分配的规则）的选择与架构上，如果规则是基于功利主义原则而得以确定的（即权利是由功利原则确定的）：在就规则进行选择时，我们需要将社会的所有相关个体紧紧地“捆绑”在一起，将社会“捆绑”成一个紧密联系在一起的连体人，这没有给个体自由留下应有的空间。

关于规则功利主义未能给个体自由留下应有空间的问题，我们可以以一个简化的例子来做出具体说明。我们考虑一个由甲、乙两个人组成的简单社会。为了便于分析和讨论，我们假定：(1)甲每年创造的生活资料为 100 个单位；(2)乙的生产状况不确定，他每年所获得的生活资料在[0,100]的区间之内，比如每年获得 0、20 和 85 个单位生活资料的情形；(3)个体维持基本生存保障所需要的生活资料为 10 个单位。

现在，考虑乙的各种可能情况：如果乙每年自己所获得生活资料为 0 个单位，由于他一无所有，将甲的部分生活资料转移给乙直观上是有其理由的；如果乙获得的生活资料达到 20 个单位，尽管有个体还是会支持强制的转移方案，但支持的理由及其强度会下降；而如果乙自己所获得的生活资料达到 85 个单位（这远远超出他维持基本生活保障所需要的 10 个单位的水平），理性的个体一般都不会再支持强制性的转移方案。因为理性的直觉告诉我们，此时，在个体间进行强制性的收入转移已经没有什么说得过去的理由了。

但是，如果个体对于收入的权利是由功利主义原则所界定的，“加总”福利最大化原则意味着:不管个体乙实际的经济状况如何,公平正义均需要在个体间进行一定程度的收入转移(除非两者对于收入的边际效用恰好完全相等)。而作为一种极端情形,如果生活资料多者对于收入的边际评价高于生活资料少者对于收入的边际评价,理论上甚至还可能要求从生活资料少者向多者进行转移。

与这里从功利主义原则未能给个体自由留下应有空间来就优先性辩护进行批判不同,以密尔(穆勒)为代表的功利主义者认可了个体自由与社会功利的一致性:为了实现社会功利的最大化,密尔(穆勒)的功利主义充分强调了自由与安全等基本权利的价值。而正是功利原则对自由等权利价值的认可,尤其是穆勒(密尔)出于功利最大化而对个体自由与安全权利的保护,有评论者指出:"批评者对功利主义有可能为了最大限度地促进整体福利、从而侵犯个体权利的指责,并不适用于密尔的功利主义。"[①]但事实上,尽管社会功利的提升为个体的自由提出了要求,但功利主义本身却因其加总的特征而无法真正保护自由。

合作、互助并意味着全面强制捆绑

当然,在社会制度的选择与架构上,社会不应该将个体捆绑在一起,这不是说,个体应彼此完全独立开来而不需要合作。相反,为了自己的生存和发展,自由而理性的人们必然需要依赖社会这一茫茫的"大海",依赖于其他个体的帮助和合作,包括市场的互惠交易与单向的利益转移。进而,为了避免自己在社会的"大海"中被无情地蒸发,我们需要确定一套能够促进彼此协作的、对所有个体都有利的社会制度规则。但是,在依赖社会合作的同时,理性的人们也不会希望因此而被社会无形的锁链所羁绊:在社会制度的架构上,天性上向往自由的人们会给个体留下充分的自由选择空间。但就功利主义原则而言,其最大化的"加总"意味着:不管相关个体的选择和状况如何,社会都要将"我"和他们紧密地"捆绑"在一起,使得"我们"如同紧密结合在一起的连体人那样而丧失了应有的自由。

功利主义的问题,一方面,是全面捆绑的问题,另一方面,则是捆绑的强制性问题:即便需要捆绑,也不一定需要强制,而是可以建立在个体自由选择的基础

---

① 参见刘琼豪. 密尔功利主义容纳个体权利的方法探析[J]. 齐鲁学刊,2010(6).

上。对此，我们可以看一个有关讨论五脏所有权的例子：

日语教师栅本尚子在课堂上为来自8个国家的14名预科生放映了一个教学短片，这个片子的题目叫作“你的五脏是人类共同财产”。

片子讲述中年人樱井夫妇17岁的儿子哲夫因车祸造成大脑严重损伤而丧生，但哲夫的心脏完好。经过两个月的考虑，樱井夫妇决定把儿子的心脏捐献给急需者。他们认为儿子身体的一部分能借他人之躯继续存活跃动，证明儿子仍活在人世。于是，他俩定期去看望那位被移植了他们儿子心脏的中村君。

樱井家中没有镶黑框的哲夫照片。哲夫房间一如生前，一双碗筷常年摆设。而26岁的中村君来家做客，必坐在哲夫生前位置倾听樱井叮咛：“多吃点，再添碗饭；乘电车时，不要追赶；不管发生了什么事，保持心情平静……”

中村君告辞时，樱井不舍，攥着中村君的手说：“下次做寿司给你吃……”

给中村君做移植手术的佐藤教授说：“五脏是人类共同财产，你活着，它是你的；你死了，它便是别人的，你无权把它随骨肉烧掉。当然，这是我个人的想法……”①

在五脏所有权的分配方面，佐藤教授的说法在很大程度上就体现了功利决定权利的思想：人死后，死者及其家属对死者的五脏没有所有权；基于功利最大化的要求，五脏属于人类的共同财产，属于最需要五脏移植的个体。进而，照此逻辑，即便樱井夫妇没有同意捐献其儿子哲夫的心脏，中村君也可以强制移植使用，强制移植使用的方法并不侵犯樱井夫妇及其儿子的权利，因为，按照功利原则，是中村君及其他的心脏需求者而不是樱井夫妇与逝者哲夫对心脏具有权利。应该说，如果逝者的五脏属于公共财产，器官短缺问题在很大程度上就能得以缓解。但是，缓解器官短缺的问题并不必然需要通过强制捆绑的方式来实现：既然每一个体既可能是器官的需要者，也可能是器官的移植者，相关的双方可以在事前签订自愿转让的社会契约。

---

① 海彦. 你的五脏是人类共同财产[J]. 知识就是力量，2011(12).

3.5 权利优先：不会侵犯个体权利？

与功利优先性辩护一样，此等辩护完全认可权利的价值（这与否定性辩护不同）。但与功利优先性辩护存在差异，在此等辩护看来，功利主义原则侵犯个体权利的问题之所以能得以辩护，这不在于功利相比权利的优先性，而在于功利原则与权利的一致性：功利原则并不会支持肆意侵犯个体权利的做法和行为。那么，此种辩护的合理性又如何呢？

功利原则无法杜绝侵犯权利

由于认可了权利的价值，与功利优先性辩护一样，一致性辩护相比否定性辩护有相对可取之处。与此同时，此等辩护有其一定的理论基础和现实依据：

一方面，在一般理论层面，如果我们理性地考虑到行为与制度的后果，功利主义原则确实会克制诸多侵犯他人权利的制度和行为。比如，关于收入分配，收入在个体间肆意的转移并不会使得功利最大化，因为这会影响个体创造收入和财富的积极性。与此同时，在审讯过程中，肆意侵犯个体权利的“变态”行为不会得以选择，因为这会增加社会的暴力而与社会功利的最大化相背离。对于古罗马将基督徒扔给狮子的问题，功利主义可能辩护说，此等侵犯基督徒权利的娱乐项目并不会得到功利原则的支持，因为这样的游戏会使人们变得粗野，因而在罗马的街头引起更多的暴力；抑或会引起那些潜在受害者们的恐惧和战栗，他们担心某一天也可能被扔给狮子。①

另一方面，在实践层面，历史上，功利主义原则曾经被用来攻击少数特权阶层，指责他们以牺牲绝大多数人的利益为代价来维护自己的不公正特权。作为人类启蒙思想的重要组成部分，功利原则为维护社会公众的权利提供了伦理依据；作为革命的思想武器，人们曾利用功利主义的“最大多数人的最大幸福原则”

---

① 桑德尔. 公正：该如何做是好？[M]. 北京：中信出版社，2012：41.

来反对为少数个体所拥有的不公正的特权和侵犯公众基本权利的等级制度。[①]

但是,功利原则无法完全禁止和排除对个体权利的侵犯,一致性辩护就功利原则所做的辩护依旧不能取得彻底的成功。

对此,我们可以设想这样一种场景:(1)有一个富翁 R 和一个黑客 H,R 的收入和财富是在公正的规则下通过合理的手段获得的,他对于自己所掌握的收入和财富具有权利;(2)通过某种高超的黑客技术,H 神不知鬼不觉地将 R 账户里的一部分钱转移到自己的银行账户中(由于 R 的钱确实太多,他完全没有察觉,进而,H 的偷盗行为也未对 R 的工作和生活产生任何负面的影响)。

按照功利主义的观点,只要 H 对于收入的评价高于 R,此等偷盗行为就是合理的,能被功利主义原则所认可。现在,既然 R 对于他账户上的收入拥有权利,那 H 基于功利原则所进行的收入转移就侵犯了 R 的权利。其实,也正因为功利原则侵犯权利的可能性,桑德尔认为功利主义与人权不兼容:"如果你相信普遍人权,那么你很可能就不是一个功利主义者。"[②]类似地,法律实证主义者哈特也认可了功利原则和个体权利的内在冲突:

> "真理注定不会存在于这样一种学说之中,这种学说将集体或一般公共福利的最大化当作其目标;相反,真理存在于尊重基本人权的学说中,这种学说要求保护特定的基本自由和个人利益。"[③]

否定功利原则是最高原则

事实上,一致性辩护的问题并非只是事实偏差方面的。在规范伦理层面,强调功利主义不会侵犯个体的权利,从某种意义上说,这意味着它承认了权利的优先性,进而,这意味着功利原则并不是最高的原则。这与功利主义将功利原则作为社会规范的最高原则的逻辑前提相冲突。因为,在功利主义的规范价值体系中,功利原则是指导社会制度构建与个体行为选择的最高价值标准。在《功利主

---

① 金里卡.当代政治哲学[M].上海:上海译文出版社,2015:61.

② 桑德尔.公正:该如何做是好?[M].北京:中信出版社,2012:114.

③ 哈特.法理学与哲学论文集[M].北京:法律出版社,2005:212.

义》中，穆勒（密尔）明确指出：

“接受功利原理（或最大幸福原理）为道德之根本，就需要坚持旨在促进幸福的行为即为‘是’，与幸福背道而驰的行为即为‘非’这一信条。”①

类似地，在《逻辑学体系》中，穆勒（密尔）也指出：

“在生活实践中的其他部分，有一些一般原则或标准必须得以确立。按照我的理解，如果能够正确地选择这个原则，则它不仅能够成为经济领域、政治领域和鉴赏领域的第一原理，而且也能成为道德的第一原理。我只是宣布我的如下信念：所有实践规则所必须遵从的、并据以检验的一般原则，就是导致人类及其他一切有感觉力的存在物的幸福的原则；换言之，增进幸福是目的论的第一原则。”②

现在，如果说功利主义原则的正当性以不侵犯个体的权利为前提条件，这实际上意味着功利原则并非最高的原则。这样，即便功利主义侵犯个体权利的污名被洗刷了，但功利主义第一原则的地位却被颠覆了，因为此时的功利主义并不是一个高于权利的范畴。

权利的伦理根基因此而丧失

进一步地，伴随着第一原则地位的丧失，此等理论辩护使得功利主义将面临自然权利理论一直未能恰当解决的权利根基问题。

自然权利理论一直倡导权利和自由的不可剥夺性和绝对性，但它们却未能就权利和自由的来源给出进一步的论证和理由，自然权利理论缺乏应有的伦理根基：由于未能给出权利的来源，诺奇克的权利理论就被内格尔（Negal）称为“没有根基的自由至上主义”③。

与之不同，由于将功利原则视为第一原则，在功利主义的价值体系中，个体权

---

① 穆勒. 功利主义[M]. 北京：中国社会科学出版社，2009：11.

② 转引自刘琼豪. 密尔功利主义容纳个体权利的方法探析[J]. 齐鲁学刊，2010(6).

③ Nagel T. Libertarianism without Foundations[J]. The Yale Law Journal，1975(85)：136—149.

利等其他价值都是由功利原则推导出来的:功利主义的第一原则地位为个人权利提供了伦理根基并成为功利主义相比自然权利理论具有理论优势的重要方面。

现在,一旦认可了权利相比功利的伦理优先性,那在颠覆了功利主义第一原则地位的同时,一致性辩护还带来了自然权利理论所类似的、权利缺乏伦理根基的问题,它需要我们去思考和寻找超越功利原则的权利来源。

3.6 应该否定对最大幸福的追求吗?

功利主义难以为侵犯权利的问题做出绝对的辩护,这表明功利主义的公正原则存在重大的伦理缺陷。但问题是,功利主义原则所存在的问题是否意味着功利主义所倡导的对幸福的追求不可取呢?这是否意味着我们应该否定人类对于幸福和快乐的追求呢?

事实上,以幸福和快乐为目标,这不仅是一种客观实际,与此同时,在处理人与自然关系的规范层面,这也具有其伦理的合理性。具体体现在以下几个方面:

以人作为万物的尺度

由于幸福是人的幸福,功利主义以幸福、快乐最大为目标,这是以人为本,将人作为万物的尺度。以人为本、将人作为万物的尺度,这使得功利主义的最大幸福原则较之其他的目标——追随虚无缥缈的上帝、保存不朽的灵魂、向往获得永生的彼岸世界与忠诚于超现实的国家等——都具有相对的合理性。因为,以人为本,以人作为万物的尺度,这是行为选择和制度安排的基本原则。也正因为如此,符合该原则的行为和制度往往获得社会的肯定和赞扬,而与之背离的制度和行为则往往受到批评:

2009 年 1 月 20 日,在华盛顿市区"画廊宫"地铁站,一名乘客失足掉入地铁轨道,被驶进车站的地铁撞飞,救援人员将生死不明的乘客送往医院。

按照惯例,地铁站出现人身意外伤害事故时,运营方将会迅速关闭站点,以便查找事故的原因。但这一天非常特殊，因为它是美国第一任黑人总统奥巴马宣布就职总统的“大喜日子”，大家可能都不会因为一起普通的人身伤害事故便将地铁停运而影响到观看奥巴马就职典礼的人数。毕竟，当日前往华盛顿观看奥巴马就职典礼的人数接近 300 万，而“画廊宫”地铁站是华盛顿地铁线路上较大的一个站点，若是将其关闭，势必将使奥巴马的就职典礼显得冷清(因为其他多数交通工具已经禁止使用)。

但是，事故发生不久，地铁公司就在广播里发表声明，就发生在站点里的意外事故向受害人及广大乘客道歉。并且还宣布，无论今天是多么重大的日子，也无论受伤的人再怎么普通，他们也将按照规定立即关闭站点，停止地铁营运。

因为，任何事物也不能逾越生命的界限。①

确实，任何事物也不能超越生命的界限，而将生命置于首要位置，这就是以人为本，进而，地铁公司的做法也就获得了乘客的认可和肯定。

以人的终极追求作为目标

由于以人的内在享受——幸福、快乐和福利——而不是其他外在指标为价值尺度，功利主义其实是将人的终极追求作为社会的目标。这有其合理性：在人与自然关系的处理上，功利目标，相比其他目标，比如金银、物质财富(GDP)与外汇等，都具有相对的合理性。因为，金银等都只是手段。对它们的追求都应该以幸福和快乐为导向。

然而，尽管人们普遍将个体对于幸福和快乐的追求视为生活的真理，但理论上还是有针对功利主义幸福追求原则所做的批评。包括实证和规范两个方面：

一方面，在实证层面，在批评者看来，人并不以快乐为目标，认为个体以幸福最大化为目标不符合现实。具体依据如下：(1)诺奇克的“快乐体验机”。诺奇克要求我们进行这样的想象：神经心理学家把我们放进一架机器中并为我们注射药物。这种药物能够产生可以想象出来的最快乐的意识状态。在诺奇克看来，假如快乐就是我们的最大利益，我们就都会愿意被关进机器而在那里终老一生：

① 葛闪．到底谁更重要？[J]．意林·讲述，2009(3)．

我们不停地服药，不停地感受药物带来的快乐。但是，我们往往不会为幸福而进入机器、度过余生。[①] (2)诗人的痛苦。金里卡指出：诗人的创作充满着痛苦和折磨。[②]

另一方面，在规范层面，批判者认为：功利主义宣扬的最高生活目标便是享乐，从而丧失了更崇高的追求和渴望(此乃他们所称)，因此他们认为这是一种卑微的、低贱的思想，只配得上像猪一样的人，这是对人的价值的贬低。[③]

在实证层面，有关个体是否是以幸福为原则的，应该说，恰如戈森所言，个体对于幸福的追求不容置喙：

“每个人都想使他的生活享受最大化。即使是禁欲主义者——他看上去似乎同这个生活目的相距最远——当他认为通过禁欲和自愿进行各种节俭可升入天堂时，也就证明了这个定理是真理。因为撇开他们所奉行的生活方式——这只是使他笃信这样一种行为方式，即这里自愿进行的节俭将在彼岸的生活中加倍给予报答——本身达到一定点时使他感受到是一种享受不谈，一旦有人使他摆脱这一信念，他就会很快地接受一种与他迄今为止完全相反的行为方式。历史提供了许多这样的例子：轻佻的花花公子变成禁欲主义者，而反过来，忏悔的修道士变成了一流的花花公子。”[④]

至于诺奇克等人的反驳，它们并不能否定个体追求幸福的客观实际。一方面，人们之所以不愿意将自己的一生都置于诺奇克的“快乐体验机”之中，这并不是人们不追求快乐，而在于此种方式本身并不是最有利于快乐和幸福的：人类追求快乐和幸福与其追求的方式密切相关，幸福的实现不能离开其过程，因为过程本身就是幸福和快乐的源泉。另一方面，诗人的痛苦也与追求幸福不矛盾，个体在幸福的追求过程中面临各种苦难实属正常。同时，痛苦和快乐不是绝对对立的，俗话就说“苦中作乐”。

---

① 诺奇克. 无政府、国家和乌托邦[M]. 北京：中国社会科学出版社，2008：51—54.

② 金里卡. 当代政治哲学[M]. 上海：上海译文出版社，2015：16.

③ 穆勒. 功利主义[M]. 北京：中国社会科学出版社，2009：12.

④ 戈森. 人类交换规律与人类行为准则的发展[M]. 北京：商务印书馆，1997：6.

至于批评者所提出的更高追求的问题，这并不否定幸福追求的合理性：(1)对更高目标的追求不应该与幸福背离，与人类幸福相背离的追求很难说是更高的追求；(2)在道德伦理层面，虽然人有超越于幸福之上的"更高"的道德追求，但个体行为的崇高与否，往往不在于他们是否去追求完全独立于幸福之外的某个更高理想，而在于追求幸福的方式；(3)在幸福的实现方式方面，牲畜享受的快乐不可与人对幸福的追求同日而语。比起动物的欲望，人有着更高一级的官能。当人意识到自己的这些官能后，就不会把什么东西都当作幸福，比如，满足就不等同于幸福。进而，认可个体对幸福的追求，这并不是在贬低人。在此方面，针对有关功利主义的批评，密尔(穆勒)就曾反驳指出：不是功利主义者在贬低人，而是抨击者自己玷污了人的本性。①

引导人们服从理性而反对盲从

基于功利主义的方法论，行为与制度的合理性需要以它们是否有利于增进人类的幸福来加以检验，这使得功利主义引导人们服从理性，反对对已有法律制度、社会习俗等规范的盲目服从，作为启蒙思想的重要组成，这具有非常进步的历史意义。对此，金里卡评价指出：

"历史地看，功利主义是相当进步的。功利主义要求，压制人民若干世纪之久的习俗和权威必须接受人类进步标准的检验……在最好的情况下，功利主义是针对偏见和迷信最强有力的武器，因为功利主义所提出的标准和程序向那些以道德的名义对我们声称权威的人提出了挑战。"②

3.7 功利主义公正观：评价与含义

对于功利主义原则，理论界有两种截然对立的态度。其一，完全否定。在此

① 穆勒. 功利主义[M]. 北京：中国社会科学出版社，2009：12.

② 金里卡. 当代政治哲学[M]. 上海：上海译文出版社，2015：14.

方面，威廉姆斯认为功利主义的缺陷太多了，它肯定会从政治哲学的场景中消失。其二，绝对认可。在黑尔（Hare）看来，道德就是促进人类幸福的最大化，除此之外，我们很难想象道德还能是什么。①

对幸福和快乐的追求是人类的本性，功利主义以幸福和快乐作为行为选择和制度安排的目标，这没有问题，不管是个体的行为选择还是社会的制度安排，都应该保障每一个体追求其幸福和快乐的自由，完全否定功利主义原则无疑不可取。个体对其幸福和快乐的追求所引致的问题不在于对幸福和快乐的追求本身，而是追求幸福和快乐的方式。包括：（1）在人与物关系的处理上，为了超越于动物的一般本能，我们应该思考，究竟什么东西才是更值得我们追求的？我们应该如何去追求我们所认可的目标？（2）在人与人关系的协调上，在追求幸福的过程中，我们应该如何协调与我们存在联系的其他个体的利益？（3）在人与己关系的解决上，我们又应该如何正确面对自己，如何确保自己内心的和谐？

以幸福和快乐为目标，这并不等于需要使加总幸福实现最大化。（1）加总幸福最大化其实是将个体"捆绑"在一起，它没有认真关注罗尔斯所说的"人的分立性（the separateness of person）"问题，它未能给个体自由留下空间。应该说，关于"人的分立性"问题，不管是在原则的表述上，还是在原则的论证上，它在很大程度上都被功利主义者所忽视了：目的论论证基于个体幸福的最大化只能推导出帕累托最优意义上的幸福最大化，而并不能推出加总幸福的最大化；义务论论证所依赖的"人的平等"并不等于简单地赋予个体效用相同的权重并以此为基础来就个体效用进行加总，毕竟，人的平等也可能是反对任何形式的人际加总的个体追求自我幸福的自由。（2）对于有的公平协调问题，确实可能需要加总考虑，但这并不必然需要基于效用的大小来评估。（3）即便是需要将权利的分配建立在快乐之上，这也并不等于作为判别基础的效用是有关个体特殊偏好的效用。

对于功利主义原则伦理标准的合理性做出分析具有重要的规范含义：（1）对幸福和快乐的追求是人的本性，道德与立法不应否定人类对于幸福和快乐的追

① 参见金里卡．当代政治哲学[M]．上海：上海译文出版社，2015：12.

求，而是应该给它们创造充分的条件。(2)加总幸福最大的功利主义原则并非道德与立法的最高原则。当道德与法律为幸福和快乐的追求创造条件时，简单以加总幸福最大化为原则不可取。这里面有几个层面的问题：首先，我们需要将相关个体加总起来吗？如果根本不应该加总，那加总考虑的方式怎么都不可取。在此方面，面对核弹的威胁，审判人员是否可以采取更“变态”的行为，首先取决于我们是否需要将一千万人和两个无辜的小孩综合在一起？其次，如果需要加总，基于效用、需求强度进行加总是一种合理的方式吗？再次，如果基于效用和需求进行加总是合理的，我们进行加总的对象应该是个体的特殊偏好吗？(3)由于功利主义原则并非最高原则，为了给道德与立法提供一般的理论指导，我们需要兼顾功利原则又要能超越于其上的一般公平正义原则。

功利原则有可能被超越吗？我们有可能去探求超越于功利原则之上的一般公平正义原则吗？我们拭目以待！

思考题

(1)“钻石公主”号邮轮上发现了被新冠病毒感染的人。为了防止感染更多其他地方的人，就整艘邮轮进行隔离，这从道德上讲似乎没有问题，但是邮轮上当时没有被感染的人又何其无辜呢？他们本是健康的，因为不能确定是否被感染而只能待在空间极为有限的邮轮里，几乎是等着被感染，这对他们是否公平？

(2)G先生曾经分享过他在美国的一段真实经历：他所居住的楼房着了火，大家都急着下楼。这时候有一对腿脚不便的老人在前面缓慢地行走，挡住了后面人的去路，G先生当时有一种想推开老人以让后面的人过去的冲动。可当时的情况却是，前面的人纷纷让路，让这对老人能够更顺利地通过。请问，对于此等让路行为，我们如何评价？

(3)有一个一直遵纪守法的老实人，他的母亲不幸得了一种罕见的病，危在旦夕。能够救他母亲性命的只有一种药，此药是一个私人研究所刚刚研制出来的，价格十分昂贵。这个老实人现在没有任何途径来凑齐买这种药所需要的钱，唯一的办法就是去把这个药偷出来。请问，为救人而偷药，正当吗？

（4）切尔诺贝利核电站爆炸后，需要有人进入核污染区域排除危险。由于防护条件有限，进入严重污染区域工作的人会因辐射而在几个月甚至更短的时间内死亡。但是，如果不派人去排除危险，可能会导致辐射进一步扩散，危及周围上万乃至更多人的安全。在此情况下，派人进入核污染区是正当的吗？

（5）在新冠疫情愈演愈烈之时，韩国首尔上千教会成员仍坚持参加教会活动。当有媒体问到为什么不顾禁令来参加，他们回答说：这是我们的宗教信仰，也是我们的自由。可想而知，韩国疫情发展十分迅速，近60%都是因教会集会而感染的。请问：以信仰自由来反对禁令，这在伦理上成立吗？

（6）看过电影《天气之子》后，观众对其结尾的处理产生了争辩。影片的故事结构非常简单：东京正在经历严重的天气异常，作为“晴女”的女主角如果牺牲自己的生命，则可以驱除暴雨而恢复晴天。女主起初选择牺牲自己，但最后在男主的坚持下，两人选择放弃拯救世界，而是一起活下去。请问如何评价“晴女”最后的选择，她应该牺牲吗？

（7）有极少数的人，他们自己愿意接受某一价格来为别人顶罪或替死，以此给身边的人留下财产。这样算不算是为生命标价了呢？

（8）某品牌的家用电器售出了很多，但却发现存在安全隐患，需要召回。可是这个安全隐患发生的概率极小，但若将售出的电器全部召回，要花费上亿巨资，电器厂商该如何选择？

（9）抗击新冠疫情期间，有地方的一些小区直接拦截从外地归来的租户，甚至在租户主动表示将自行在住处隔离14天，小区仍拒绝他们进入。请问小区拒绝租户进入的做法应该得到支持吗？

（10）下井挖矿这种艰苦、有生命危险的工作是否等于矿工用生命去换取金钱呢？

（11）人活着仅仅就是为了获得幸福吗？生命的意义到底是什么？

（12）在判定道德标准时，是否应该考虑未来的整体利益？若未来的整体利益与当下的整体利益相冲突，又该如何评定道德？难道同样一个行为在未来看来是不道德的而在现在仍然会被定义为道德吗？比如一个靠大量采取自然资源来哺育人民的国家，其未来必定面临资源短缺，危害未来的人民。当未来人民的整体利益与当下人民的整体利益冲突时，此时的国家行为应被判定为道德还是不道德？

4

自由主义

功利主义原则未能给个体自由留下应有的空间，这使得功利主义存在侵犯个体权利等方面的伦理局限。与功利主义原则所存在的局限性相反，自由主义(Liberalism)则充分认可个体的权利，保护个体的自由。自由主义者认为，生命、自由和财产是公民不可剥夺的基本权利，不管是国家的政治生活、经济生活还是社会生活，都应以维护个人自由、保护个体权利为目的：任何形式的专制——无论是国家的、教会的，还是社会习俗的与舆论的——都是不可取的，它们都侵犯了个体的权利和自由。

一般认为，作为一种学术思潮和政治思想，自由主义理论的发展可以分为两个阶段：其一，古典自由主义(17—19 世纪末)抑或传统自由主义，这主要和洛克(认为个体具有不容被他人侵犯和剥夺的“生命权、自由权和财产权”)、孟德斯鸠(主张通过政治上的三权分立来维护个体自由，认为“没有分权就没有自由”)、亚当·斯密(主张经济上的自由放任)及密尔(穆勒)等人的著作和思想(主张个体的事务个体自己做主)联系在一起；其二，新自由主义(19 世纪末到现代)抑或现代自由主义，它在 20 世纪 30 年代形成体系，并于 20 世纪 70 年代取代凯恩斯主义，其代表性人物有米塞斯、哈耶克、弗里德曼等，其核心理念是私有化、市场化与全球化。①

自由主义是西方政治文化体系的主流意识形态，是西方社会最重要的政治价值理念，它涉及的领域极其广泛，涵盖政治、经济、文化和社会等各个领域和方面。自由主义所主张和维护的自由包括尊重个体的自由选择、保护个体的言论和思想自由、维护结社和契约的自由等。限于内容的限制，本章将讨论的范围限定在个体行为选择的自由方面，对于契约自由与言论自由的分析，我们后面将在契约主义等相关主题中进行。

在个体私人行为的选择方面，以密尔（穆勒）为代表的自由主义者认为：个人的事情（假设不对其他人产生任何影响）应该完全由个体自己做主，自由选择、自我决定，任何个体和组织（包括企业、政府和国家）都不应该强制干涉，而社会的道德、舆论也不应该以维护社会习俗等为名来对此指指点点。在自由主义者看来，个体需要对外负责的事情是其行为对其他个体产生影响的情形。

那么，如何看待自由主义的“自由选择、自我决定”的观点？个体的私人事务应该完全由个体自己做主吗？其他个体、企业和政府可以基于家长作风而对个体的私人行为进行强制干预吗？本章就自由主义所秉持的“自由选择、自我决定”的公正观及其相关现实问题做出分析和探讨。

4.1 个体自愿加班：应禁止吗？

2018 年 7 月 21 日，搜狐网发表了如下一份材料：

2018 年元旦前，山西一名呼吸科医生在连续工作 18 小时后突然昏倒后猝死，卒年 43 岁。此后不久，1 月 23 日，青海大学附属医院一名 43 岁的急诊科医

① 尽管系统的自由主义理论是近代欧洲的产物，但有学者认为，其思想渊源则可追溯到古希腊的政治传统。在他们看来，从修昔底德、伯利克里、苏格拉底、柏拉图、亚里士多德，到伊壁鸠鲁、斯多葛学派，延伸至古罗马的西塞罗、文艺复兴与宗教改革，看到了自由主义传承的生动图景。参见刘星星. 自由主义的历史流变及其发展方向[J]. 宜春学院学报，2007(12)；梅荣政，杨军. 西方自由主义的流变、实质和危害[J]. 红旗文稿，2014(3).

生也是在持续工作18小时后猝死。

只有医生这样吗?

2016年5月3日,《绵阳日报》编委会编辑中心主任任杰女士中午在睡梦中突然离世,年仅42岁。

2016年5月4日,《解放军报》主任编辑马越舟上校病逝,年仅45岁。

2016年6月14日,《春城晚报》年仅42岁的总编辑杜少凌突然出现呼吸不正常,经抢救无效猝然去世。

2016年6月29日,年仅34岁的天涯论坛副主编金波猝死地铁站。

2016年10月6日,张锐于当日凌晨因心梗去世。从中国人民大学新闻学硕士到《京华时报》前新闻中心主任、从网易前副总编辑再到春雨医生创始人。张锐在探索医疗的道路上没能留住自己的健康。

又是加班!

又是熬夜!

又是猝死!

这些人生前都有一个共性的问题就是经常加班、熬夜。以媒体行业为例,深蓝网曾做过一份调查报告,报告称:超过60%的媒体人凌晨之前没有睡过觉,超过90%的媒体人身体处于亚健康状态,超过80%的人每天工作时间超过8小时,超过60%的人每周锻炼时间不到100分钟。

不仅仅是媒体人,社会上很多职场人士都是如此,如IT行业人员、科研人员,他们都没日没夜地加班加点工作。①

媒体人、IT行业人员、科研人员、医生,很多人加班可能与单位的用工制度有关,但也有很大一部分是他们自己选择的结果,他们为了职业发展而自愿加班、熬夜,这使得他们的身体健康亮起红灯,甚至最后影响到自己的生命。

年轻人过劳死的问题,引发了人们对于立法禁止加班问题的思考。早在2015年,基于富士康职工跳楼的问题,《南方周末》编辑部策划了有关是否要立法禁止个体自愿加班问题的讨论:撇开单位强制员工加班的问题不谈,为了劳动

① 人民日报痛批"冷血干部",向加班过劳猝死的人学习什么?[EB/OL].搜狐网,2018-07-21.

者的健康和生命，是否需要立法禁止个体自愿加班？①

因不可操作而反对立法？

关于通过立法来禁止员工自愿加班的问题，在有的论者看来，此举实在不可取！因为撇开法律规定本身是否合理不谈，禁止自愿加班的法律规范实施难度非常大：法律可以禁止单位强制员工加班，但法律难以禁止个体自愿加班。在运行层面，如果法律规定不能执行，所设立的法律条款就没有意义，完全是虚设，进而也就没有必要去设定。

不可否认，禁止个体自愿加班在操作上确实存在一定的困难，比如，当个体自己在家里加班时，相关的法律条文就难以执行。但是，现实中，个体加班大多是在单位里。此时，法律禁止自愿加班在操作上就不存在很大的问题：既然我们认同法律可以禁止单位强迫员工加班，法律也可以禁止员工自愿加班！进而，在支持立法的个体看来，难以操作和执行并不能成为反对立法的可靠理由。

因限制自由而反对立法？

如果我们将法律的执行限定在单位的范围内而忽视家庭等其他领域的执法问题，禁止自愿加班的法律在操作上还是可行的，但反对立法的论者还是可能会争辩说，此等立法依旧不可取。在他们看来，撇开加班这一特定的问题不谈，立法禁止的基本做法就不可取，它违背了法律的宗旨，因为法律要让人变得更自由，而不是去限制自由。

确实，法律要保护个体的自由。但是，法律在保护个体的自由的同时也在限制个体的自由：法律保护 A 的生命和财产不受侵犯，这同时也就限制了 B 的行为选择的自由，因为，此时，B 的自由不能以侵犯 A 的生命和财产的自由为前提。在此方面，弗里德曼曾援引一位法官的话说："我移动我拳头的自由必须受到你的下巴的接近程度的限制。"②正因为如此，在支持立法的论者看来，基于保

① 编辑部.应立法禁止自愿加班吗？[J].南方周末，2015-02-12.

② 弗里德曼.资本主义与自由[M].北京：商务印书馆，1999：27.

护自由而反对禁止自愿加班立法是不成立的。

上述说法错误理解了问题的性质！在人际关系的处理上，一个人的自由确实应该考虑其他个体的权利和自由。但是，自愿加班的自由并不是人际方面的，而只是个体自己的事情：对于个体自己的事情，我们完全拥有自我选择、自我决策的自由，个体自己的事务不应该受法律的约束和限制。这也就是说，在反对立法限制的论者看来，个体有自愿加班的自由！

因影响他人而立法禁止？

个体加班难道只是影响自己？支持立法的论者可能会对此等说法加以质疑。在他们看来，个体加班影响的不只是他自己，同时也会影响到其他人：一些人为了获得更多的收入或在管理者的要求下，选择长时间加班，对另外一些不愿加班的人构成不正当竞争。后者如果选择不加班，就会与单位加班的氛围格格不入，甚至会被管理者视为异类，个人的职业发展也会因此而受影响。如果大家都不得不加班，就会陷入比拼谁更努力、谁更愿意加班的恶性竞争，从而进入加班越来越长的恶性循环，结果对大家都没有好处。①

为了职业、为了发展甚至是为了收入和奖金，员工之间进行竞争是一种客观实际，这不管是在私人企业还是在公共部门和事业单位，都是如此。但是，为了自己的发展而竞争，是否就构成了不正当的竞争呢？在学校，别人努力学习，这对懒散、自由、努力一般的“我”，是否构成了不正当竞争？在竞技比赛中，那些努力奔跑的人是否对那些不那么努力的人构成了不正当竞争？如果这也算不正当竞争的话，那是否意味着：正当竞争要求我们不是比努力而是比懒惰呢？也正因为如此，在反对通过立法来禁止自愿加班的论者看来，不正当竞争不能成为禁止自愿加班立法的理由：自愿加班确实会让其他人在单位不好过，但这并没侵犯他人的任何权利；更何况，“有人愿意在给单位创造更多价值的同时给自己争取更多的收入，那是专业精神与工作伦理的体现”②。

---

① 参见编辑部.应立法禁止自愿加班吗？[J].南方周末，2015-02-12.

② 编辑部.应立法禁止自愿加班吗？[J].南方周末，2015-02-12.

因存在强制而立法禁止？

对于上述反驳，支持立法禁止自愿加班的论者可能会进一步争辩说，个体加班对其他个体所形成的负面影响是一种客观实际。但就算我们不考虑这一点，立法禁止自愿加班还是有其依据和理由。因为，所谓的自愿加班，表面上看是自愿的，但实际上是被迫的，他们可能是单位和领导强制的结果，也可能是因收入低而被迫的。但是，不管怎么样，既然存在强迫的因素，那它们都是不公正、不合理的，这都应该通过法律来加以禁止。

如果员工的加班确实是由单位和领导强制所致，加班超出了本职工作的范畴，违背了《劳动法》，那此等“自愿加班”是应加以禁止的，《劳动法》的相关条款对此就有制度规定。比如我国 2020 年新《劳动法》第三十六条就规定：“国家实行劳动者每日工作时间不超过八小时、平均每周工作时间不超过四十四小时的工时制度。”但是，因单位和领导强制而进行的“自愿”加班问题，这根本就不属于这里所要讨论的问题。至于个体迫于经济压力而选择的加班，这其实并不属于强制加班，将员工出于经济原因而选择的加班归为强制加班，这其实是人为扩大了强制的范围。也正因为如此，在对立法持反对意见的个体看来，基于“自愿”加班的强制性来主张立法禁止的说法依旧不成立。

因损害健康而立法禁止？

问题并未因此而结束。因为，支持立法的论者还可能进一步争辩说，即便撇开现实中的各种强迫因素，假设个体加班是自愿的，禁止自愿加班仍有必要。如果八小时工作制外还要加班三四小时甚至更多，那人是不是很像持续运转不得停歇的零部件一样呢？毕竟，人不是机器。更何况，机器运转久了都需要停歇，人更是要休息。人超负荷工作会带来严重的身心健康问题，就像零部件用久了会磨损与报废一样。现实中过劳死、猝死等方面的诸多案例充分证明，超负荷工作完全是人的一种“异化”，它对于工作者的身心健康形成了严重的挑战。为了广大员工的身心健康计，立法禁止自愿加班势在必行！

毋庸置疑，个体的身心健康是重要的。但是，在反对立法限制的论者看来，过劳死、猝死的真正根源不是加班，而是社会发展程度不足，禁止加班只是一种治标不治本的手段。在他们看来，在社会主义初级阶段，禁止加班甚至会拖缓社会发展的速度，使得国家陷入中等收入国家的陷阱。而在企业微观层面，很多行业，它们工作的时效性很强，禁止加班其实是相当于毁坏这一行业。

以社会、行业的发展来为问题进行辩护，这是本末倒置。在支持立法的个体看来，社会发展的终极目的不是为了高的收入，也不是为了行业的发展，而是为了人：经济发展的最终目的都是为了人的需要。现在，如果加班使得个体的生命都得不到保障，经济发展还有什么价值和意义呢？至于行业工作的时效性，这只是意味着我们需要在一定的时间内将相关的事情做完，但这并不等于要求一个人过度加班，因为，如果工作量大，工作比较紧张，这需要有更多的人来参与，需要把相关的工作分给不同的人。至于发展阶段的问题，它其实与这里的问题无关，毕竟，不管社会的发展处于何种阶段，我们都应该“以人为本”，“以人作为万物的尺度”！

没错，社会、经济的发展确实需要以人为本！但是，究竟何谓以人为本？就这里的问题来说，我们是否可以将以人为本简单地理解为禁止自愿加班呢？允许员工为自己的利益而加班，何尝又不是一种以人为本呢？在反对立法的论者看来，毋庸置疑，过度加班一定会对个体身心健康有一定的影响。但加班其实是获取自我需要的一种方式，这不仅是收入上的，也是心理、精神层面的。有的人想多挣一些钱，有的人很想上进、通过加班提升自己，有的人工作量太大，所以想赶紧完成任务。但是不管怎样，既然个体自愿选择加班，作为一个具有自由意志的人，加班肯定是收益高过成本，而加班对个人身心健康的影响，这其实也属于成本的一部分，已经被考虑进去了。在此情况下，主张立法禁止个体自愿加班，这其实就是限制了个体发展的自由，限制了个体改善其状况的机会，这并非以人为本。要知道，2014 年 10 月，重庆富士康上千名员工聚集，不是抗议强制加班或加班过多，而是抗议加班时间减少。毕竟，加班多才能挣钱多！

既然自愿加班是个体在就成本与收益进行权衡后理性选择的结果，就自愿加班对于个体身心健康所产生的负面影响问题，我们还要立法加以禁止吗？抑或，我们完全忽视加班给个体身心健康所带来的负面影响，个体的决策完全由自己做主吗？理论上，问题的分析与自由主义所提倡的基本原则——自由选择、自我决定——的合理与否密切相关。

4.2 个体自由决策与自我选择？

自由主义者对立法干预持否定态度，比如密尔（穆勒）。密尔（1806—1873）是西方近代自由主义的代表人物之一。[①] 早在维多利亚时代，他就因其鲜明的自由主义立场以及对自由主义学说的清晰阐释而被人们称为“自由主义之圣”。其代表作有《论自由》《功利主义》《政治经济学原理》与《代议制政府》等。

自由主义的自由选择观

与其自由主义所持有的基本立场相一致，在密尔（穆勒）看来，只要不损害其他个体的利益，个体的行为应该是自由的（反过来，侵犯个体自由是不公正、不可取的）。个体的自由具体包括以下几个层面的内容：

首先，个体自我确定目标和价值追求。“我”究竟应该追求什么？“我”的目标需要由“我”自己来确定。究竟什么东西对“我”是有价值的？这需要由“我”自己来判断和选择。

其次，个体自由选择实现目标的行为。为了实现自己的目标和价值追求，个体可以自由地安排自己的行为（比如，是选择加班还是旅游、休闲），只要其行为不侵害其他个体的利益。在密尔（穆勒）看来：

“一个人要对社会负责的唯一一种行为，就是会影响他人的行为。只要我不伤害到任何他人，那么，我的‘权利的独立性就是绝对的。个体是他自己，是自己

① 密尔的父亲是边沁的好朋友，密尔从小就受到边沁功利主义思想的影响，这使得密尔不仅仅是一个自由主义者，同时也是一个功利主义者，密尔的理论一直试图就个体自由原则和功利原则进行调和。

身体和思想的最高统治者'。"①

最后，个体的价值追求与行为选择不受常规、习俗等方面的制约。自由主义一方面强调个体的自由选择与自我决定，另一方面强调个体对外界环境进行质疑的权利：认为个体的价值追求与行为选择不受常规、习俗的制约，不受经济、宗教、性与娱乐等特定社会关系的束缚，个体不受所谓共同体理想（如国家理想）的限制。

自由主义之所以认为个人事务需要个体自己做主，有几个方面的理由：

其一，自由选择是个体的权利。在自由主义者看来，倘若不伤害到他人的话，人们有权利自由地去做任何他们想做的事情：选择自己的目标和实现目标的方式。反过来，如果存在外界的强制干预，不管此等干预是个体的、组织的还是社会的，这都侵犯了个体应有的权利。

其二，允许个体自由选择是尊重个体的表现。自由主义者认为，把人当作完全的道德存在而加以尊重，允许人们进行自我决定是唯一的途径。否定自我决定就是把人当作小孩或者动物，而不是把他们当作共同体中的完整成员。

其三，允许个体自由选择是实现个体价值的途径。在自由主义看来，人的价值是通过个体的自由选择而不是强制性的服从来实现的："人类的官能如知觉力、判断力、辨别感、智力活动甚至道德取舍等，只有在进行选择时才会得到运用。"②

社会精英理论的批评

然而，对于自由主义所秉持的"自由选择、自我决定"的"消费者主权"（Consumer Sovereignty）学说，社会精英理论并不认可。在此类论者看来，个体自由选择的权利、对个体自由选择的尊重与基于个体自由选择的价值实现都是有条

---

① 参见桑德尔．公正：该如何做是好？[M]．北京：中信出版社，2012：54．关于这一表述，在《论自由》中，密尔（穆勒）是这样表述的："任何人的行为，只有涉及他人的那部分才须对社会负责。在仅只涉及本人的那部分，他的独立性在权利上则是绝对的。对于本人自己，对于他自己的身和心，个人乃是最高主权者。"参见密尔．论自由[M]．北京：商务印书馆，2015：11．

② 密尔．论自由[M]．北京：商务印书馆，2015：68．

件的,它们都要以个体有能力为自己做出正确的选择为前提:

其一,个体拥有决策权利要以个体具有决策能力为基础。因为,对于能力不够的人,如儿童、精神错乱者以及暂时的残障者,自由主义者认为:我们可以采取家长式管制。在此方面,弗里德曼就曾明确指出:“我们不主张对疯子和儿童自由。在负责的和不负责的个人之间不可避免地必须划出一条界线……对我们认为是不负责的那些人来说,家长主义是不可避免的。”[①]既然儿童和疯子需要管制,那对于不能为自己做出正确选择的人也需要管制:此时个体不应该具有自我决定的权利。

其二,尊重个体的选择也要以个体具有决策能力为基本前提。因为,一旦人们不能有效地应对生活,尊重他人的自我决定反而会把他们推向命运的深渊,此时,尊重自我可能是一种冷漠。在精英主义者看来,在个体不能有效应对生活的情况下,声称我们应该尊重人们的自我决定实在是一种冷漠而不是关心[②]:如果我们旨在表达对人们的关心,为什么不应该阻止人们去犯错呢?

其三,个体价值的实现往往也要以个体具有决策能力为基础。如果个体能力不足,个体决策总是犯错,自由选择就没有价值,进而,这也不会实现他们的价值。

但是,在现实中,上述前提条件往往不满足:受个体理性的限制,个体的决策能力往往存在不足。此时,如果任由个体自由选择、自我决策,他们会在自身的价值追求与行为选择中屡犯错误:选择从事无意义的、有失尊严甚至是有害的事情。反过来,为了避免他们去选择那些无意义的、有失个体尊严甚至是对自己有害的事情,家长作风(Paternalism)不可或缺,社会有必要对个体的选择进行某种干预和强制。

在此方面,马克思的完善论禁止人们选择从事异化的劳动;在现代财政理论中,马斯格雷夫的优值品(Merit Good)、劣值品(Demerit Good)理论主张针对个

① 弗里德曼.资本主义与自由[M].北京:商务印书馆,1999:34.

② 金里卡.当代政治哲学[M].上海:上海译文出版社,2015:270.

体的选择偏差而进行政府干预，如征收税收或进行补贴等等；[1]而柏拉图与卡莱尔传统意义上的社会精英理论更是主张精英对于社会的全面管理。在柏拉图看来：

"所有原则中最伟大者就是：无论男性还是女性，人们不可以没有领袖。任何人在做事情时，其头脑既不应当习惯于完全自己做主，也不应当习惯于完全出于热情、甚至出于嬉戏的动机。……人们应该将目光瞄向他们的领袖并忠心耿耿地追随他。例如，人们只有在领袖说过要这么做的情况下，才可以起床、活动、洗漱、吃饭……一句话，他应该通过长期养成的习惯告诫他的灵魂：不要梦想行动自主，你根本做不到这点。"[2]

既然如此，那对于个体的私人事务，自由主义所主张的"自由选择、自我决策"是否可取呢？抑或，对于个体私人事务中的各种决策偏差、错误，政府及其他的相关个体和组织可以强制干预吗？

问题的现实性及其辩护视角

由于涉及政府和个体、企业和个体以及个体和个体之间的关系，就个体事务决策所要采取的原则问题进行探讨，这是一个非常重要的公正理论问题，同时，它也具有非常重要的现实价值。因为，现实中很多问题的解决都与此有关。除了是否应该立法禁止自愿加班的问题之外，具有代表性的问题还有：

(1)政府应该强制个体骑车戴头盔、开车系安全带吗？

(2)在养老方面，强制养老金制度是必要的吗？为了防止个体寅吃卯粮，政府应该强制个体为自己的老年生活进行储蓄吗？

(3)政府应该通过"寓禁于征"与强制禁止等方式对有害个体身心健康的生活方式加以限制吗？比如对香烟、酒与含糖饮料进行征税。

---

① 优值品，亦称为有益物品，是指对个体有益但个体对它们的评价却低于实际价值的商品和服务，如基础教育与安全带等。而劣值品则是消费者的评价超过其实际价值的商品和服务，甚至包括有害品，如香烟。参见斯蒂格利茨. 公共部门经济学[M]. 北京：中国人民大学出版社，2005:74；刘小兵，蒋洪. 公共经济学(财政学)[M]. 北京：高等教育出版社，2012:45—46.

② 转引自波普尔. 开放社会及其敌人[M]. 北京：中国社会科学出版社，1999:21.

(4)政府应该干涉个体非健康的生活方式吗？比如，2002 年 8 月 18 日陕西延安一对夫妻在家中看黄碟被抓事件。[①]

理论上，自由主义所主张的“自由选择、自我决策”是否成立，这取决于它们是否可以对精英主义的批评做出应有的反驳和回应。也正因为如此，本章接下来就自由主义为“自由选择、自我决策”进行辩护的可能策略及其合理性问题做出探讨。至于讨论的思路，鉴于精英理论对个体行为进行家长主义干预的理由主要在于个体决策的失误，而个体决策的失误又主要和三个层面的问题有关：

(1)个体偏好不合理问题，即个体实际的偏好排序不符合应有的偏好排序，基于实际偏好而做出的选择也就不是理性的选择，进而需要进行干预和纠正。

(2)个体准备不充分问题。比如信息、知识不足，这使得个体的行为选择偏离充分信息、完全知识下的理性选择。

(3)个体能力不足问题，即个体不具备为自己做出理性选择的潜能，个体潜能的缺乏无法保障其行为的合理性。

也正因为如此，下面的分析将从个体偏好不合理、准备不充分与决策能力不足这三个角度来加以展开。

4.3 因偏好不合理而加以干预？

政府对于个人事务的态度，有两种不同的国家观：中性国家观（Neutral State）与完善论国家观（Perfectionist State）。

中性国家观认为，个体对于个人私人事务的安排只存在个人的偏好排序，不存在社会的价值排序。进而，不能基于对各种优良生活观的高低排序来为国家行为提供辩护。而国家也不试图刻意地影响人们对不同生活观的价值判断。就是否应立法禁止加班的问题来说，在中性国家观看来，是否应该加班，“工作—闲暇”决策如何才合理，这由个体自己判断；对于不同个体的不同选择，它们之间没

---

① 延安夫妻在家看黄碟被抓，受歧视生活陷绝境[EB/OL]. 搜狐网，2006-12-18.

有好坏之分;与此同时,在个人的偏好排序之上,并不存在进一步的所谓的最优社会排序。

与之相反,完善论国家观则把某一特殊的生活观或某一些生活观视为最有价值的生活方式。进而,资源的分配旨在促进这类生活方式:当个体的偏好排序与社会应有的排序存在偏离时,政府就通过行政的手段加以限制和矫正。比如,朝鲜向长头发开战。[①] 官方之所以强制进行干预,其理由就是:"留长头发消耗了大量的营养,夺走了大量的能量",这对男士的身体不利。类似地,强制系安全带(开车)、戴头盔(骑车)等,其理由相同,其依据是系安全带、戴头盔的行为方式要好于不系安全带、不戴头盔的情况。

在诸多问题的决策上,社会精英理论之所以主张对个体行为施加外部的强制干预,是因为精英主义秉持的是完善论国家观:在个人生活领域,不仅存在个人偏好排序,也存在社会价值排序。由于个体私人偏好和价值观方面的问题,个体的偏好排序可能与社会的价值排序相背离,在此情况下,为了促使个体选择优良的生活,需要对个体的行为施加强制干预。

既然如此,那对于精英主义所持有的在个人生活领域存在社会价值排序,并进而以此来对个体行为选择进行干预的观点,自由主义又如何来回应呢?面对精英主义的挑战,自由主义能够为"自由决策、自我选择"做出应有的辩护吗?

个人生活领域不存在社会价值排序!?

对于精英主义者认为个体生活领域存在社会价值排序的观点,自由主义者首先可能采取的辩护是,精英主义的说法存在认识论的偏差:在个人生活领域并不存在所谓的社会价值排序。因为,个体生活目标及其实现方式问题,这是一个个体的价值判断问题。而此等价值判断,它无非是我们主观好恶的表达,从根本上讲,这纯粹是任意的,只有在个体层面才有意义,它根本就不能被纳入社会理

① 《青年参考》曾报道:一向以管制严格闻名的朝鲜向长头发"开战":不允许男同志留长头发。当局播出了一系列偷拍形式的电视宣传,把镜头对准了平壤街头那些男子长发一族。电视台同时公布了上镜人士的姓名和地址。之所以这样,当局的理由是:其一,抵抗境外敌对势力的精神污染;其二,避免影响智力的发展。朝鲜官方的宣传片强调留长发会对智力造成不良影响,包括"长头发会消耗大量营养,从而夺走大脑的能量"。

性的辩护或批判的范围。比如，究竟是喝茶还是喝咖啡，究竟是穿旗袍还是穿牛仔裤，究竟选择清淡的饮食还是偏向辛辣的饮食，这纯粹是个体的偏好，它们只有在个体层面才有意义，无所谓社会层面的排序。

在个人生活领域，既然不存在社会的价值排序，那社会就应该尊重每一个体的偏好及其所引致的私人选择：

一方面，尊重个体的偏好选择是尊重个体的体现，相反，对于个体的私人事务，如果其他人指手画脚，这是精英主义的傲慢，是对其他个体的不尊重。在此方面，马云、刘强东就因力挺“996”而受到了舆论的批评：

“996”工作制是指早上9点上班、晚上9点下班，中午和傍晚休息1小时(或不到)，总计工作10小时以上，并且一周工作6天的工作制度。“996”工作制代表着中国互联网企业盛行的加班文化。

2019年3月27日，一个名为“996ICU”的项目(“996ICU”寓意很简单，即工作从上午9点上班到晚上9点下班，每周工作6天，生病了就住进ICU)在GitHub上传开。人们纷纷在该网站上揭露“996ICU型互联网公司”，抵制“996”工作制度。而大家耳熟能详的互联网公司都赫然在列，足以证实了程序员长时间加班的工作属性。

本来“996ICU”只是程序员们一个互吐苦水的平台，但是马云等互联网大咖们后来的言论却将“996”推向了舆论的热点。

马云在阿里内部分享会上讲道：“我个人认为，能做‘996’是一种巨大的福气，很多公司、很多人想‘996’都没有机会。如果你年轻的时候不‘996’，你什么时候可以‘996’？你一辈子没有‘996’，你觉得你就很骄傲了？今天中国BAT这些公司能够‘996’，我认为是我们这些人修来的福报。”

刘强东则在继大裁员和取消快递员基本工资后，发内部信要求所有员工必须遵循“996”，他明示：“混日子的人不是我的兄弟。”①

令人意外的是，马云等人的励志发声却引发了舆论的声讨。在批评者看来，

① 马云谈“996”：能做是一种巨大福气，很多人连机会都没有[EB/OL]. 搜狐网，2019-04-13.

如果有人自愿地将“996”工作制作为努力奋斗的标准，那是个人的选择，无可厚非。但“996”工作制不应该作为一种理所应当的、应该为社会所共同认可的道德标准。毕竟，对于“996”工作制，不同人有不同的看法：有人认可它，认为幸福都是奋斗出来的；有人唯工资至上，声称只要工资到位，“996”不是问题；还有一些人则否定“996”工作制，认为长时间装模作样的加班毫无意义。不同的看法其实体现的就是大家对于“工作—闲暇”决策的不同态度和评价。

现在，马云、刘强东这样的企业家公开倡导“996”，一方面，这会给人一种印象，认为他们企图将不正常、不合理的强制加班正当化，以“努力奋斗”之名去美化，使之神圣化、理想化，将“996”工作制背后的强制甚至是剥削置于虚幻的光环之下。另一方面，这其实是将个体的价值观念强加在其他个体身上。毕竟，“996”工作制不是个体努力奋斗的必要条件，反对“996”工作制，并不代表个体没有奋斗的欲望，也不意味着他们没有积极进取的心理。认为“996”工作制就是努力奋斗、勤奋工作的人，他们仅仅把工作时长作为评定工作的唯一标准，这只是一种浅表的现象。事实上，最为关键的是在有限的工作时间内发挥最大的效率。每天兢兢业业、合理安排工作的高效率工作者，即便没有“996”，一样是在努力奋斗。也正因为如此，“996”工作制不应是强制承担的责任，不能以是否“996”来作为个体是否在奋斗的标签，个体应该拥有自己定义努力奋斗、是否选择“996”工作制的权力：

“不能给反对‘996’的员工贴上‘混日子’‘不奋斗’的道德标签，而应该正视他们的真实诉求。……从企业家和创业者的角度来看，他们身上的极限奋斗精神是可贵的，但要考虑到普通员工的位置不同，强制灌输‘996’的加班文化，不仅体现了企业管理者的傲慢，也不实际、不公平。”①

另一方面，对于个体的私人事务，每一个体都有自己的判断和选择，尊重每一个体的选择能避免因为强制干预所带来的矛盾和冲突，有利于社会的和谐稳定。在此方面，阿克巴（Akbar）曾经采取的宗教宽容政策提供了一个典型的

① 李拯.崇尚奋斗不等于强制“996”[N].人民日报，2019-04-14.

例子：

阿克巴(1542—1605)是印度莫卧儿帝国第三代皇帝，著名的政治和宗教改革家，1556 至 1605 年在位。阿克巴为印度的宗教融合做出了卓越的贡献，他所采取的措施主要有：

其一，废除对其他宗教的歧视。阿克巴虽是一个正统的伊斯兰教徒，但在宗教问题上却不抱成见。他认为国家的职责应确保任何人都不会因其宗教信仰而受到滋扰，任何人都有选择宗教信仰的自由。而为了保证个体的宗教信仰自由，阿克巴采取了诸多的政策措施：废除对非伊斯兰教徒征收的人头税(1565 年)；政府中任用很多的印度教徒；招请基督教牧师布道(1580 年)。这些做法引起了正统的穆斯林贵族的不满，成为 1580 年孟加拉国、比哈尔穆斯林贵族叛乱的主要原因。对于叛乱，阿克巴坚决予以镇压，而宽容的宗教政策则继续推行。

其二，允许并主持宗教辩论。1576 年，阿克巴采纳大臣法齐尔的建议，在法特普尔·西克里修建一座礼拜堂(意为信仰之殿)，挑选各种宗教思想的代表在这里举行宗教辩论。同时，阿克巴还亲自主持过辩论会。其中，参与辩论的人不仅有印度教徒、伊斯兰教徒、基督教徒、耆那教徒、袄教徒以及犹太教徒，甚至还包括不可知论者与无神论者。

其三，允许自己所怀疑的宗教仪式的存在。阿克巴对宗教仪式持怀疑态度。但他依然允许这些仪式存在。他的次子穆拉德(Murad)得悉其父反对任何宗教仪式，就请示阿克巴是否应禁止这些仪式。但阿克巴并不同意禁止宗教仪式，认为阻拦那些将躯体运动视为神圣的膜拜的蒙昧之人，无异于阻止其信仰神灵。

宽容的宗教政策使阿克巴政权得到大多数印度教徒的支持，并促进了印度各种文化的融合。在阿克巴的统治下，印度达到空前的统一和繁荣。与之不同，当阿克巴在印度提倡宗教宽容时，宗教裁判在欧洲横行。乔尔丹诺·布鲁诺(Giordano Bruno)因“异端邪说”而于 1600 年在罗马被绑在火刑柱上被执行死刑。①

① 参见森. 正义的理念[M]. 北京：中国人民大学出版社，2012：32—33.

对于自由主义的辩护，精英主义者可能会承认：对于诸多的私人事务，相关问题的处理方式可能不存在社会的价值排序，此时，尊重个体的自由选择是必要的、有价值的。但如果因此而完全否定私人事务领域的社会价值排序，精英主义者还是不会认可。在他们看来，完全反对私人事务的社会价值排序是错误的：不仅在公共领域存在社会价值排序（比如，支持民主、法治等），私人领域在一定程度上也存在社会的价值排序（自由主义所支持的自由选择、自我决策就是一种社会性的价值判断）。比如，未成年小孩的学习问题，对于厌学、逃课的小孩，家长不能置之不理；至于是否允许个体吸毒的问题，在理性的个体看来，这更为明显，不吸毒的生活方式就要好于吸毒的生活方式。进而，对于那些沾染毒品的人来说，社会的强制干预（打击贩毒、强制戒毒等）是完全必要的。

只有源自内心的生活才有价值！？

对于个体事务，在部分生活领域或许存在社会的价值排序，但在自由主义者看来，即便如此，强制性的干预依旧是不可取的。在他们看来，只有源自内心的生活才有价值：当且仅当“我”遵从内心的价值信念，“我”的生活才会变得更好。外在的强制力量按照当事人并不认可的价值去支配当事人，并不会使其生活更好。

就学习来说，兴趣是最好的老师，内生性的驱动往往更具有持久力，让孩子自己做主往往能够事半功倍：如果小孩自己确实不想学习，哪怕来到课堂，他们也会有逆反心理，不会有实际的效果。

类似地，在宗教信仰方面，宗教祷告等如果要有意义，这需要建立在个体本身认可它的基础之上。在此方面，金里卡就指出：

“向上帝祷告也许是有价值的行为，但前提是我必须相信祷告本身是有价值的或有意义的。我们能够强制某人进入教堂并做出正确无误的身体动作，但这样并不会使她的生活变得更好。”①

① 金里卡. 当代政治哲学[M]. 上海：上海译文出版社，2015：275.

也正因为如此,在自由主义者看来,即便个人生活方式在社会层面存在价值优先性的排序,强制干预也得不到支持:在个体的偏好排序与社会的偏好排序存在偏差的情况下,恰当的做法应该是说服而不是强制。

个体对于优良生活的内心服从和认可是很重要的,如果能通过说服而改变个体的价值、偏好,那无疑是最好的。但关键的问题是,如果个体就是不认可、不愿意接受社会的优良生活方式呢?政府与社会其他的组织和个体可以强制个体加以接受吗?

个体有维持不当偏好的权利?!

对于上述问题,在自由主义者看来,在不影响其他个体的情况下,自由主义的原则还是需要得到坚持。一方面,如果有个体可以依此而对其他个体进行强制性的干预,强制性的领域就会不断扩大,这会在极大程度上侵害私人决策领域的范围。另一方面,也是这里所要强调的一方面,自由主义认为个体有自由选择的权利,比如,保留下流的权利。这是一个真实的故事:

拉里弗林,是一个精明的小流氓,经营着一间很龌龊的脱衣舞酒吧。由于位置偏僻,经营不善,生意一直很差。

为了给自己的酒吧打小广告,他办了一本色情杂志:《皮条客》。

没想到,误打误撞之下,这本粗俗不堪的杂志竟然一炮而红,发行量超过200万本,成为蓝领阶层的最爱,风行整个美国。并引起了"卫道士"们的注意,"卫道士"们说:这本杂志羞辱了所有高尚的人士!

成为百万富翁的拉里弗林,正在倾力打造自己的色情帝国。但很快,警察就找上了门。拉里弗林因"散播淫秽信息,涉嫌有组织犯罪"的罪名被逮捕。一个小流氓与一群高尚人士的战争拉开了序幕……

刚开始,拉里弗林对这些指控还有些不以为是。但事态的发展,却让他开始感到了害怕:法庭外聚集了很多向他示威的群众,法庭上的指控越来越尖锐……

检察官声色俱厉地谴责道:《皮条客》杂志,让男人和女人摆出各种下流无耻的姿势,也让女人和女人一起摆出各种下流无耻的姿势,甚至让圣诞老人也摆出各种下流无耻的姿势……

如果罪名成立,拉里弗林将会被判入狱25年。

检察官说:美国的立国先贤们在讨论宪法第一修正案的时候,满脑子都是这些淫秽图片吗?

拉里弗林说:这个国家是你们的,也是我的。你不喜欢《皮条客》,那你就别看。

检察官说:我是不会看,但那些天真的孩子们呢?

拉里弗林说:即使你在酒吧逮到了偷偷喝酒的孩子,国家也不能就因此禁止销售百威啤酒吧!

拉里弗林甚至因此遭到了极端卫道士的刺杀,导致下半身瘫痪,并永远地失去了性能力。一代色情大亨,成了一个没有性功能的人。

而官司也从地方法院一直打到最高法院,成为整个美国社会的焦点。

拉里弗林说:如果宪法第一修正案保护像我这样的人,我相信它能保护所有人。因为我是最下贱、最人渣的垃圾,当一个社会愿意去保护一个人渣,证明它能够保护大多数人的权益。

正如拉里弗林所说,他是一个流氓,是一个人渣。他唯利是图,他满嘴脏话,性生活混乱,没有道德底线,还用国旗做内裤穿……

拉里弗林的辩护律师就说:尽管我丝毫不认同我当事人的价值观,也从不看他主办的色情刊物,但我尊重允许不同价值和道德共存的自由。[①]

拉里弗林及其辩护律师的表述似乎意味着:拉里弗林是人渣,其行为确实是下流的,但如果他自己硬是不想改变自己下流的生活方式,道德和法律依旧不能强制去剥夺。因为在他们看来,人民拥有下流的权利!

有关个体有权利选择错误生活方式的观点,弗里德曼在讨论国家在养老保障中的作用范围和方式问题时也表达了类似的想法。[②] 在《资本主义与自由》

① 希望之光照亮天堂之路,人民应该有下流的权利![EB/OL].搜狐网,2019-08-02.

② 弗里德曼是美国著名的经济学家,是芝加哥经济学派的代表人物之一,他提倡将政府的角色最小化以让自由市场运作,以此维持政治和社会自由。弗里德曼强调自由市场经济的优点并反对政府干预的理论对里根政府以及许多其他国家的经济政策都有极大的影响。

(*Capitalism and Freedom*)一书中,弗里德曼指出,如果一个人有意选择为今天而活,为了当下的享乐而使用他的资产,故意选择一种穷困潦倒的老年生活,那么,我们又有什么权利阻止他这么做呢?在弗里德曼看来,我们可以呼吁这样的人为了退休后的生活而节省开支,但“我们是否有权使用强迫手段来阻止他去做他选择要做的事情呢?”①

问题是,有关个体有维持不当偏好权利的说法合理吗?能得到理性的证明吗?

4.4 因准备不充分而进行干预?

个体决策上的失误,除了个体偏好不当的原因之外,还有个体准备不充分方面的:由于信息、知识的不足,个体也可能决策错误。那此等决策错误,是否能够成为其他个体、组织对个体的行为选择进行强制干预的理由呢?

提供信息比强制干预更可取!

对于个体的决策,如果其行为选择的偏差是由于信息不足所引起的(我们假设个体的偏好正当、合理,完全没有问题),为了避免个体决策的失误,外在的干预者并不需要去强制干预个体的行为选择,只要给个体提供理性选择所需要的信息就可以了。

比如,在海滩管理方面,以色列政府要求所有海滩管理部门必须按照随时出现的不同情况,及时更换上白、红、黑三种不同颜色的大旗:

白旗向游人表示,此时海面风平浪静,达到安全指标,游人完全可以放心地下海去游泳。游人在游泳时,岸上不仅配备了足够的心脏科医生,周围还有通过游泳健将考试的救生员,只要你是在正常游泳时出现意外,政府会按照有关规定,全权负责医疗费和赔偿金。

---

① 弗里德曼. 资本主义与自由[M]. 北京:商务印书馆,1999:181.

红旗表示海上已经出现一些不正常的状况，政府力劝游人此时最好不要下海游泳；如果你执意不听而导致出现意外，政府和出事者个人各自承担一半的责任。

黑旗表示海上风急浪高，形势分外险恶，政府严禁此时任何人下海游泳；如果你一意孤行，一旦发生险情，政府虽然也会全力展开施救，但无论是出动的飞机、船只、施救人员的费用，还是抢救的医疗费用，被施救者必须全部负担。

对此，以色列总理内塔尼亚胡解释说："在一个有序的社会里，政府不过在担当一个公益'守夜人'的角色。'守夜人'的首要责任和基本职能，就是保护民众的生命和财产安全，及时提醒民众可能出现的危险，并于危险发生后及时组织救援。"①

整体上看，面对可能的危险，以色列政府只是为个体选择提供了信息而并未就是否允许个体游泳做出强制规定，个体可以根据政府所提供的信息做出选择。即便是在有不正常情况和存在危险的情况，政府也不是一味地禁止，而是为可能出现的意外提供救援保障。之所以如此，一个重要的原因在于：在提供决策所需要的信息之后，面对意外和风险，理性个体有能力做出有利于自己的决策。

知识缺乏也不能成为强制的理由！

当然，除了信息的不足，个体的理性决策也可能面临知识欠缺的困境。同样地，按照自由主义的逻辑，基于个体知识的不足同样也不能推出强制干预的结论。与信息不足所存在的问题一样，在个体决策缺乏应有知识的情况下，外界干预者并不需要强制干预，而只需要向决策者提供理性决策所需要的知识。比如，劝阻小女孩打耳洞的问题：

---

① 内塔尼亚胡还讲到一件我们难以理解的事：在以色列，只要发生了火灾，当有人打电话报警后，火灾现场周围所有人必须马上离开，不允许任何人擅自参加"灭火战斗"。这样做，是为了给政府专业人员腾出足够的道路和空间来有效灭火。如果有人此时心血来潮要见义勇为而在灭火中受伤，不仅要后果自负，还要追究其法律责任。对此，内塔尼亚胡解释说："政府这个'守夜人'和民众的职责必须清楚，各自的分工更要明确，做起事来只有旗帜鲜明，才会成本低、效率高，也才能更好地体现法制和民主的精神。"参见 2012 年第 3 期《读者》。

看到班上有些女生打耳洞，我很羡慕也想打，就跟妈妈说了。但妈妈最初没同意，后来我考了100分，她就带我打了耳洞。没想到就因为这，表哥说我"小小年纪这么不正经"，阿姨、舅妈也跟着说我。我暗想：打耳洞怎么就不正经了？你们小时候不也打吗？怎么年纪一大就忘了呢？

还好，有小平阿姨帮我说话："你们真是的，女孩子打耳洞很正常，又不是男孩子，为什么总说这个呢，孩子听了也会不舒服啊！"嘿，还是小平阿姨好，能站在我们孩子的角度看问题，而不是只凭自己的喜好指责。其实，如果表哥有说有笑从医学角度谈谈打耳洞的危害性，比如细菌病毒易入侵，造成软骨炎等，我想我会心悦诚服的，但说我"不正经"，我真的就气鼓鼓的。[①]

在可能性上，劝阻小孩不打耳洞，有两种不同的方式：一种是强制的禁止，另一种是说出打耳洞的潜在隐患，最后，由小孩自己放弃。就文中的小朋友来说，在她看来，如果大人能够说出打耳洞的各种潜在的危害，她自己就会放弃。相反，如果简单地强制，小孩反而不服气，甚至可能有逆反心理。

专业知识缺乏依旧可以自由选择！

对于一般的问题，在将相关知识告知个体之后，个体自己就可以基于所获得的知识去做出决策。但是，还有一些问题，理性选择不仅涉及一般的知识，还需要以专业的知识作为基础。在此情况下，即便个体已经获得了相关的知识，个体依旧难以为自己做出合理的决策。

但即便如此，自由主义还是可能辩护说，专业知识的不足同样并不意味着外界的强制干预。因为，在个体具有自由选择权的情况下，如果个体的理性选择需要外在的帮助，需要依赖于权威和精英的专业知识，比如，看病需要医生、法律纠纷需要律师等涉及专业知识的选择情形，个体可以根据自己的需要去选择相应的专业人士。毕竟，尽管个体缺乏直接进行决策的专业知识，但个体具有选择专家、对专家的行为好坏做出判断的能力。用伯利克里的话来说：

① 郑舒. 打耳洞咋不正经了？[J]. 南方周末，2015-04-23.

“尽管只有少数人可以制定政策，但我们却都能评判政策！”①

在个体事务的处理上，通过借助于外界的信息和知识，个体如果可以为自己直接或间接地做出恰当的选择，相关的问题交由个体自行选择，这无疑是理想的，外界的强制干预确实没有必要。但是，对于某些个体来说，由于其能力有限，他们无视有利于他们理性决策的信息。与此同时，针对自己的局限，他们也缺乏激励去寻求外界的帮助。进而，他们在生活中屡犯错误，不断碰壁、受挫。对于此等情形，我们是否还需要任由个体去自由选择呢？

4.5 基于决策能力不足而干预？

精英主义之所以反对自由主义所支持的“自由选择、自我决策”，第三个前提预设是个体能力的不足。在他们看来，个体能力是有限的，会使得个体决策存在失误。进而，自由主义一味地强调个体自由选择的权利及其价值是错误的。既然如此，对于精英主义所提出的个体决策能力存在不足方面的批评，自由主义者如何对其所秉持的“自由选择、自我决策”进行辩护呢？他们的辩护在理论上能够取得成功吗？

个体具有自我选择的能力！

对于精英主义的批评，自由主义者首先可能的回应是，精英主义所持有的个体能力不足的前提预设不符合客观事实，因为个体实际上具有为自己生活进行选择的能力：一方面，在经济领域，在市场经济中，个体在没有计划权威的干预下就能有效参与消费、投资等方面的决策；另一方面，在政治领域，正如纪录片《请投我一票》(Please vote for me!)中的故事所表明的，民主只需要八岁的智商，个

① 转引自波普尔.开放社会及其敌人[M].北京：中国社会科学出版社，1999：21.

体具有参与公共决策的能力。①

毋庸置疑，在诸多问题的解决上，个体确实具有为自己进行选择的能力（这甚至包括未成年的小孩），否定个体为自己进行决策的能力是不可取的。但问题是，个体完全有为自己做出正确决策的能力吗？

现实情况表明，在诸多问题的解决上，个体能力存在不足：一方面，小孩、精神病人以及其他特殊群体的决策往往存在失误；另一方面，成年人、正常人同样可能决策错误，在生活中做出不正当的选择，年龄大与精神正常并非个体在生活中进行正确选择的绝对保障，比如过度加班而猝死的问题与吸毒问题。

也正因为如此，针对自由主义者为个体能力所做的辩护，精英主义者可能会反驳。在他们看来，主张个体具有绝对的能力不符合客观的实际。进而，就个体的行为选择进行外部的干预就有其必要和理由。就小孩学习的事情来说，孩子处于懵懂时期，选择判断的能力弱，且自控能力普遍不强，家长相比孩子经验丰富，思考也更为全面，可以为孩子提供系统指导，避免孩子犯错。

“我”相比其他人更有能力！

在某些方面，个体确实可能存在能力不足的问题，进而，个体的决策可能会因此而存在失误。但在自由主义者看来，个体能力的不足与决策的失误不意味着外界的强制和干预。因为，主张进行强制干预的前提是：强制者不会犯错或相比更能做出正确的选择。但事实上并非如此。毕竟，社会精英、强制干预者同样是人，他们的理性都是有限的，他们同样可能犯错。就“996”的问题来说，在力挺“996”工作制度时，马云等企业家在很大程度上就把现实中劳动者普遍存在的压

① 《请投我一票》是陈为军导演拍摄的纪录片，于2007年在多伦多电影节上映。该片记录了小学生们如何竞选所在班级的“最高领导人”——班长。剧情大致如下：武汉市常青第一小学三年级一班举行了一场班长竞选活动。除了公开唱票，这场选举还像模像样地包括才艺表演、现场辩论和就职演说等环节。作为班长候选人，三个性格迥异的孩子经历了一场非比寻常的竞选。为了获胜，他们使出了浑身解数，拉帮结派、互相诋毁、制造假象、“收买选民”等，孩子们像老练的政客。具体请参见百度百科“请投我一票”。

力问题给忽视了[①]，在劳动者普遍超负荷工作的情况下，对员工提出“996”的要求，这对劳动者其实是非常不利的。

既然精英、强制干预者同样会犯错，私人的问题交由个体自己来决策更为可靠，因为对于自己的事情，个体相比更有能力做出决策。就算“我”并非总是正确，“我”仍然比他人更可能正确：个体自己决策犯错误的可能性要小。与此同时，他人的阅历也并不能成为推翻“我”的判断、选择的理由。因为，个体的利益具有特殊性，“我”自己最了解自己：没有人相比“我”更好地了解“我”自己的利益。比如，流浪汉的需求：

每当夜幕降临时，在德国城市汉诺威主要的几条街道上的商店、超市的走廊里都会睡着一些流浪汉。在2011年新年即将来临的前几天的一个晚上，在警察局长和好几家媒体记者的陪同下，汉诺威市长亲自来到流浪汉的面前，为他们派发新年红包作慰问。

市长来到一位年纪较大的流浪汉的地铺前，嘘寒问暖了好一阵子，但这个流浪汉懒得理睬市长，市长急了，最后问道：“你最需要什么？我们一定尽力满足你。”该流浪汉估计是被问烦了，有些愤懑地回答道：“你们每年都问同样的问题，但是我们最需要的不是红包、食物、棉被和关心，而是安宁！夜晚睡觉时，不会被没完没了大大小小的汽车喇叭声吵得难以入眠，只要有星光在头顶上的宁静夜色。”[②]

在这里，流浪汉的特殊需求是想安静地睡觉。显然，作为旁观者的市长，他是从一般人的角度来进行判断的，对流浪汉的个性需求缺乏准确的把握和理解。在此情况下，按照旁观者的意见来进行决策，反而会对当事人不利。

① 武汉科技大学劳动经济研究所关于职场行为与疲劳状况的调查报告显示：超过八成劳动者承受着一般或更高的精神压力和身体压力；职场人普遍反映工作负担较为沉重，12.9%的人平均周加班时间超过10小时，劳动者每周平均工作47.56小时，超过国家规定的每周40小时的标准，超时情况较为严重；53%的劳动者有时或者经常在深夜仍然工作；36%的劳动者需要偶尔或者经常出差；71.9%的劳动者有时或者经常出现不规律工作的情况。参见武汉科技大学劳动经济研究所.不少劳动者处于过劳状态 职场过劳情况调查[N].法制日报，2018-11-01.

② 木梅.流浪汉的需求[J].知识窗，2012(3).

受信息、知识不足等方面的限制，外在干预者决策失误确实可能存在。但在精英主义看来，干预的失误并不否定干预本身，而只是意味着干预者在干预之前需要做科学的调查和研究。一方面，自己最了解自己并不一定成立，否则，"当局者迷，旁观者清"又做如何解释呢？另一方面，对干预者而言，通过不断完善干预的工作方式和流程，比如，广泛吸收社会各方面的意见、信息和知识，干预者可以极大程度地提高其决策的能力和水平，干预失误的问题在很大程度上能得以避免，进而，受干预个体错误行为得以纠正的可能性就会因此而极大程度地提升。

能力只有在选择中才得以提升！

在某些问题的决策上，即便个体的能力是有限的，而外在干预者也确实可以通过工作方式和流程的优化而提升干预的水平，使得其决策的能力超越个体自我选择的水平。但自由主义者还是可以争辩说，即便个体因能力不足而做出错误的选择，个体的事务还是要个体自己做主，因为，个体的能力只有通过选择才能得以提升，否定个体的自我选择和失败其实就是剥夺了个体发展其自身能力的机会。毕竟，"心智和道德的力量与肌肉的力量一样，只有通过使用才能得到提高"，"一个出于习俗而做事的人，并没有做出任何选择。他也没有锻炼自己的辨别能力"。① 就小孩学习的问题来说，自主学习有助于培养孩子独立的人格，有利于培养孩子独立思考的能力，专制下的孩子很难有主见。现实中，很多"虎妈狼爸"的成功其实是失败的。

个体的能力只有在选择中才能提升，也正因为如此，一个良好的、不断发展进步的社会，必然是一个允许个体犯错的社会。但问题是，错误有大有小，有可纠正的，也有不可逆的。如果个体的事务完全由个体自己决定，那是否意味着，不管问题多大，我们都应该给个体犯错的机会呢？

2007 年 11 月 21 日下午 4 点左右，怀孕 9 个多月的李丽云感觉呼吸困难，于是在其丈夫肖志军的陪同下来到附近的朝阳医院（西区）。经门诊检查后，医生发现李丽云肺部感染，心脏也不是很好，若体内缺氧 50%，胎儿的生命会非常危

① 转引自桑德尔．公正：该如何做是好？[M]．北京：中信出版社，2012：56.

险。医生立即安排其住院手术治疗。面对身无分文的孕妇,医院决定免费入院治疗。

然而料想不到的是,其丈夫肖志军竟然拒绝在医院的剖宫产手术上签字。他自言自语道:"她(指妻子)只是感冒,好了后就会自己生了。"过了一会,他开始放声大哭:"再观察观察吧!"

为了说服他在手术单上签字,该医院的院长亲自到场、"110"支队的警察也来到医院。为了让他签署同意手术单,医院的许多病人及家属都出来相劝,一名住院的病人当场表示:如果他签字,立即奖励他一万元钱。

然而,所有说服都毫无效果,医生和其他病人百般劝服也不能打动他。最后,肖志军在手术通知单上写道:"坚持用药治疗,坚持不做剖宫产手术,后果自负。"为确认其精神没有异常,医院紧急调来已经下班的神经科主任,经过询问,其精神毫无异常。

与此同时,该医院妇产科医生在3小时的急救过程中,一方面请"110"紧急调查该孕妇的户籍,试图联系上她其他的家人;另一方面上报了北京市卫生系统的各级领导,得到的指示为:如果家属不签字,不得进行手术。

在"违法"与"救死扶伤"的两难中,医院的几名主治医生只好动用急救药物和措施,不敢违法进行剖宫产手术。呼吸机已经无任何作用,几个医生轮番进行心脏按压。晚上7点20分,李丽云经抢救无效死亡。①

在这里,肖志军并不是精神病人,其精神是正常的。但是,面对妻子危急的病情,面对医生、警察和其他住院病人的劝阻,他始终无动于衷,拒绝在手术通知单上签字,在医院走廊上一遍遍声称其妻子只是感冒。而在我国,在医疗机构施行手术、特殊检查或者特殊治疗时,《医疗机构管理条例》第三十三条第一款规定必须征得患者同意,并应当取得家属或者关系人同意或签字。最终,肖志军因为自己判断失误而使得其妻子丧失了最佳的救助时间而死亡。可以预见,如果医生在此情况下可以强制做手术,结果会完全不一样,他妻子也不会白白送命。既然如此,面对不可逆转的错误,我们是否还应该坚持个体的自由选择呢?

① 孕妇李丽云死亡案一审宣判 无因果关系医院不担责[N].法制日报,2009-12-19.

4.6 究竟何谓不侵犯他人利益?

自由主义主张个体“自由选择、自我决定”是有前提的:行为纯粹是个体事务,不影响他人,不会给其他个体带来负面的影响。那对于影响他人的行为呢?自由主义的观点如何?相关论点的合理性又怎样?

第二自由原则

对于影响他人的行为,自由主义并不坚持其自由选择原则,相反,自由主义主张个体对此等行为负有责任。在此方面,密尔(穆勒)就指出:

“关于对他人利益有害的行动,个人则应当负责交代,并且还应当承受或是社会的或是法律的惩罚,假如社会的意见认为需要用这种或那种惩罚来保护他自己的话。”①

这也就是说,自由主义的正义原则其实涉及两个原则:(1)第一自由原则,即不影响其他个体行为的“自由选择、自我决策”原则;(2)第二自由原则,即影响他人行为的“自我约束、责任承担”原则。对于第一原则,自由主义与精英主义存在观点的分歧,那第二原则呢?我们又该如何来评价?在就第一原则做出分析之后,我们进一步讨论第二原则。因为,现实中很多主张政府干预的措施,大多建立在第二原则之上。

行为的外部性

在做进一步的分析和讨论之前,我们先看几个现实的例子:

(1)上海某高校有一块大的草坪,草坪后面是居民楼。由于办公条件比较紧张,学校准备在草地上建楼。周围居民获悉这一信息之后,他们在居民楼上拉横

---

① 密尔.论自由[M].北京:商务印书馆,2015:112.

幅:"强烈抗议某某大学在前面建高楼!" 因为建楼以后,一方面,居民楼前原有的草地没有了,另一方面,建楼必然会影响他们楼房的采光。在这里,学校建楼的行为对周围居民的生活品质和财产价值带来负面影响。问题是,学校建楼给周围居民带来负面影响是否就意味着学校建楼的行为应该禁止呢?

(2)在黑龙江哈尔滨市,一位十五六岁的骑车少年,在骑行中突然变道,导致后侧正常行驶的劳斯莱斯(2013 款 6.7 标准版,售价为 688 万元人民币)躲闪不及,右侧车门被剐出了一道近一米长的划痕。最让人替骑车少年担心的是这位少年剐蹭的部位正是劳斯莱斯引以为豪的、由人工描画上的金色腰线部位。这里问题是,豪车上路对普通公众的出行带来风险和成本,这应该禁止吗?

(3)2014 年 2 月,在上海杨浦区和浦东新区,得知小区里要建具有临终关怀性质的机构,小区居民拉起"反对在小区里设太平间"的横幅;2014 年 4 月,在浙江杭州,200 多个居民签署"抗议书",反对在小区里建承担临终关怀功能的护理院。这里,在小区搞临终关怀,对于忌讳此类事情的居民有负面影响,那相关的活动是否应该由此而终止呢?

(4)据英国《每日邮报》2010 年 6 月 3 日消息,美国花旗银行一女员工日前控告花旗银行以"太迷人"为由炒其鱿鱼。该女子名为罗伦萨那,她遭到花旗银行纽约分行的解雇,而对方的理由是她长得"太迷人"。由于办公室内大多数是男性员工,其着装让他们无法专心工作。她控告说,老板告诉她"由于她身材太好,有些衣服对她的男同事而言'太让人分心',让上司无法接受。"她说,她的老板曾经给过她一份"合理的穿着清单",上面列出了她禁穿的一些服装,包括铅笔裙、紧身衣和圆领衫。罗伦萨那对此非常不满,她认为自己有权利选择自己喜好的衣服。问题是,鉴于罗伦萨那给公司带来的"负面"影响,公司可以因此而对影响进行限制甚至是将罗伦萨那解雇吗?

(5)自闭症,又称孤独症或孤独障碍等,是一种广泛性发育障碍,其特点是个体人际交往和沟通模式异常,如社会交往障碍、言语表达障碍、狭窄的兴趣范围、刻板等行为方式。研究人员已经发现与自闭症相关的基因,但造成自闭症的根本原因目前还不清楚。21 世纪初,自闭症患者人数上升的原因之一是诊断力度不断加强。根据在北美、西欧和日本所收集的数据估计,全球有 3 500 万人患有自闭症。在学校，自闭症小孩会对其他小孩产生一定的影响，那非自闭症小孩的家长可以要求自闭症小孩退学吗？

问题的相互性

己所不欲勿施于人。鉴于此，在诸多场合，对于影响他人的行为，确实如自由主义的第二原则所指出的，应该加以限制，或者，在影响他人的情况下，个体应该承担责任。但问题是，事情是否是绝对的呢？就上面所列举的问题而言，如果学校有在自己草地上建楼的权利、豪车司机有路上开车的权利、相关组织有在小区实施临终关怀的权利、罗伦萨那有选择自己喜好衣服的权利以及自闭症小孩有上学的权利，那情况又如何呢？如果加以禁止，那反过来是否又是在侵犯他们的权利呢？

可以发现，是否应该禁止给他人带来负面影响的行为，这里涉及科斯所说的"交互性"问题：究竟是允许 A 影响 B 还是允许 B 影响 A？[1] 而问题的解决要以权利的界定为前提：如果我们说 A 侵犯了 B 的利益，那就意味着 B 对于特定的事物具有权利，单纯的 A 影响 B，这并不必然意味着 A 侵犯了 B 的利益，因为，B 可能本身对于特定的事务没有权利。也正因为如此，自由主义第二原则的应用也应该以个体权利的公正界定为前提。问题是，个体权利是怎么界定的？在此方面，第二自由原则本身并没提供有关权利公正界定的一般原则。

4.7 小结：自由主义的公正观

在绝大多数时候，尊重和保护个体对于其私人事务的自由选择、自我决策是公平正义的基本要求，与此同时，在个体权利得以公正界定的情况下，公平正义必然要求个体的权利和自由不受侵犯，自由主义的相关原则具有其合理性并有重要的规范含义：一方面，个体的行为边界以不影响他人的正当自由和权利为前

① 科斯. 企业、市场和法律[M]. 上海：上海三联书店，2009：97.

提;另一方面,就私人领域个体行为自由边界范围的确定问题而言,自由主义原则及其辩护意味着,公平正义的、良好的社会应给个体自由选择留下充分的空间:

其一,个体可以为自己做出正确选择的领域,应坚持个体的自由选择与尊重个体的自我决定。

其二,个体自身决策可能存在失误的领域,在诸多时候,也不应该直接去干涉,而是给个体的理性决策提供保障和条件:为个体决策提供信息和知识,给个体犯错和成长的机会。

其三,对于某些问题,也许需要暂时性的强制干预,但外部干预最终也需要实现从强制服从向内心诚服的转变。虽然强制服从也可能慢慢改变个体的态度和观念,但强制如果要有效果,还是要建立在最终的自愿服从上。对于那些对生活感到极为失望、完全丧失生活信心而想自杀的人来说,即便他们暂时被强行救助,如果他们轻生的念头没有改变,外在强行的干预不会有实质的意义,个体生活依旧会非常郁闷,他们还是可能会寻找轻生的机会。也就是说,哪怕是强制干预,那也只能是暂时性的、非持续性的,最后的选择还是要交给个体自己。

由于涉及对原则的辩护,自由主义相关原则的意义不仅仅在于原则本身,同时也体现在对自由主义进行辩护的相关依据方面。比如,为"自由选择、自我决定"而进行辩护的"只有源自内心的生活才有价值"。"只有源自内心的生活才有价值",不仅事关个体行为的理性选择,它同时也关系到科技进步与文明进展的可能途径和机制。

据英国科学博物馆学者 Jack Challoner 的统计:从旧石器时代(250 万年前)到公元 2008 年之间产生了 1 001 项改变世界的重大发明,其中,中国有 30 项,占 3%。这 30 项发明全部出现在 1500 年之前,占 1500 年前全球 163 项发明的 18.4%,其中最后一项是 1498 年发明的牙刷,这也是明代唯一的一项重大发明。在 1500 年之后的 500 多年中,全世界有 838 项重大发明,没有一项来自中国。①

① 张维迎教授 2017 年 7 月 1 日在北京大学国家发展研究院毕业典礼上的演讲,题为"自由是一种责任"。

应该说，上述统计资料里面可能有评估指标、口径及数据收集不完善等方面的局限，但它还是说明了一些问题。近500年来我们在重大发明方面的不足与我们作为文明古国的历史地位不相符合，与我们国家现在整体的经济实力和国际地位不相称。在此情况下，党和政府提出“创新型”国家建设的目标就意义重大。由此所引出的问题是，“创新型”国家的目标如何才能得以实现呢？“只有源自内心的生活才有价值”等方面的理念为此提供了一定的思路和方向：

首先，在国家、社会层面，重视发挥自由文明的创造力。科技的发明与创新，无疑离不开政府在制度与资金等方面的支持，但政府的相关支持应该为个体的自由创造提供条件，尊重具有个性化的观点和思考，保障科学探索的自由环境。因为，人类文明的进步，是个人天才的产物，是强烈坚持少数观点的产物，而少数观点的发展和坚持，离不开允许自由发展的宽松环境。在此方面，弗里德曼指出：

“不管是建筑还是绘画，科学还是文学，工业还是农业，文明的巨大进展从没有来自集权的政府。哥伦布并不是由于响应议会大多数的指令才出发去找寻通往中国的道路，虽然他的部分资金来自具有绝对权威的王朝。牛顿和莱布尼茨，爱因斯坦和博尔，莎士比亚、米尔顿和帕斯特纳克，惠特尼、麦考密克、爱迪生和福特，简·亚当斯、弗洛伦斯、南丁格尔和艾伯特·施韦特，这些在人类知识和理解方面，在文学方面，在技术可能性方面，或在减轻人类痛苦方面开拓新领域的人中，没有一个是出自响应政府的指令。他们的成就是个人天才的产物，是强烈坚持少数观点的产物，是允许多样化和差异的一种社会风气的产物。”[①]

其次，在个体层面，正如爱因斯坦的“奇迹年”所揭示的，科技工作者应该出自内心而自由思考、创造。“奇迹年”这个拉丁语词原本是用来称呼牛顿的1666年的，[②]后来也被用来称呼爱因斯坦的1905年。这一年中，26岁的爱因斯坦发

① 弗里德曼. 资本主义与自由[M]. 北京：商务印书馆，1999：5.

② 1665年至1667年间，牛顿因躲避瘟疫，离开剑桥到故乡度过了几年。在这几年中，他构建了微分学思想，创立了万有引力定律，还将可见光分解为单色光，在数学、力学、光学三个领域都做出了开创性的贡献。

表了五篇具有划时代意义的科学论文，其中最重要的当然是创立狭义相对论的《论动体的电动力学》和《物体的惯性同它所含的能量有关吗》。一年之内，爱因斯坦在布朗运动、量子论和狭义相对论这三个方面都做出了开创性的贡献，凭借这些贡献中的任何一个，他都足以获得诺贝尔奖。但是，爱因斯坦当时只是一个在专利局从事鉴定工作的小职员，根本没有进入主流科学界，他为何能够创造这样的奇迹？爱因斯坦后来多次表示，如果他当时在大学里找到了工作，就必须将时间花在准备讲义和晋升职称的论文上，恐怕就没有什么闲暇来自由思考。他在逝世前一个月所写的自述片段中说得非常明确：鉴定专利权的工作对他来说是一件幸事，这迫使他从物理学上多方面地思考，以便为鉴定提供依据。此外，实践性的职业对于像他这样的人来说简直是一种拯救：因为学院式的环境迫使青年人不断提供科学作品，只有坚强的性格才能在这种情况下不流于浅薄。

对于自由主义的两个自由原则，第一自由原则的关键问题是：对于私人事务，个体究竟应该拥有多大的权利？比如，个体有下流的权利吗？而对于第二自由原则，其关键的问题则是，对于影响他人的行为，个体的权利范围是什么？比如，罗伦萨那有选择自己喜好的衣服而让办公室男同事“分心”的权利吗？在权利界定的一般原则方面，功利主义由于将个体“加总”在一起，没有给个体的自由留下应有的空间，这使得功利主义并未提供一个具有一般性的公正原则。与之相反，自由主义则没有严格考虑整体的协调问题，不管是纯粹的个体事务还是影响他人利益的行为，进而，自由主义同样未能提出一个有关权利与自由界定的一般公正原则，自由主义对公平正义的理解同样存在局限。

受此影响，如果直接以自由主义为原则来指导社会实践，就难免会面临这样或那样的问题。比如，完全拒绝政府对于个体行为选择的干预问题。鉴于私人行为领域不能完全排除社会价值排序，而个体在行为选择上也确实可能犯错（特别是那种不可逆转的大错误，比如吸毒），外部干预就有其理由：尽管自由选择是实现个体价值的途径，但如果一个人的行为会对自己产生毁灭性的影响，尊重个体的自由选择是有利于价值实现还是不利于价值实现呢？为什么对于明显会让人走向毁灭的行为，我们不去加以制止呢？

当然，我们也许会怀疑，政府是否有如此的意向和能力去实施这种纲领。但是，至少在原则上存在着这种可能性：一个具有良好意愿的完善论政府能够通过吸引人们的智慧和阅历，就自己公民的利益去建立一些合理的信念并在制度上要求大家去遵从。通过制度的规范和完善，政府能够识别人们的善的观念中的错误，并采取行动去实现善。

既然自由主义依旧未能提供有关权利界定的一般公正原则，那究竟何谓公正？我们可以探究能够包容自由原则而又能超越于其上的一般公正原则吗？

思考题

(1)新冠疫情暴发之初，中国政府一直大力要求在公共场合戴口罩，这和西方国家“人均不戴口罩”的现象形成鲜明对比。在国外，戴口罩的华裔曾经还遭到当地人的辱骂和嘲笑。根据自由主义的理论，戴不戴口罩是个人的自由，政府无权置喙，家长式立法更不可取，政府所能做的只能是宣传和道德劝说，但最后的决定权仍在个体自己手中，即所谓的“不自由，毋宁死”。但是，在疫情这样的极端突发状况面前，经验表明：强制要求戴口罩的做法有遏制疫情的显著效果。那如何看待在公共场合强制戴口罩的做法？

(2)父母需要对未成年人进行一定的管束教育，出于这个目的对未成年人有一定程度的打骂行为，是正确的吗？这侵犯到未成年人的权利吗？在学校里，不是监护人的教师接过了教育的责任，出于这个目的的打骂行为侵犯到未成年人的权利吗？

(3)赌博各方都是自愿且使用自身所拥有的财富，那对于赌博，法律应禁止吗？为什么？

(4)在一些国家，对于无法救治的、垂危的病人，在病人且家属同意的情况下医生可以使用致死药物，使病人毫无痛苦地离世。但在另外一些国家，安乐死却是违反法律的，这些国家是否侵犯了病人选择死亡的自由权利呢？从自由主义的角度来看，安乐死是病人及其家属的自由选择，这个选择也没有侵犯其他人的权利，法律又有什么理由禁止这样的行为呢？

(5)从自由主义的角度来看，只要国家将毒品的危害清楚地告知群众，在不教唆他人吸毒的情况下，公民似乎应该拥有自由选择是否尝试毒品的权利。难道这是合理的吗？

(6)加拿大知名女明星伊万杰琳·莉莉在自己的社交媒体账号上发帖公开称新冠肺炎只是一种“流感”，根本不需要隔离，她还强调自由比生命更重要。对此，我们如何评价？

(7)英国曾经有一条法律，自杀不仅违法，而且是重罪，违反者将被处以死刑。那么，如果一个人因为各种原因(如抑郁症、走投无路等)决定自杀，那么政府有权力阻止他/她吗？

(8)有些家长为孩子规划好了他们认为的前途光明的人生道路，却不顾孩子自己的兴趣和意愿。在孩子反抗时会说“我是为你好”。父母的确是为了孩子好，孩子或许也会得到更多的“看得见”的利益。但是这种单方面的规划与控制是以牺牲孩子自我意愿为代价的，或者说，如果孩子按照父母要求的方式长大，他们其实是失去了在同一时间内尝试其他的他们所向往的生活方式的机会，并且这种失去是不可逆转的。鉴于此，在有的人看来，孩子有自主选择自己人生道路的权利，对于父母的意见，他们有选择采纳与否的自由。因为，那是他们的人生。请问，你同意上述说法吗？为什么？

(9)2017 年 12 月 16 日凌晨，安徽六安裕安区的方培虎医生猝死了，年仅 31 岁。猝死的地点是医院值班室，他有着和绝大多数医生类似的经历：连轴转，又忙又累，积劳成疾。当地区卫计委做出了《关于在全区医疗卫生系统开展向方培虎同志学习活动的决定》，这本是一个善意倡议，不想却引发轩然大波。很多医生表示，对不起，我不要向任何猝死的人学习！我要好好活着！请问：善意倡议引发轩然大波的原因是什么？与自由主义所倡导的原则有何关系？

(10)在美国，奥巴马总统推动了医保改革，实行全民医保，而特朗普总统则取消了全民医保。特朗普及其支持者的理由是：全民医保是强制医保，所有人都必须交钱(当然，他们在生病时可以享受一定的优惠)，这干预了他们的自由选择，是在掠夺他们的金钱。请问，特朗普的医保改革，特靠谱还是特不靠谱？

(11)日本曾有一个非常火的钉子户，居住在日本成田机场，他的菜地恰好在机场跑道中间。该钉子户导致飞机不能走直线，只能强行绕弯。同样几十年里，成田机场从来没有在夜间起飞，为什么？就是怕打扰钉子户睡觉。问题是，当财产权涉及公共利益和个人利益的纠纷时，我们应该怎么办？

(12)如果真的在一个国家的境内发现了野人，他们可以自由地生活，并且可以正常地生存下去，而且他们并没有对社会中的人类产生影响。这时我们是否有权利去将他们带入文明社会中？他们平时所生存的环境以及他们所创造出来的一些东西，我们是否有权利去占有？

(13)自由主义强调尊重个人权利，认为需要通过本人的同意才能对本人施与一定的行为，这与功利主义相悖，因为功利主义认为，只要对大多数人有利，就可以实施一定的行为，那么二者能不能找到一个平衡点呢？

(14)康德认为“人不能处置自身，因为人不是物，他不能是自己的财产”。自由主义应该如何看待这个观点？

5

均等主义

自由主义所涉及的领域极其广泛：在客体方面，它不仅涉及个体的行为选择，同时也涉及社会财富和收入的分配；在主体方面，它不仅涉及单一个体的选择与行动，同时也涉及多个个体——两个及以上个体——之间的相互交往、合作协商。也正因为如此，在就自由主义有关个体行为选择的自由原则做出分析之后，我们需要对所讨论的内容进行拓展，比如，从个体的行为选择拓展到社会收入和财富的分配方面，对自由主义的极端情形——以诺奇克等为代表的自由至上主义的公平分配理论——做出分析。但作为自由至上主义的理论对照，我们先介绍与之对立的另外一种公正观：均等主义(Equalitarianism)。

均等主义，即平均主义，是一种要求在社会个体间平均分配收入和财富的思想。作为一种朴素的公平正义观，均等主义的历史极其悠远。在原始社会，当时的社会生产力极其低下，为了个体的生存以及氏族、种群的繁衍和维系，此等思想就已经出现。而在奴隶社会和封建社会等阶级社会，针对统治阶级垄断社会财富和资源而进行的政治抗争，作为被统治阶级的奴隶和农民往往有着均等主义意义上的“均贫富”的诉求，比如，平均分配土地。在对社会主义公平分配目标的追求方面，在早期的理论探索中，也有一些理论家基于均等主义来理解和阐释收入的公平分配，而“吃大锅饭”就是均等主义思想的直接体现。

在现代经济领域，均等主义的地位比较尴尬：一方面，很少有经济学家主张将收入和财富在全社会范围内进行平均分配；另一方面，在经济学的理论分析中，正如斯蒂格勒所指出的，平均主义几乎又成为社会政策无可辩驳的目标。[①]比如有关收入公平分配的道尔顿—阿特金森测度，该方法的前提是社会偏向更加平均主义的分配：如果社会从当前的分配转变到完全平均的分配，社会愿意放弃其总收入的多大比例？该比例就为收入分配不公平的道尔顿—阿特金森测度。[②] 类似地，当经济学家普遍以基尼系数与相对差异系数等指标和方法来就收入分配的公平性做出评价时，其背后所蕴含的公正观就是均等主义意义上的。

与在经济学领域所处地位的模糊不清情况有点不同，在政治哲学领域，有论者明确将公平与收入分配的均等联系在一起，认为正义的分配是平等主义的分配，不平等的分配不能被看作是正义的。[③] 对罗尔斯来说，尽管其以差别原则(又称最大最小原则)——社会结构应该最大限度地实现不幸运个体的利益[④]——来表述的分配正义原则并不要求绝对的均等，但其差别原则其实也是以绝对均等为前提的：差别原则是从绝对均等原则演化而来，差别原则得以提出的目的是试图对绝对均等原则的低效率问题做出改进。

那么，我们如何来评价均等主义的公正观？社会的收入和财富需要在个体之间按人头来进行平均分配吗？作为自由至上主义收入分配观的对照，本章将就均等主义的公正观及其相关的理论与现实问题进行探讨。

5.1 为公平分配而缩小差距？

自改革开放以来，我国收入分配的差距整体上有不断扩大的趋势：基尼系数

① 施蒂格勒.经济学家与说教者[M].上海：上海三联书店，2018：12.

② 斯蒂格利茨.公共部门经济学[M].北京：中国人民大学出版社，2005：103－104.

③ 段忠桥.关于分配正义的三个问题——与姚大志教授商榷[J].中国人民大学学报，2012(1).

④ 罗尔斯.正义论[M].北京：中国社会科学出版社，2003：60－61＋76.

从1981年的0.288上升到2008年的0.491(最高点)。之后,基尼系数尽管有缓慢下降的趋势,但它依旧高于所谓国际警戒线0.40的水平(见图5—1)。

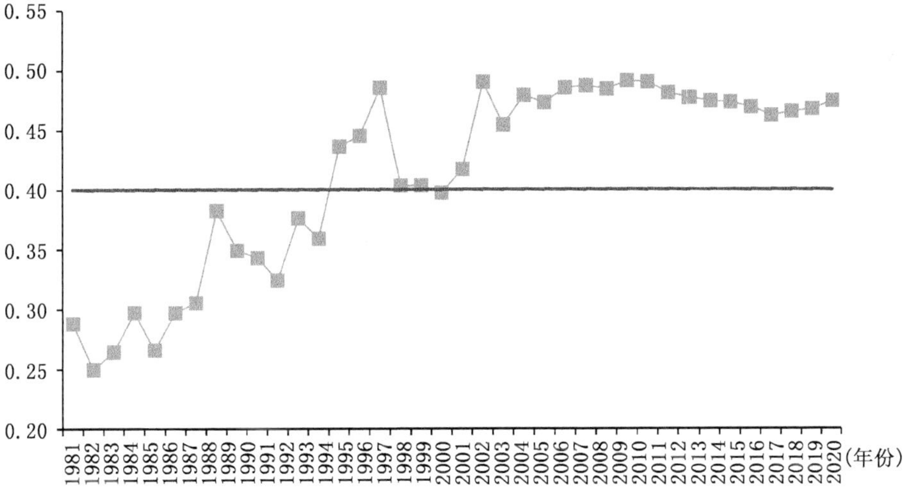

图5—1　改革开放以来的收入分配格局:1981—2020年

对于收入分配格局的变化,具有普遍性、倾向性的观点认为:我国收入分配的公平性越来越恶化了。鉴于此,不管是在经济学、财政学的理论研究层面,还是在有关收入分配政策选择与制度安排的现实实践方面,人们普遍认为政府应该利用累进所得税等手段来缩小收入差距,以实现收入分配的公平。

既然如此,那我们如何评价为收入公平分配而缩小收入差距的观点?均等主义的公正分配观能够在人类理性的法庭面前为自己的合理性做出应有的辩护吗?

为经济发展等而缩小收入差距?

在支持者看来,缩小收入差距对于社会、经济的发展具有重要的价值和意义:

(1)有利于促进经济的发展与增长。有研究表明,收入差距过大会降低一个国家的平均消费倾向，消费不足会带来内需不足，从而导致经济增长缓慢。[1] 反过来，由于低收入者的边际消费大于高收入者的边际消费倾向，缩小差距有利于刺激需求，促进经济增长。

(2)有利于提升社会整体的福利水平。因为，相比高收入群体，低收入者对于收入的边际评价往往要高。

(3)有利于促进社会的和谐和稳定。因为，收入差距过大会导致社会成员之间，特别是穷人和富人之间的关系紧张。

也正因为如此，在诸多论者看来，缩小收入差距的合理性是显而易见、毋庸置疑的。但问题并非如此简单。因为，这里的问题是：从收入公平分配的角度来看，缩小收入差距能否得到辩护。进而，如果要为缩小收入差距的政策与制度做出辩护，相关的辩护应该基于公平正义的视角。

但是，当我们从刺激内需、促进经济增长、提升社会福利水平与维护社会稳定等角度来进行辩护时，考察的角度则是效率和稳定方面的，此等辩护在性质上存在方向性的偏差：姑且不论缩小收入差距是否会产生促进经济增长的效果，我们也暂且不论缩小收入差距的政策是否能从刺激经济、福利提升与维持稳定的角度而得以辩护，基于经济增长等角度来为这里的问题进行辩护不可取。

为政治平等而缩小收入差距？

当然，在支持者看来，缩小收入差距的效应绝不限于促进经济增长、提升社会福利与维护社会稳定等方面，它也事关社会的公平正义：一方面，缩小收入差距是维护代际公平的需要，它有助于保持社会的流动性、防止阶层固化。因为，如果不改变这一情况，贫富差距便会成为一种很难改变的社会结构，社会阶层流动通道也将被严重堵塞。另一方面，由于政治平等需要以经济平等为前提，缩小收入差距对于实现政治平等具有重要的意义。也正因为如此，在支持者看来，即便我们不会考虑收入差距缩小客观上对于促进经济增长等方面所具有的价值，但从公平正义的角度看，缩小收入差距依旧具有依据，可以得到辩护。

---

① 冯华. 一些贫者从暂时贫困走向跨代贫穷[N]. 人民日报，2015-01-23.

应该说，政治平等与代际公平所关注的确实是公平，但是，此等平等所关注的不是收入分配的公平而是政治的公平与社会流动性的公平，因此，与从促进经济增长、提升社会福利与维护社会稳定角度所做的辩护具有相似性，此等辩护的角度还是存在偏差。因为，这里所关注的问题是：从收入公平分配的角度看，累进税等缩小收入差距的政策与制度是否具有合理性，是否能够在理论上得到应有的伦理辩护？在此情况下，政策与制度的合理性应该针对收入公平分配而展开：尽管政治平等、代际公平在一定程度上也涉及收入的公平分配，但它们并非完全对应的范畴。

社会主义共同富裕目标的内在要求？

缩小收入差距是社会主义共同富裕目标的内在要求！一旦我们强调从收入公平分配角度来就缩小收入差距的政策与制度进行辩护，支持缩小收入差距的论者可能会进一步基于社会主义的本质要求来给予回应。

应该说，相比从有利于经济增长所做的辩护不同，从社会主义本质要求的角度来进行辩护，这在方向上是可取的：其一，恰如邓小平同志所言，“消除两极分化、最终达到共同富裕”是社会主义的本质要求之一；[①]其二，平等、公正是社会主义核心价值观的内在要求，消除两极分化，实现共同富裕，是社会主义公平正义的核心价值理念在收入分配领域的具体要求；其三，共同富裕所关注的是收入和财富的公平分配。

但是，辩护方向的合理性，这并不等于此等辩护就取得了彻底的成功。因为，社会主义本质所要求的是共同富裕，而这里所讨论的问题则是收入差距的缩小。如果要从社会主义本质的角度来为缩小收入差距进行辩护，其前提是：缩小收入差距是公平正义的，共同富裕所追求的公平正义就是缩小收入差距。

问题是，缩小收入差距的公平性能够得到辩护吗？社会主义所追求的共同富裕就等于缩小收入差距吗？为了便于讨论，根据缩小收入差距的均等程度来划分，下面的分析我们从绝对均等与相对均等这两个层面来进行。

---

① 邓小平文选：第3卷[M]. 北京：人民出版社，1993：373.

5.2 分配公平:绝对的均等?

绝对均等是否公平?我们先看抑制全球气候变暖所要求的碳排放权在世界不同国家(如发达国家和发展中国家)之间的公平分配问题。

全球气候变暖是一种人为现象。人们焚烧煤炭等石化燃料,或砍伐森林并将其焚烧,会产生大量温室气体(如二氧化碳),产生温室效应,造成全球气候变暖。全球气候变暖会使冰川和冻土消融、海平面上升,这不仅危害到自然生态系统的平衡,同时更威胁到人类的生存。

气候科学家表示:全球必须停止增加温室气体的排放,需要将全球平均气温增长幅度控制在与工业化前相比不超过 2℃的范围内。科学家们预计:如果想要防止全球平均气温再上升 2℃,到 2050 年,全球的温室气体减排量需达到 1990 年水平的 80%。

那哪些国家应该减少排放?该减排多少呢?

均等分配与同一性的公平正义

在总量控制的情况下,由于碳排放的配额直接关系到每一个国家的发展空间,各个国家为碳排放权的公平分配争论不休。涉及诸多的问题:

其一,是考虑总量?还是考虑人均?伴随经济的高速增长,中国的二氧化碳排放不断增加,总量较大,但人均排放量仅为美国的四分之一左右。

其二,只看未来?还是要考虑过去?在历史上,美国等发达国家已经排放了大量的温室气体,而中国等发展中国家由于发展刚起步,历史上的排放量相比要少很多。

其三,是关注消耗?还是关注生产?工业化国家将碳排放“外包”给了发展中国家,中国替西方购买者进行着大量碳密集型的生产制造。那么,究竟是作为消费者的国家对制造产品过程中产生的碳排放负责,还是出口这些产品的国家?

碳排放权的分配问题极其复杂,涉及的因素繁多,希望各个国家就排放的方案达成一致存在巨大的困难。但不管怎样，鉴于我们同属“地球村”，地球上的每一个人都是具有平等地位的主体，撇开历史的问题以及消耗与生产的不对称问题，人均指标无疑是一个不可或缺的因素：完全不考虑人口数量的分配方案绝对是不公平的。从这个意义上来说，公平分配意味着均等、平均。

由于人是平等的，除了碳排放权在全球范围的分配，社会上还有诸多资源也要求均等分配。在此方面，詹姆斯·托宾(James Tobin)认为选举权和战争时期的基本食品应该平均分配。[①] 另外，基本政治权利，如选举权和被选举权，恰如罗尔斯的第一个正义原则——平等自由原则——所言，也需要在成年男女间进行平等分配：“每个人对与其他人所拥有的最广泛的基本自由体系相容的类似自由体系都应有一种平等的权利。”[②]

区别对待与差异性的公平正义

但另一方面，由于人是有差异的，比如个体选择等多方面的差异，在诸多时候，公平往往不意味着均等，而是要求有所不同。就收入分配来说，如果要求绝对均等，那反而不公平。在此方面，德沃金就指出：

> “绝对而无差别的平等，不仅是一个软弱无力的或容易被其他价值压倒的政治价值，而且它根本就没有价值：用勤快人的成果去奖励那些能够工作却选择了游手好闲的人，这样的世界根本不值一提。”[③]

在收入分配方面，绝对均等之所以存在问题，这在于：公平的分配必须要考虑收入的来源和过程，但均等主义却完全忽视了收入形成因素(如个体努力)对分配结果的影响，此等公平其实是不公平。

在这里，均等主义之所以不合理，问题在于不公平。与此不同，在很多论者看来，均等主义的平均之所以不可取，是因为它的低效率。但事实上，尽管均等

---

① Tobin J. On Limiting the Domain of Inequality[J]. Journal of Law and Economics, 1970(13): 263—277.

② 罗尔斯. 正义论[M]. 北京：中国社会科学出版社，2003：60—61.

③ 德沃金. 至上的美德——平等的理论与实践[M]. 南京：江苏人民出版社，2015：2.

主义的平均做法客观上确实存在低效率的问题,但它首要的问题不在于它的低效率,而在于它的不公平:哪怕均等主义对于效率不产生任何的影响,均等主义的问题依旧存在。

在公平理论中,人们常常以"一个人先切蛋糕,另一个人先拿"的事例来诠释公平。可以预测,切者后拿的做法往往会导向均等主义的分配。现在,如果按照上述程序所进行的分配是公平的,那收入分配公平为何不能理解为分配的平均和均等呢?事实上,上述分配程序的公正性是有前提的:蛋糕的公平分配需要平均。如果平均分配本身不公平,那此种程序并非保证蛋糕公平分配的合理程序。

5.3 分配公平:相对的均等?

当然,由于绝对均等要求政府无限度地从勤快的人那里索取财富和收入并将其转移给懒汉,很少有人当真会把它作为一个规范理想而得以提出:均等主义者所支持的均等往往是差距缩小意义上的相对均等而不是绝对均等。由于在理论上认可了差异存在的必要性,相对均等在一定程度上能克服绝对均等的伦理局限,比如,兼顾努力与选择等影响收入形成的因素对分配结果的决定性作用。但均等主义的伦理问题依旧存在:

目标的不可确定性

如果收入公平分配的目标是缩小差距,那何种差距才是社会所追求的公平目标呢?种种迹象表明,在人类理性的范围之内,我们不仅无法就收入分配整体差距(如道尔顿—阿特金森测度与基尼系数)的合理水平做出确定,同时,对于给定的整体差距水平,由于存在无数可能的分配格局与此相对应,我们更是无从确定公平分配的具体格局。这使得缩小收入差距缺乏明确的目标。涉及三个层面的问题:

(1)差距指标的选择。经济学中,度量收入差距的指标有很多,包括基尼系数、相对差异系数、泰尔指数与阿特金森指数等。相关的指标尽管都试图就收入差距进行度量，但它们之间都存在一定的差异。理论上，如果要就公平的收入差距进行确定，首先就需要确定度量差距的指标。那么，在理论上，是否可以确定某一个度量差异的最优指标呢？

(2)收入差距整体水平的具体确定。即在整体层面，何种程度的差距是公平的？假如指标是可以确定的，比如以经济学家通常所采用的基尼系数为指标。理论上，基尼系数的取值范围为[0,1]，那在此区间范围内，基尼系数多大是比较合理的呢？显然，要确定合理的取值是不可能的，甚至，明确确定合理的区间都超越于人类理性的范围之外。

(3)收入分配具体格局的确定。在整体差距得以给定的情况下，何种具体分配格局才是公平的？假设有两种分配状况 S_x 和 S_y：

S_x：$x_1, x_2, x_3, \cdots, x_n$

S_y：$y_1, y_2, y_3, \cdots, y_n$

假设 S_x 和 S_y 所对应的基尼系数是完全相等的。在此情况下，我们如何在 S_x 与 S_y 中进行选择呢？理论上，具有相同基尼系数的分配格局往往有无数种可能情形。在此情况下，就公平分配的具体结果进行确定，更是超越于人类理性的范围之外。

目标的不可维持性

收入差距缩小目标不能确定，收入的公平分配就缺乏明确的指向。事实上，即便收入公平分配的具体格局可以确定，在一个允许个体自由选择(比如交易与馈赠)的社会中，给定的差距目标其实也无法维持。因为，恰如诺奇克所言：自由选择可以打破任何给定的分配模式。①

反过来，如果要维持外生给定的收入分配目标，我们就需要禁止交易与馈赠。这有两方面的含义：(1)由于收入差距缩小目标的实现需要禁止个体的自由选择，与功利主义原则一样，相对均等与个体的自由选择不兼容；(2)鉴于自由选择对于公平分配结果所产生的“破坏性”影响，在一个自由不可或缺的体系中(自

① Nozick R. Anarchy, State and Utopia[M]. New York: Basic Books, 1974:160－164.

由的程度究竟多大姑且不论)，试图确定和维系具体结果的努力永远都无法取得成功。

结果调整的不公平性

在公平的分配规则下，对结果的肆意调整不是在促进公平，而是在破坏公平。为了说明这一点，我们假设：

(1)决定收入分配结果的制度规则是公平的；

(2)制度规则事先获得了所有个体的同意；

(3)规则保证个体的基本生活保障。

在给定的制度规则下，由于个体选择、运气等方面的原因，个体间的收入不仅会存在差异，而且差异还可能比较大。显然，既然规则是公平的且获得了大家的同意，那基于规则运行而得到的结果应该得到绝对的保护，而不能肆意对此做出某种未经事先安排的政治修饰和调整：

> “不能以实现‘分配公平’或别的什么为借口，直接使用国家军队、国家机构和政府把收入和资产从政治弱者那里转移到政治强者手中。不能用一些空洞的花言巧语来愚弄公民。”①

因为，在公平规则下，对分配结果的肆意调整因破坏事先的契约基础而违背了公平正义的要义。

当然，在规则本身存在不公的情况下，比如，存在起点与过程的不公，公平分配需要做某种矫正性调整，但此等调整所要解决的应该是纠正起点和过程中所存在的问题，而并不是去缩小差距。

缩小差距规则的不公平性

基于公正规则所得到的结果不容调整：如果要就结果进行调整，相关的调整应该在事先的规则层面去确定。但问题是，在规则制定阶段，受公平分配结果不

---

① 布坎南.自由、市场与国家——80年代的政治经济学[M].上海：上海三联书店，1989：199.

可能事先确定的影响并为保护个体自由的需要，公平的收入分配规则也不应该是以收入差距缩小为目标的规则类型。对此，可看两份材料：

第一份材料是2018年我们针对选修“公正”课程的同学所做的问卷调查。

问卷中有两个相关的问题：

问题1：假如你是一位企业家，有很多的房产、股票，并拥有自己的企业，每月收入达数十万元。你有一位单身邻居，他的经济状况一般，房子较简陋，月收入为5 000元。现在，邻居提出你的收入太高了，不公平，他要求将你的收入分一部分给他，请问你会认可他的意见吗？

A. 认可　　　　B. 不认可　　　　C. 很难说

问题2：对于上述情况，如果你的邻居是企业家，你是那位单身人士，对于邻居收入比你高很多的情况，你认为自己有权利要求邻居将他的部分收入转移给你吗？

A. 有　　　　B. 不会有　　　　C. 很难说

对于上述两个问题，在受调查的39位同学中，选择A、B、C三个选项的人数均分别为0人、37人和2人。

第二份材料是一个美国民众支持废除“死亡税”的故事：

美国在20世纪一直有一个针对富人地产的特殊税种。在克林顿与小布什执政期间，民众呼吁废除这种“死亡税”的呼声高涨起来。为了封杀这一废税运动，左派政客们开始求助于人们的自利心理，他们指出这些税只对社会总人口中最富的1%～2%的人征收。然而令他们惊讶的是，中产阶级与工薪阶层依然继续反对这个税种，并最终导致其被废除。①

上述两份资料在一定程度上表明：在一般情况下，缩小差距的规则并非公正的规则。因为，就问卷调查的情况来看，不管受调查者是何种身份，不管他们是高收入的企业家还是普通的收入阶层，他们都不支持收入的人际调整。至于美

① 托马西. 市场是公平的[M]. 上海：上海社会科学院出版社，2016：79－80.

国的"死亡税",即便美国的普通民众也主张废除,这就说明此税收的公平性确实存在问题。

由于缩小收入差距目标的不确定性以及结果的不可维系性,尤其是肆意缩小收入差距本身的不公平性,缩小收入差距并不能作为收入公平分配的目标而得以辩护。进而,基于社会主义共同富裕的目标来为缩小收入差距进行辩护不可取。因为,社会主义的共同富裕是以公平正义为导向的,而缩小收入差距,在诸多时候,它不仅未能促进分配公平,反而是违背公平。这也意味着,如果要从社会主义共同富裕目标的角度来为缩小收入差距进行辩护,那前提条件是:我们能够明确缩小收入差距的具体目标并能充分证明其公平性,否则,由此所采取的政策与制度可能会与社会主义共同富裕所追求的平等、公正的目标背道而驰。

5.4 为社会稳定等而缩小吗?

在一般理论层面,缩小收入差距可以作为收入公平分配的目标,同时,也可以作为实现其他目标的手段,比如,维护社会稳定、刺激经济发展、提升社会福利与实现政治平等。进而,即便缩小收入差距不能作为一种有关收入公平分配的目标而得以辩护,我们也不能因此否定缩小收入差距的合理性:如果缩小收入差距可以从维护社会稳定等角度而得到辩护,那它依旧有其合理性。问题是,缩小收入差距从维护社会稳定等角度而得到辩护的可能性如何呢?

为社会稳定而均等?

从维护社会稳定的角度来为缩小收入差距进行辩护,其依据是:收入差距大是导致社会不稳定的重要因素。但事实上,正如前面的分析(第 2 章)所表明的,社会不稳定主要与规则的不公与心态的不正常有关,而不在于收入差距大。进而,通过收入的均等化来维护社会的稳定并不可取:

其一,如果不稳定是由社会分配规则的不公所引致的,那社会稳定的维护应该通过公平规则的架构来实现;如果不稳定来源于个体心态的不健康,如妒忌,那问题的解决应该是侧重于心态的培养和调整。通过缩小收入差距来解决问题，其实是找错了地方。

其二，缩小收入差距，这不仅不解决稳定问题，反过来还不利于问题的解决：将问题的关注点放到了收入差距的缩小上，这一方面会导致对制度规则变革的忽视；另一方面则可能引致对不良心态的纵容。

其三，除了不解决问题和不利于问题真正解决的局限性之外，缩小差距甚至会引致社会的不稳定。因为，这在诸多时候反而会侵犯个体的正当利益，引发社会的不满与不稳定。

为刺激经济等而均等?

我们考察缩小收入差距是否能从刺激经济、促进经济发展与提升社会福利的角度来得到辩护的问题。为了便于分析，我们假设一个社会：(1)该社会由两组人构成：R(高收入群体)和P(低收入群体)；(2)社会的总需求存在不足；(3)社会的收入分配是公平的，R和P之间的收入分配不存在公正方面的问题。

现在，为了刺激内需，需要将R的收入转移一部分给P，因为，根据凯恩斯的宏观经济理论，不同收入水平的个体其边际消费倾向存在差异，收入的分配能增加内需、促进经济的发展。

但这里有两个问题：第一个问题是，缩小收入差距是否必然能够刺激经济？理论和现实的依据是否可靠？第二个问题，也是最为关键的问题，如果收入分配格局本身是公平的，那意味着个体所获得的收入都是自己的权利。现在，为刺激经济而缩小收入的差距，这是否意味着：经济刺激比保护个体权利更有价值的优先性？我们可以为刺激经济而侵犯一部分人的正当权利吗？

相似地，在收入公平分配的前提下，我们是否可以以提升社会福利的名义去肆意侵犯个体基于公正原则而获得的权利？如果是肯定的，那是否意味着，福利水平的提升相比维护个体基于公正而确定的权利更重要？或者说，我们是否可以为提升福利而践踏正义？

为政治平等而均等?

历史上，让-雅克·卢梭(Jean-Jacques Rousseau)曾从实现政治平等的角度来为经济平等进行辩护。① 作为启蒙运动的先驱，卢梭认为社会经济不平等给予共同体中有些人过分强大地影响法律制定的力量，使得他们能够获得特权，导致政治上的不平等。在《论政治经济》一书中，卢梭富有战斗激情地写道：

“社会联盟……为富人的巨大财富提供了强有力的保护，但却几乎不让穷人静静地拥有靠自己双手建造的茅草屋。难道不是社会的所有好处和优势都给了有钱人和有权人吗？难道不是所有的有利可图的职位都被他们把持着？公共权威难道不是都在他们一边吗？大人物犯下的攻击、暴力、暗杀，甚至谋杀，难道不是几个月后就被掩盖、禁止张扬，再也不被提及吗？但是，如果一个大人物遭到抢劫或者侮辱，整个警察力量马上就行动起来，让碰巧被怀疑的无辜者遭殃。如果他必须经过危险的道路，整个地方都要被动员起来武装保护他。如果他的轻便马车的轴断了，人人都赶紧过来提供帮助，如果他的门口吵吵嚷嚷，他只要说一句话，大家就都安静下来……但是，所有这些尊重并不花费他一分钱，这都是富人的权利，不是用钱买来的。穷人的情况就大不相同了……我看任何穷人都是被毁掉了的人，如果他不幸有诚实的心肠、漂亮的女儿或者有势力的邻居的话。”②

类似地，马克思也认为：

人民的物质财产（拥有的金钱与产品）不仅影响他们的生活前景，同时还关系到他们的政治地位。……仅仅因为司法体系授予他们法律上的平等身份，就将这个社会中的人民称为“平等自由”，简直是个笑话。③

社会需要政治平等，经济不平等影响政治平等是一个客观的现实：卢梭与马克思基于政治平等来为经济平等进行论证，这有充分的合理性。一方面，经济是政治的物质基础，要维护政治的平等，需要实现经济上的平等；另一方面，经济本身事关政治，经济的平等其实也是政治平等的一部分，比如，在经济上保障每一

① 卢梭，法国18世纪伟大的启蒙思想家、哲学家、教育家、文学家，法国大革命的思想先驱，启蒙运动最卓越的代表人物之一，其代表作有《论人类不平等的起源》与《社会契约论》等。

② 转引自弗莱施哈克尔. 分配正义简史[M]. 南京：译林出版社，2010：83－84.

③ 参见托马西. 市场是公平的[M]. 上海：上海社会科学院出版社，2016：36.

个体基本的生存权利，这涉及的就是人的基本权利，这就事关政治。

但是，政治平等对于经济平等提出要求是一回事，基于政治平等来为缩小收入差距进行辩护又完全是另外一回事。对于这一问题的讨论，可以基于政治平等的类型——经济性的政治平等与非经济性的政治平等——来展开：

其一，对于经济性的政治平等，如果公平分配并不需要均等，不需要缩小收入差距，那缩小收入差距意义上的均等其实是违背了政治平等的要求，因为，此时的政治平等所要求的不是缩小收入差距，而是维护个体的财产权利。

其二，对于非经济性的政治平等，在诸多时候，收入差距缩小既非它的必要条件（比如选举权与被选举权），也非其充分条件：即便个体的收入完全均等，也可能存在政治上的不平等。也就是说，非经济性的政治平等在一定程度上与缩小收入差距无关。在此情况下，主张缩小收入差距就缺乏理论基础了。

5.5 公平：是规则还是结果？

在收入公平分配的实体形态（区别于均等、平均意义上的价值原则）方面，学术界一直有所谓的结果公平和规则公平之争。支持结果公平的论者认为收入公平分配的关键点是分配结果。在此方面，当经济学家普遍基于收入均等——绝对的或相对的均等——来就收入分配的公平性状况进行评估时，他们所认可的收入分配公平就是结果意义上的。与之相反，主张规则公平的论者则强调了规则的价值和意义，认为收入分配的关键在于规则，因为分配结果的公平性是由规则的公平性来保证的，比如布坎南有关收入公平分配的主观主义——契约主义观点。在布坎南看来，个体对收入的权利是由竞争的过程来定义的："我对占有物的权利可以被解释和理解为公平竞争的结果的一个组成部分。"[①]既然如此，在实体形态上，公平分配所涉及的究竟是公平的规则还是结果？均等主义从结果角度来理解收入的公平分配可取吗？

---

① 布坎南.自由、市场与国家——80年代的政治经济学[M].上海：上海三联书店，1989：181.

表面上看,公平正义所涉及的都是公平的分配结果,比如,收入与职位的分配。但实际上,均等主义等单纯从分配结果的角度来理解公平正义的理论,这在对公平正义实体形态的理解上存在重大的认识论偏差:公平分配所涉及的只能是公平的规则,而不可能是单纯的分配结果。

公平所涉及的是公平的“关联结构”

由于公平正义涉及的是个体所得(奖励和惩罚,收入和成本等)与决定个体所得的相关因素(付出、努力与选择等)之间“关联结构”的合理性,公平正义只能是“关联结构”意义上的,而不可能是单纯的分配结果:离开了决定结果的相关因素,我们无法就结果的公平与否做出判别。

比如,在田径比赛中,甲和乙分别获得第一名和第二名及相应的奖金。令分配的结果为 $D(x_1,x_2)$。此等结果是否公平合理呢?对于单纯的分配结果,我们无法对它做出判断:名次和奖金分配是否合理,需要考虑决定结果的相关因素(比如跑步的速度及其他相关的因素),需要考虑决定因素——速度及其他相关因素——与最终结果之间关系的合理性,公平正义所考虑的也正是这种对应关系的合理性,而不是单纯的结果 $D(x_1,x_2)$。

单纯的分配结果不是说不合理,而是没有意义。现实中,均等主义意义上的公平正义在有时是有意义的,并且也是公平正义的,之所以如此,这在于:此时的公平正义依旧是从“关联结构”的角度去考虑的——将人头作为分配的决定性因素。反过来,如果我们将人头的因素撇开,那就无所谓公平不公平。

公平的分配规则而非单纯的结果

既然公平正义所涉及的都是隐藏在结果背后的、体现分配结果与决定因素关系的“关联结构”,公平分配的实体形态只能是公平的制度规则而非单纯的分配结果。一方面,对于特定的收入分配结果,其所蕴含的分配的“关联结构”具体如何,这是由确定结果的分配方式抑或说规则决定的。另一方面,尽管公平正义所关心的是收入的分配,但收入分配的公平性无法由单纯的分配结果来体现:分配结果所包含的“关联结构”是隐藏的、不外露的,无法被我们的肉眼所观察到,哪怕是我们借助显微镜等科学研究仪器，情况同样如此——公平正义只有在外在的制度和规则层面才能得以体现，制度规则是公平正义的唯一外在表现形式。

既然公平正义所涉及的是隐藏在分配结果背后的公平的“关联结构”，而收入分配结果及其所对应的“关联结构”的公平性是由确定分配的规则所决定和体现的，将公平正义与公平的分配规则联系在一起是极其自然的。但问题并未因此而结束。因为，如果我们从公平分配规则的角度来理解公平正义，从结果公平角度来理解公平分配的论者可能会质疑：如果收入分配结果及其所蕴含的“关联结构”的公平性是由产生结果的规则所决定的，那公平的收入分配规则又是由什么来确定的呢？在就可供选择的收入分配规则进行抉择时，我们判断相关备选对象——各种可行的分配规则——公平与否的依据又是什么？如果公平分配所对应的是公平的分配规则而不是具体的结果，那是否意味着我们可以离开结果来就公平的收入分配规则做出确定呢？反过来，如果公平分配规则的确定需要考虑规则运行的结果，那从结果公平角度来理解公平正义的论者就会争辩说，公平正义的实体形态本质上还是结果意义上的，毕竟，是结果分布状况的公平性决定了规则而不是相反。由于评价规则及其行为合理与否的依据，与方法论方面的、康德的义务论和与以功利主义为代表的后果论密切相关，我们将在第 9 章介绍康德的义务论时就这一问题做进一步的探讨。

5.6 均等主义：评价与含义

均等主义有其合理性：在某些领域的某些方面，公平正义要求考虑人头的因素、甚至是以人头作为公平分配的决定因素。但是，在大多数场合，公平正义并不要求均等，而是要求有所差异。进而，在一般原则层面，均等主义基于均等——绝对均等或相对均等——来理解公平正义不可取，均等主义的公正原则不满足伦理标准所需要满足的相关条件：(1)在需要存在差异的领域，此等分配不满足理性的一致性条件；(2)也正因为均等主义的公正原则可能会与人类理性的直觉相冲突，均等主义也不满足规范原则所要求的融贯性和延展性条件；

(3)而对于相对均等原则,由于它无法给出相对均等的具体结果和范围,此等原则还存在难以操作的问题。

而在对公平正义实体形态的认知上,应该说,考虑决定分配结果的因素、从制度规则的角度来理解公平正义是显而易见的,但均等主义在很大程度上也将此问题给忽视了,它往往只考虑分配的结果(如收入的差距)而忽视了制度规则、忽视了决定结果的相关因素,这存在重大的认识论偏差并引致了诸多的理论认知错误。比如,公平与效率的关系。在以奥肯为代表的主流经济学观点看来,公平和效率两者是矛盾的、无法兼顾:“我们无法在保留效率这块蛋糕的同时又平等地分享它。”[①]但事实上,真正的、规则意义上的公平与效率根本不矛盾,相反,规则公平是配置效率的保障和前提。

鉴于均等主义原则在经济学领域所具有的特殊地位,就均等主义公正原则的分析对于收入分配的理论研究与政策实践具有重要的规范含义:其一,收入公平分配的目标在理论上需要重新确定。在收入分配的理论研究上,既然均等主义——绝对均等和相对均等——均存在局限,收入分配的目标需要重新确定,以缩小收入差距为目标不可取;其二,收入分配的政策需要做出调整。在收入分配政策的制定上,既然以缩小差距为目标不可取,那么以缩小收入差距为目标的相关政策需要做出规范调整。比如,将问题的关注点放在公平规则的架构而不是具体分配结果的确定上。其三,需要就公平正义的诠释进行思想的启蒙。由于收入公平分配目标的确定与公平政策的调整都依赖于对公平正义原则的理解,进而,相关问题的解决首先需要我们去探究公平正义的一般原则,并在此基础上就公平正义本质内涵的理解进行思想的启蒙!

思考题

(1)人头税是一种向每一个人课征相同定额的税种,请问人头税的公平性状况如何?

(2)降薪令的发布使得有些人说文艺圈已经进入寒冬,限薪会使其更加颓靡

① 奥肯.平等与效率——重大的抉择[M].北京:华夏出版社,1999:2.

不振。但也有人认为,明星上亿元的片酬令普通群众咋舌,即使限薪后也处于暴利的行业。如何评价限薪令,它合理吗?

(3)在一次记者会上,有记者向美国前总统特朗普提问:有权势的人是否会更早得到核酸检测?即使他们没有症状。特朗普回答道:或许这就是人生吧。这引起许多人的反感与炮轰。请问:对于特朗普总统的回答,我们如何评价?

(4)现实生活中,许多演员、歌手、球星的工资远高于科学家、教师等职业。有人认为后者的工资应比前者高,因为后者对社会做出的贡献远高于前者,但又有人认为前者的工资是由市场决定的,如果让教师、科学家等职业的工资高于娱乐行业的工资,那么就破坏了市场。对于上述问题,我们该怎么看?

(5)在美国,流传着这样一句话"穷人流感,富人新冠",指的是新冠肺炎昂贵的检测费。富人有了类似症状,有足够的钱去检测、去治疗,而穷人就只能听天由命。在席卷全球的疫情下,检测的权利被标上价格,这是否体现着不公正?

(6)疫情期间,在美国的很多地方,食品、医疗用品都卖光,呼吸机与 N95 口罩这些东西的价钱特别高。针对这一问题,有议员就曾质问过美国卫生部,能否给所有人检查肺病的权利。检测费要由国家承担还是个体自己承担?

(7)中国的个人收入分配和地区发展不平衡程度状况比较突出,是否应该进一步调整税收政策,对中国的高收入人群增加税收,从而实现共同富裕的伟大远景呢?

(8)钟南山院士和李兰娟院士是新冠病毒疫情中起到稳固人心作用的两位老院士,他们在抗击疫情中功不可没。但是正是这些把一生都献给科研事业的科学家们,收入却远不如那些电影明星。这公平吗?

6

自由至上主义

在收入的公平分配方面，由于强调个体占有的相同、同一，绝对均等主义要求激进的收入再分配：将超过社会平均水平个体的收入转移给低于平均水平的个体。而相对均等，尽管它并不要求个体占有完全相同的收入，但缩小收入差距也需要政府采用“税收征收—支出转移”等财政政策方案来进行收入的再分配。

与均等主义主张政府为公平而进行收入的再分配不同，以罗伯特·诺奇克(Robert Nozick)为代表的自由至上主义(Libertarianism)对政府的收入再分配持否定态度。诺奇克所提出的有关持有正义的资格理论(Entitlement Theory of Justice)认为：(1)个体在市场中所获得的收入是自己的权利，政府进行强制性的收入再分配是不可取的，因为强制性的收入再分配会侵犯个体的权利；(2)富人可以自愿资助不幸者，但不能通过政府的命令来实现：政府的强制转移是一种压迫，[①]甚至是偷盗。类似地，在早期的探索中，赫伯特·斯宾塞(Herbert Spencer)等论者也反对政府对穷人进行救助，在斯宾塞看来，社会的进化要求淘汰无法自我生存的个体。

---

① 诺奇克.无政府、国家和乌托邦[M].北京：中国社会科学出版社，2008：202.

自由至上主义是西方右派政党的主要理论来源。作为自由主义的极端类型,自由至上主义在18世纪最先由英国发展起来,理论来源主要是弥尔顿、洛克等人的启蒙主义思想和理性主义、自然权利理论。由于反对政府对经济的强制干预,自由至上主义不仅与均等主义相对立,同时也和社会自由主义(Social Liberalism)抑或福利自由主义(Welfare Liberalism)存在很大的不同:因为社会自由主义与福利自由主义强调公民在医疗与教育等方面的平等权利,主张政府为保障个体的相关权利而进行收入再分配,对经济进行干预和调整。

那么,如何看待自由至上主义的公正观?在上一章就均等主义这一对照观点做出分析之后,本章将就自由至上主义的公正观及相关的理论与现实问题进行分析和探讨。当然,自由至上主义所涉及的内容极其广泛,除了反对政府进行收入再分配之外,自由至上主义也反对其他形式的政府干预,仅仅主张政府保护产权、维护契约的实施。① 但限于讨论的主题,作为均等主义的对照,本章将分析的重点放在收入的公平分配方面。

6.1 如果马云问你:你怎么说?

2015年8月12日23:30左右,位于天津市滨海新区天津港的瑞海公司危险品仓库发生火灾爆炸事故。此次事故中爆炸总能量约为450吨TNT当量,造成165人遇难、8人失踪、798人受伤,以及304幢建筑物、12 428辆商品汽车、7 533个集装箱受损,是一起特别重大生产安全责任事故。②

在灾难发生后,不少组织和个人进行了捐款。马云的微博也在那几天炸了锅。他于7月29日更新的微博评论遭到了网友围攻:网友纷纷质疑他为啥不捐?有网友指出,“首富应该捐1个亿”“你不捐款,我再也不淘宝了”等等。

逼捐的问题在演艺界也时有发生。在灾难发生时,许多网友会对捐款少或者没有贡献的明星表示讽刺和抨击。比如,新冠疫情期间,黄晓明和杨颖夫妇开

① 鉴于自由至上主义并不反对政府和国家,自由至上主义并非无政府主义。

② 参见百度百科“‘8·12’天津滨海新区爆炸事故”条目。

始捐款20万元,他们就被网友嘲讽:“对于这对资产上亿的夫妻,二十万未免太少了吧,黄晓明可能是把杨颖买一个包的钱捐出来了吧!”随后,黄晓明和杨颖夫妇又追加了80万元,把金额提升到了100万元,即便如此,还是有一些网友不满意,并不断地指责。

由此引出的问题是,在灾难发生时,面对捐款少甚至是没捐款的个体和(或)企业,社会舆论可以对他们加以指责和批评吗?特别地,我们假设,你是一位求职者,准备去马云的单位求职,参加马云单位的面试,作为面试官的马云问到这一问题,你如何回答?

拒绝道德评价吗?

对于逼捐问题,一种具有代表性的回答是:不可以,因为这是道德绑架!在此方面,有关针对马云的质疑和批评,一位名为“@圈少爷”的网友就在其微博中评论指出:“好可怕的道德绑架……马云的钱又不是偷来抢来的,你只看到别人的成功却没看到别人的努力。捐钱是情分,不捐是本分。圣母的标准从来都是:我穷我有理,你富你买单。”

道德绑架?究竟何谓道德绑架?是我们应该拒绝有关个体行为的道德评价吗?

在此方面,逼捐的反对者可能会争辩说,以道德为规范标准来评判个体行为的是与非不可取(道德绑架的第一种解释)。在持此类观点的论者看来,道德的目的在于个人的修身养性与精神发展,它是个体自身对于善与美的渴望与追求,其存在不同于法律,没有任何的强制性规定。进而,在他们看来,我们不能就个体的行为进行道德的评判:仅有违背法律的行为,社会才能认为它是错误的。换言之,如果一个人的行为在法律所允许的范畴之内(就像“@圈少爷”在评论中所讲到的“没有偷和抢”),其行为就是合理的、正当的,应该被社会所理解并加以接纳。

如果法律是检验个体行为与否的唯一价值尺度和标准,如果遵纪守法是我们所需要承担的唯一责任,那舆论逼捐就不可取:在马云合法经营的前提下,逼捐是道德绑架,是将马云并不需要承担的道德标准强加在马云身上;而如果马云存在非法经营的情况,那相关的批评就批错了地方,因为此时应该批评的是他的非法经营而不是他未捐款。

但问题是,法律是我们唯一需要遵守的规范准则吗?在日常生活过程中,难道我们应该完全拒绝和否定就个体行为进行道德评价吗?如果是这样的话,那是否意味着:除了法律的责任,我们不需要承担任何其他的义务?

个体需要履行何种道德义务?个体履行特定道德义务的程度究竟如何?大家可能会对此有争议和分歧,但如果只强调法律责任而完全否定道德义务,这显然不可取。因为,人类理性的直觉告诉我们:法律责任需要承担,道德义务也需要履行。比如,在食堂就餐、医院就诊时,我们不能随便插队;在公共场合不吵闹、不喧哗等等。进而,基于道德绑架来就逼捐做出回应的论者,他们不应该完全否定个体的道德义务,而是应该以承认个体承担道德义务为基本前提。

个体应该承担一定的道德义务。但尽管如此,从道德绑架角度来就逼捐进行批判的论者还是会争辩说:网络的批评者、键盘侠没有道德强制的权利,因为他们是双标!在此类论者看来,批评他人不捐款、少捐款的个体在逻辑上是不一致的。因为他们所提出的道德标准是针对别人而不是他们自己的:如果他们自己收到了别人的帮助请求,他们会不会慷慨解囊就是一个未知数。

法律规范需要普遍遵守,而道德准则也要求普遍遵从。道德双标只是强调其他个体的道德责任而忽视自己的道德义务,这确实缺乏说服力。但是,道德双标只是意味着批评者自己没有承担应尽的责任,但这并不能作为辩护者为自己开脱责任的依据。一方面,既然辩护者未能切实履行应尽的责任,那责任首先需要承担。另一方面,如果逼捐反对者认为没有捐款的批评者以及自己不愿意承担类似责任的批评者没有逼捐权利,那这是否意味着:已经自愿捐款的个体和(或)愿意承担类似责任的"键盘侠"就有逼捐的权利呢?

道德义务不能强迫?

既然道德义务不容否定,道德绑架的问题不在于赋予个体以道德义务,而应该在于道德评价的其他方面,比如,道德的非强制性。在此方面,反对逼捐的论者可能认为,与法律规范的强制性不同,道德应该是自愿的,不能被强迫。就捐款的问题来说，由于道德的非强制性，即便富人承担更多责任有利于社会总体的幸福，主流舆论也希望富人能捐更多的钱，但我们应该通过平等交流和对话来说服他们，而不应该通过谴责、批评乃至命令来强迫他们遵从主流的观点，否则，就是道德绑架（道德绑架的第二种解释）。

毋庸置疑，法律具有强制性，而道德则具有自愿性。但是，除了强制性，法律也有自愿的部分，从某种意义上说，法律的价值在于公众对于法律规范的自觉遵从：得不到公众内心遵从的法律，其价值要大打折扣。而道德，除了内心的、自愿的服从，它也有外在的、强制的力量：在个体行为与道德规范存在不一致时，社会的舆论往往会从外施加强制的力量，比如，对道德规范违背者投以鄙视的眼光和（或）进行语言上的批评。既然法律和道德都同时具有强制性和自愿性，基于道德的非强制性来定义道德绑架并以此来就逼捐做出回应依旧存在局限：撇开强制的方式不谈，单就规范的遵从而论，强制要求个体遵从他所必须要遵守的道德规范并无不妥。

道德规范具有强制性，但反对逼捐的论者还是有可能回应说，强制要求他人承担捐赠责任的做法依旧不可取，因为基于道德的强制来要求捐款是违法的！《中华人民共和国公益事业捐赠法》第一章第四条明确规定："捐赠应当是自愿和无偿的，禁止强行摊派或者变相摊派。"就这里的问题来说，由于存在批评，部分网友仅凭"马云有钱就该捐款"而对马云进行攻击的行为实属法条所涉及的"变相摊派"范畴。但事实上，我们可以鼓励捐赠，但决不能肆意妄为，挑战法律的底线。

对于给定的法律规则，法律的底线不可突破。与此同时，逼捐也确实具有强制性，与禁止强行摊派或变相摊派的条文相抵触。但逻辑上，以法律不可侵犯来反对逼捐并不可取。毕竟，法律是人为的，它可以调整：法律可以禁止逼捐，也可以鼓励和支持逼捐（当然，此等法律是否合理，我们姑且不论），就像法律强制要求每一公民依法纳税那样。在此方面，全国人大代表、中华慈善总会荣誉副会长周森就曾提出用法律来规定慈善。在与网友在线交流"如何提升慈善公益事业的公信力"时，周森就指出：我们每年有很多大灾大难，有很多贫穷的地方需要帮助，"每个人的工资必须要有一笔钱进行慈善公益，就像现在纳税一样，超过

3 500 元多少税，超过 5 500 元多少税，要按照法律的程序”[①]。

个体没有捐赠责任？

道德绑架的问题不在于赋予个体以道德责任，不在于以道德为标准来对个体行为的是非进行评价，同时，道德绑架的问题也不在于道德规范所具有的强制性。在此情况下，反对逼捐的论者可能寻求道德绑架的第三种解释：将本不应该承担的道德责任强加在特定的个体身上。在此类观点看来，在一般原则方面，个体需要承担道德的责任，但个体所要承担的道德责任是有限度的：一方面，我们不能强制要求个体去承担他们所不应该承担的道德责任；另一方面，对于个体所要承担的道德责任类型，他们所承担的责任是有限度的，道德所强制的义务不应该超出道德责任所应有的限度。

确实，尽管个体负有道德责任，但每一个体所负有的道德责任不是无限的：道德义务的标准不能超越于个体所应该承担的责任范围，更不应该超越于人类能力的范围之外，用圣人的、超人的标准来要求人们是不可取的。毕竟，即便是圣人，也不一定掏钱救助所有存在困难的个体。但问题是，面对滨海新区爆炸事故，网友要求马云捐款，这超出了马云所要承担的道德责任范围吗？特别地，在马云尚未开始捐款的情况下，如果说网友提出的捐款要求超出了马云所要承担的责任范围，那这是否意味着马云对于因爆炸事件而受到影响的民众不负有任何的道德责任和义务呢？

冤有头，债有主。天津滨海新区爆炸事件是由瑞海公司及其相关责任人所引起的，瑞海公司及其相关责任人对于爆炸事件负有赔偿责任。也正因为如此，对于上述问题，一种具有代表性的回答是：滨海新区受爆炸影响的民众确实需要帮助，但马云不需要承担责任，马云对于需要帮助的民众并没有救助的义务，毕竟爆炸事件不是马云所为。

确实，就天津滨海新区爆炸事件而言，承担责任的主体无疑是肇事者：瑞海公司及其相关的责任人。但问题是，在灾难是如此严重，而肇事者自身又无法完

① 人大代表周森：慈善立法呼之欲出[EB/OL]．人民网强国论坛，2013-02-27.

全承担责任的情况下，包括马云在内的其他个体是否有救助的责任呢？或者，为了使得问题更清楚点，我们甚至可以设想如下情形，当时所面对的问题不是危险品爆炸之类的人为事件，而是汶川地震、新冠疫情等天灾，那情况又如何呢？逼捐的批评者是否可以因为灾害并非我们所导致的而否定作为幸运者的我们——马云、黄晓明夫妇以及我们其他人——对不幸者的救助责任呢？

对于这一问题，反对逼捐的论者可能回应说，作为幸运者的马云对于自己所获得的收入具有权利，他对不幸者并不具有救助的责任和义务，否则，这就会否定马云对于他所获得的收入的权利。一方面，马云的钱是通过自己的努力得到的，交税之后，马云对自己的收入有支配权，钱多并不成为必须捐款的理由。另一方面，捐款不是强制的义务，其他人并非马云必须效仿的榜样，选择不捐款是他自己的正当合法权利，别人的做法不应成为要求马云的依据。

一旦我们以马云对于他在市场上所获得的收入具有权利来为反驳舆论逼捐提供依据，由此引出的进一步的问题是：其一，马云为何对于他所获得的收入具有权利？哲学上，我们可以为马云对于其收入的所有权提供应有的论证吗？其二，如果马云对于他在市场上所获得的收入具有权利，那是否意味着：与舆论的道德逼捐一样，政府为收入再分配而强制征税同样不可取、同样是侵犯了马云的权利呢？其三，马云对于其收入的权利，能够为反对道德义务和道德逼捐提供依据和理由吗？

有关个体对于他们在市场上所获得的收入具有所有权的问题，以诺奇克为代表的自由至上主义的资格理论对此进行了论证。以此为基础，诺奇克强烈反对现代国家普遍实施的强制性的收入再分配政策，在他看来，基于税收的收入再分配侵犯了个体的权利。当然，在收入分配方面，曼德维尔与斯宾塞等论者也反对《济贫法》等救助穷人的方案。在他们看来，救助方案不利于激励穷人、妨碍社会进步。既然如此，那相关的论证具体是如何进行的？它们能成功地对个体的权利进行辩护吗？相关的论证能彻底反驳政府的收入再分配政策吗？

理论上，个体是否应该承担救助的道德义务，舆论逼捐是否合理，这依赖于相关的论证是否可取。鉴于此，为了就问题做出回答，我们需要回答几个一般性的理论问题：其一，个体对自己在市场上所获得的收入具有权利吗？政府所进行的收入再分配是否侵犯了个体的权利？其二，为激励穷人而禁止收入的再分配，这在理论上成立吗？其三，社会进步要求禁止收入再分配、将无法为自己提供生存保障的有缺陷者彻底淘汰吗？

6.2 资格理论：应禁止再分配？

诺奇克（1938—2002），哈佛大学教授，20世纪杰出的哲学家和思想家，他是自由至上主义的代表性人物，其代表作有《无政府、国家和乌托邦》等。在《无政府、国家和乌托邦》一书中，他提出了著名的“最小国家（Minimal State）观”。在诺奇克看来，能够得到证明的、最好的国家是“最小国家”抑或“守夜人国家”：政府的职责仅在于“保护人们免于暴力、偷窃、欺诈以及强制履行契约”[①]，政府进行收入再分配、提供社会福利是不正义的，因为，个体在市场上所获得的收入是自己的权利，而政府为再分配而实施的强制性征税侵犯了个体的权利。

资格理论的理论论证

个体为何对于他们在市场上所获得的收入具有权利，诺奇克提供了具有相关性但又存在不同的两种论证：一是过程抑或规则决定结果的直觉论证；二是以自我所有权为前提条件的、基于选择而具有所有权的哲学论证。

首先，在直觉论证方面，诺奇克有关持有正义的一般纲领认为：

> 如果一个人根据获取和转让正义原则或者根据不正义的矫正原则（由前两个正义原则所规定的）对其持有是有资格的，那么他的持有就是正义的。[②]

也就是说，在收入分配方面，如果最初的分配是公平的（满足获取正义原则），没有历史上的原罪问题，而决定结果的竞争过程也公平合理，个体所获得的收入是基于市场的自由转让过程形成的（满足转让正义原则），那收入分配的结

① 诺奇克. 无政府、国家和乌托邦[M]. 北京：中国社会科学出版社，2008：前言 1.

② 诺奇克. 无政府、国家和乌托邦[M]. 北京：中国社会科学出版社，2008：183.

果就是公平的、正义的：每一个体所获得的收入就是他们自己的权利。既然是权利，政府所进行的强制性的收入再分配就不合理，这会侵犯个体的权利。

为了增加对于上述论证的直观理解，诺奇克虚构了一个名为张伯伦的篮球明星，并以他为例子来对论证加以说明：

(1)假设社会的初始分配 D1 是正义的。

(2)在该社会中，有篮球明星张伯伦，有喜欢看他打球的球迷，也有其他的人。球迷通过购买门票去看张伯伦打球，将一部分收入从自己的口袋里转移到张伯伦的收入账户中。

(3)收入的自愿转移过程使得社会的收入分配状态从原来的 D1 转变成 D2。①

直观上看，在初始分配 D1 公正的前提预设下，收入分配状态 D2 也应该是公正的：一方面，球迷和张伯伦之间的收入分配状况的变化不是强制的，完全建立在个体间自愿转移的基础之上；另一方面，对于其他个体，他们在 D1 和 D2 中所获得的收入份额相同，他们所占有的分配份额并未因为球迷和张伯伦之间所发生的收入转移而发生任何的改变。

其次，在哲学论证方面，诺奇克以自我所有权为前提、将个体对于收入的权利建立在自由选择的基础之上。其论证过程如下：

前提：自我所有权。我拥有自身→

推论 1：我拥有自己的劳动力。如果政府能够强迫我为它工作，那它在本质上就对我拥有一种所有权，我就成为他人的奴隶→

推论 2：我对于我的劳动产品有资格和权利。否则，他人就拥有我的劳动并因此而拥有我→

推论 3(结论)：不能向我强制性征税并进行转移。因为向劳动所得征税等同于强迫人们劳动。②

---

① 诺奇克．无政府、国家和乌托邦[M]．北京：中国社会科学出版社，2008：192－194.

② 诺奇克．无政府、国家和乌托邦[M]．北京：中国社会科学出版社，2008：202－203.

论证的合理性及其意义

由于收入分配的公平、正义涉及的是隐藏在分配结果背后的“关联结构”而不是单纯的收入分配结果，而收入分配结果的“关联结构”又是由决定结果的分配规则所决定的，资格理论的直觉论证强调规则对于分配结果的决定性作用，这完全可取。与此同时，收入分配的正义原则在整体上只可能是历史的而非即时性的(Current Time-Slice Principle)：收入如何分配才公平正义，必然要考虑收入的形成过程，其他方面的决定因素是否需要考虑我们姑且不论。进而，在收入的公平分配方面，资格理论的直觉论证考虑收入的来源及其形成过程完全合理。离开收入的形成过程，我们不可能外生地去确定所谓的公平分配结果。

另外，在哲学论证方面，在公正的规则下，个体对于其选择的结果确实具有权利(同时也承担了相应的风险)：其一，是绝对的权利，收入是“我”通过自己的努力获得的，那“我”对收入就具有所有权；其二，是相对的权利，即便“我”对于自己所获得的收入不具有绝对的权利，那“我”至少相比其他个体对于“我”所获得的收入更具有权利；其三，如果有个体对于“我”所获得的收入提出质疑，认为“我”所占有的收入太多，那问题并不在于“我”对自己所获得的收入具有所有权，而在于质疑者本身，因为质疑者他自己完全可以通过努力去增加自己的收入。

针对资格理论及其论证，学术界有诸多的批评。比如，税收不像强迫劳动那样糟糕；作为民主国家的公民，税收的征收已经获得了相关个体的同意；富人很幸运[①]等。但实际上，诸多的批评其实是无关宏旨的：税收的征收确实与强迫劳动存在一定的差异，但问题的关键不在于强迫的差异，而在于强迫本身是否合理；而税法制定时的个体同意问题，问题的关键不在于个体同意征税情况下税收征收的合理性，而在于如果个体不同意征税，国家是否有强制征税的权力；至于富人很幸运的问题，问题的关键不在于在规则的制定阶段事先考虑幸运因素，而在于在规则的执行阶段，我们是否可以违背规则而对幸运的个体进行事后的歧视和惩罚。

---

① 参见桑德尔．公正：该如何做是好？［M］．北京：中信出版社，2012：73－76．

其实,也正是因为过程、规则及个体在规则中的自由选择对于收入公平分配所具有的决定性作用,资格理论具有非常重要的价值和意义:资格理论彻底改变了收入分配理论研究和政策实践的基本方向,它促使人们将问题的关注点从原先的关注收入分配结果直接转移到关注决定结果的分配过程、程序及其规则上来。在此方面,布坎南有关收入公平分配的契约主义观点就认为"注意的焦点应该是先于市场过程本身的权利和所有权分配,而不是社会产品的最终分配"。①

论证的局限性及其含义

但是,强调资格理论的合理性,这并不等于资格理论有关个体权利、反对收入再分配的论证已经取得了彻底的成功。

一方面,在直觉论证方面,资格理论在逻辑上并不能从过程、规则对于结果的决定性作用而直接推导出禁止收入再分配的结论。因为收入再分配有两种可能的方式:其一,是政治分配,即在收入形成之后的肆意的政治调整;其二,立宪分配,是在收入形成之前、基于事先设立的规则来进行调整。② 逻辑上,过程及其规则对收入分配结果的决定性作用只是否定了政治分配而并不反对立宪分配:如果公平的分配规则要求将张伯伦的收入向贫困的残障者进行转移,那按照规则就结果进行调整并不侵犯张伯伦的权利,相反,这是在维护贫困者的权利。

另一方面,在哲学论证方面,资格理论将个体对于收入的所有权建立在自我所有权的基础之上,这其实是削弱了论证的力量。因为,个体获得收入一方面要依靠于自己的选择及其努力,另一方面要依靠外部的资源,如参与社会合作与利用土地等自然资源。理论上,如果诺奇克将其论证建立在自我所有权的基础上,那个体对于收入具有权利,不仅需要"我拥有我自己",同时也需要"我拥有我所使用的资源"。否则,资格理论的批评者就可能以此来就资格理论进行批评。③事实上,个体对于收入具有权利,并不需要依赖于个体自我所有权这一前提,只要以公正规则作为前提条件就足够了。

---

① 布坎南. 自由、市场与国家——80年代的政治经济学[M]. 上海:上海三联书店,1989:178.

② 参见布坎南. 自由、市场与国家——80年代的政治经济学[M]. 上海:上海三联书店,1989:191—200.

③ 金里卡. 当代政治哲学[M]. 上海:上海译文出版社,2015:143.

当然,资格理论的论证存在局限,这并不直接意味着资格理论的结论不成立:如果公平的收入分配规则确实拒绝收入的再分配,那在公正的规则下,个体基于选择而获得的收入就是自己的权利,而政府所采取的强制性的收入再分配则侵犯了个体的权利。但问题是,公平的收入分配规则是那种彻底拒绝收入再分配的规则类型吗?在此方面,尽管资格理论强调了过程与规则的决定性作用,但诺奇克并没有就公平规则的具体结构进行确定:资格理论并没有提供确定评价规则公平与否的一般理论方法,没有就何种规则是公平规则的问题做进一步分析,这使得资格理论否定收入再分配的结论缺乏基本的前提依据。

当然,从诺奇克完全反对政府收入再分配的自由至上主义立场来看,资格理论所理解和支持的公平收入分配规则可以被认为是纯粹的市场分配规则。但问题是,诺奇克基于获取正义原则和转让正义原则而将收入分配的目标规范与自由市场规则相等同的论点是有逻辑局限的:在收入分配规则的可能性集合内,可供选择的规则有无数种可能的类型,那为何公平的收入分配规则就是纯粹的市场规则呢?理论上,如果公平的分配规则是纯市场规则,我们需要就市场规则的公平性做出理论论证与伦理辩护。但令人遗憾的是,由于缺乏判别规则合理与否的原则和方法,诺奇克的资格理论只是先验地认可了市场规则的公平性而未能就其公正的逻辑给予应有的理论论证。

如果公平的收入分配确实是拒绝收入再分配的市场规则,那理论论证的缺乏并不影响资格理论结论的正确性。但事实上,诺奇克彻底反对收入再分配的结论与人类理性的直觉相冲突。因为直觉告诉我们,当没有谋生能力的残障者处于饥饿的边缘时,我们可以向张伯伦征税以避免残障者挨饿受冻。[①] 其实,也正是因为资格理论完全拒绝再分配,这在很大程度上削弱了其论点的力量。在此方面,布坎南评价指出:

“自由主义批评家们应该把他们对收入和财富转让的抨击集中到民主决策结构的未经许可的运用上来。如果一个开放社会的政府成为在公民中实行财富任意转让的一项工具,这个开放社会便不能继续生存下去。另一方面,当自由主

① 金里卡.当代政治哲学[M].上海:上海译文出版社,2015:137.

义者反对那种促进前市场状况的大体平等，并以此来消除后市场分配的不平整边缘的真正立宪整顿或结构整顿时，他们走得太远了，并削弱了他们自己论点的力量。”①

6.3 为激励穷人而禁止再分配？

一般地，收入再分配是收入从富人向穷人的转移。从权利维护的角度来反对政府进行收入再分配，从某种意义上来说，这可以理解为维护富人的权利而反对收入再分配，它是从富人利益的角度进行论证的，尽管资格理论同样也保护穷人对于其收入的所有权。与此不同，约瑟夫·汤森和伯纳德·曼德维尔(Bernard Mandeville，1670—1733)②等人则基于激励穷人的考虑而反对为穷人提供救济、呼吁取消《济贫法》。在他们看来，穷人有内在劣根性，本质上是“懒惰和恶毒的”，饥饿有助于促使穷人努力工作。③

过度再分配的局限性

从激励穷人的角度来反对收入的再分配，它有一定的合理性，这对于过度的、无原则的收入再分配尤为如此：

其一，过度的、无原则的救济会降低低收入者努力获取收入的积极性，这会导致对人性弱点的纵容、放纵，使得他们丧失发展自己能力、维护人格尊严的机会。在此方面，短文《人又少了一个》的主人公为我们提供了一个典型的例子：

三年前，也是冬天。一个骨瘦如柴的女人来到我家门前。

她头发蓬乱，脸色苍黄，穿着一件空荡荡的破旧花棉袄和一条褪色的灰布裤

① 参见布坎南. 自由、市场与国家——80年代的政治经济学[M]. 上海：上海三联书店，1989：199—200.

② 曼德维尔，英国古典经济学家、哲学家，18世纪道德哲学的主要贡献者之一，其代表作有《蜜蜂的寓言》与《道德的起源》等。曼德维尔认为个体对自身利益的追求可能会推进整个社会的福利。

③ 参见弗莱施哈克尔. 分配正义简史[M]. 南京：译林出版社，2010：116—117.

子，手中提着一个白布口袋。她轻轻推开我家虚掩的大门，缩缩瑟瑟地探进头来。我正站在窗口。

“太太，我不是叫花子，我只是要点米，我的孩子饿得直哭！”她没等我回答，就自我介绍下去：“我也是大学毕业的。你看。”她抖着手从内衣口袋中掏出身份证来，“这上面都写着的，这是我以前的照片！”

由于好奇，我接过她的身份证。那是一个富态的中年女子的照片：光亮细碎的发鬈，整整齐齐地贴在头上，淡淡的双眉，弯在那一双满足的眼睛之上，衣襟上还盘着一个蝴蝶花扣。

我端详着那照片的时候，她就一个人絮絮叨叨地讲了下去：“我先生坐了牢，我就一个人带着四个孩子，饱一天，饿一天。我替人洗衣服，付了房钱，喝稀饭都不够！孩子们饿得抱着我哭，我只有厚着脸皮出来讨点米。我只要米，不要钱，我不是叫花子，我是凭一双手吃饭的人！太太！唉！我真不好意思，我开不了口，我走了好几家，都说不出口，又退出来了！我怎么到了这一天！”她撩起衣角来拭眼泪。

我将她的口袋装满一袋米。她抖动着两片龟裂的嘴唇说道：“这怎么好意思？您给我这么多！这怎么好意思！谢谢，太太，我不晓得怎么说才好，我——我直想哭！”她淌着泪背着一袋米走了。

三年后的今天，我又看见了那个女人。她正站在巷口一家人家门前，我打那儿经过。她皱缩得更干更小了！佝偻着背，靠在门框上，脸上已经没有三年前那种羞怯的神情了。咧着一嘴黄牙，阴森森地笑着，用一种熟练的讨乞声调高声叫道：“太太，做做好事，赏一点吧！太太，做做好事，赏一点吧！”只听得门内当啷一响，是金属落地的声音，接着是一声吆喝：“一角钱拿去！走，走，谁叫你进来的？你这个女人，原来还自己洗洗衣服赚钱，现在连衣服也不洗了，还是讨来的方便！”

那女人笑嘻嘻的：“再赏一点吧，太太，一角钱买个烧饼都不够！”“咦，哪有讨饭的还讨价还价的？走，走，在这里哼哼唧唧的，成什么样子？”那女人的嘴笑得更开了：“再给我一点就走，免得我把您地方站脏了，再多给一点！”

“呯”的一声，大门被踢上了。那女人回过头来，冷笑了一声，然后漠然望了我一眼，她已经不认得我了！[①]

其二，无原则的救济没有尊重穷人的能力，从某种意义上说，是对穷人的不尊重。因为每一个体都有自己的生存潜能，在绝大多数情况下，个体都可以依靠自己的能力来为自己谋取生活的空间。现在，如果社会对于个体的救助是无原则的，这事实上就意味着社会将被救助的个体视为一个婴儿，一个缺乏依靠自身能力来谋取生活的婴儿。

其三，其实，也正是鉴于个体具有为自己谋取生活的能力，相比无原则的单向的收入转移，基于个体自己的努力和劳动来获取收入更合理、更能够获得人们的支持。在此方面，网络微博上曾有一份美籍华人用以阐述美国民主党和共和党价值分歧的小故事，而这个故事就涉及如何解决贫困方式的问题：是靠自己的劳动还是靠外界无原则的单向转移。

我有一个邻居，夫妻俩都是民主党的支持者，他们有一个10岁的小女儿，很可爱。

一天，邻居和我在路边闲聊，劝我投票给民主党。小女孩说长大要加入民主党，竞选总统。

我问她：当上总统干什么呢？

她说：给那些穷人发钱，资助他们，一个月50美元。

邻居夫妻听了小女孩的话，脸上露出了欣慰的笑容。

我说：太好了，你真是一位善良的好女孩。正好，我的院子需要清扫，你来打工吧，我给你一个月50美元。然后你就可以把钱转送给穷人了。

她想了想问：为什么不请穷人来给你打工，直接赚这50美元呢？

我说：恭喜你，欢迎加入共和党。

小女孩，若有所思。她的父母赶紧将她拉走，再也没在我面前提投票给民主党的事了。[②]

---

① 聂华苓.人，又少了一个[J].读者，2005(4).

② 美国的民主党与共和党究竟有何区别，一个美籍华人用亲身经历告诉你[EB/OL].搜狐网，2020-08-01.

再分配的必要性

但是，收入再分配所存在的问题所针对的主要是过度的、无原则的转移。如果我们基于激励穷人与给予穷人以尊重等原因而完全反对再分配，那显然不可取。

其一，在诸多场合，个体之所以生存陷入困境，并不是他们不努力，而是他们缺乏施展自己潜能的机会和空间，激励穷人不能成为反对收入再分配的充分理由。

其二，受各种偶然性和随机性因素的影响，社会总是有个体的生存维持存在困难，这使得个体潜能的发挥受阻，甚至可能威胁个体的生存，比如短文中那位乞讨的女性。对于偶然的变故，如果我们说不救助是为了尊重穷人，那显然是可笑的。因为，直觉告诉我们，此时的拒绝不是尊重而是冷漠。

其实，也正是因为特定情境下救助的必要性，休谟并不支持财产占有上的绝对个人所有权。在《人类理解研究》中，休谟指出：

"当社会因为极端的必需品缺乏即将要消失的地方……每个人都可能通过人类谨慎所指导的、人性允许的所有手段为自己提供东西。即使在不那么紧急的情况下，公众也可以在没有所有权人同意的时候打开粮仓。"①

与休谟的观点相似，在《法学演讲录》中，斯密指出：

"一个被普遍遵守的规则是，如果人家不愿意，就不能强迫任何人卖掉财产。但是在紧急时刻，人们将突破所有法律。在饥荒经常出现的时候，他们将打开粮仓迫使所有者按他们认为合理的价格出售。"②

---

① 转引自弗莱施哈克尔.分配正义简史[M].南京：译林出版社，2010：44.

② 转引自弗莱施哈克尔.分配正义简史[M].南京：译林出版社，2010：46.

6.4 为社会进步而禁止再分配?

除了从维护富人权利、激励穷人这两个角度所做的论证,也有论者从社会进化的角度反对收入再分配,比如赫伯特·斯宾塞(1820—1903)。[①] 斯宾塞是社会进化论和社会有机体论的早期代表性人物,是"社会达尔文主义之父"。早在达尔文的《物种起源》发表之前就提出了社会进化的思想,把进化理论"适者生存"的观念应用在社会学上尤其是教育及阶级斗争方面。斯宾塞认为:

"有缺陷者的存在是大自然的失误,一旦出现这样的情况,按大自然的法则,就应该召回。"

"就像疾病和干旱清除其他低劣动物物种一样……在'自然秩序'下,社会将'不断清除患病者、弱智者、迟钝者、动摇者、背叛者',而国家救济穷人恰恰'阻碍了净化过程'。"

"大自然为什么要努力清除这些人呢?因为要给世界腾地方,让更优秀的人生存。"[②]

应该说,斯宾塞从社会发展、进化的角度来对其观点进行论证,这没有什么问题:合理的收入再分配确实应该有助于社会的发展进步。但问题是,社会的发展和进步是否如斯宾塞所言,需要完全拒绝济贫和收入再分配,以将穷人和有缺陷的个体无情地淘汰?实际情况并非如此。这里面有几个方面的问题:

---

① 斯宾塞是英国哲学家、社会学家,他将认识论、形而上学、伦理学、政治学、宗教哲学组合成一个综合的体系,其代表作有《社会静力说》等。斯宾塞的信徒遍布欧洲和美国各地并在信徒中享有很高的威望。其中一个信徒甚至评价道:"在我看来,斯宾塞不仅是我们时代最深刻的思想家,而且是有史以来思想最开放、影响力最大的思想家。亚里士多德和他的老师超越他们之前的侏儒,就像斯宾塞超越了亚里士多德一样。康德、黑格尔、费希特和谢林都是在他身边的黑暗中摸索的人。在整个科学史上,只有一个人的名字可以和他相提并论,那就是牛顿。"转引自弗莱施哈克尔.分配正义简史[M].南京:译林出版社,2010:120.

② 转引自弗莱施哈克尔.分配正义简史[M].南京:译林出版社,2010:121.当然,由于他并不反对私人慈善,斯宾塞的观点存在矛盾和冲突之处。

其一,是对社会的理解:何谓社会?穷人、有缺陷的个体是否属于社会的一部分?如果他们也是社会的一部分,那将他们彻底淘汰,这对他们以及他们的社会还算是进步吗?斯宾塞之所以主张将穷人和有缺陷者淘汰,从某种意义上是将社会理解为超越个体并独立于之上的外在组织。但事实上,恰如边沁所言:"共同体是个虚构体,由那些被认为可以说构成其成员的个人组成"①,作为共同体的社会并非超越于个体之外的某个外在的、独立的组织。

其二,对穷人、有缺陷者潜能的判断:穷人、有缺陷者对社会是累赘吗?主张将穷人和有缺陷者淘汰,其前提假设是,穷人、有缺陷者对社会,或者说对其他人是累赘,他们在社会上无法自立而生存。但事实上,每一个体都有自己的潜能,他们都可以依靠自己的能力来为自己谋取生存的空间。他们之所以面临生存的困境,在绝大多数场合,不是他们没有能力,而往往是社会未能给予他们潜能发展的条件和机会。

其三,对社会进步的理解:何谓进步?何谓社会的进步?社会的进步是淘汰所谓"有缺陷"的人还是淘汰有缺陷的制度?社会进化论主张淘汰弱势群体,他们所要淘汰的是人。但事实上,社会是由个体组成的团体,社会的差异、好坏往往不在于组成社会的个体,而在于将个体组合在一起的制度规则,社会的进化体现为制度规则的进化。特别地,公平正义是社会制度的首要价值,制度的进步体现在制度的公平性、正义性。收入分配规则的进化不是将因偶然性因素而陷入困境的穷人、弱势群体无情地淘汰掉,而是要给予弱势群体合理的救助:对弱势群体的保护程度体现了社会文明的进化水平。

6.5 救助:靠道德还是靠法律?

既然个体对于收入的占有权利要以分配规则公平、正义为前提,而公平的规则又对我们提出了救助穷人的责任和义务,那基于马云对于他所获得的收入具

① 边沁.道德与立法原理导论[M].北京:商务印书馆,2009:58.

有权利来反对逼捐同样存在局限。反过来,既然幸运者有救助不幸者的责任和义务,这是否意味着网友的逼捐行为就正当、合理呢?

应该说,如果赋予个体以道德责任是化解问题的唯一方式,强制幸运者去救助那些陷入困境中的人们,这完全在道德的诉求之内。但是,对不幸者的救助,除了道德义务之外,还有其他的方式,比如基于法律强制的"税收征收—支出转移"方案。现在,如果救助责任的履行应该基于政治强制的法律机制来解决,而幸运者也已经依法纳税、按照法律的方式履行了自己的义务,社会就没有进一步强制施加其他义务的理由,否则这就赋予幸运者超出其责任的义务范围。

既然如此,面对各种可能的困境,社会救助的合理方式是什么?究竟是要依靠道德还是依靠法律?一般地,当个体陷入困境时,问题的解决有多种可能形式,包括:(1)市场交易方案,即通过市场交易、通过支付报酬的方式请求同胞的帮助;(2)法律强制方案,即通过政治交易,基于"税收—支出"机制,依赖于政府的力量来解决所面临的问题;(3)道德责任方案,即在道德上赋予幸运者救助不幸者的救助义务;(4)慈善捐赠方案,即社会通过自发的慈善捐款来帮助不幸者走出困境。鉴于此,为了更充分地理解问题的实质,下面将救助究竟是依靠道德还是依靠法律的问题放在更一般的理论框架——个体困难得以化解的一般原则和具体方式选择——中来讨论。

困境化解的一般分析框架

在一般理论层面,与上述解决方式的多样性相对应,问题解决方式的选择涉及多个层面的公正问题:(1)是靠自己还是靠他人?市场交易方案尽管需要依赖同胞的帮助,但在请求他人帮助的同时,受惠者需要支付报酬,此种解决方式其实还是靠自己,由自己来支付相关成本,而法律强制方案、道德责任方案与慈善捐赠方案则依赖于其他人的无偿帮助;(2)在依靠其他个体来化解困境的情况下,究竟是依赖于强制的机制还是自愿的机制?其中,法律强制与道德责任都包含强制,尽管它们强制的程度和性质存在差别,而慈善捐赠则完全是依赖于其他个体的自愿;(3)对于需要依赖强制力量来解决的困境问题,究竟是选择法律强制还是道德强制?

首先，关于第一个层次的问题，面对困境，问题的解决究竟是靠自己还是他人？哈尔滨“收费推车”所引发的伦理争议在很大程度上就事关这一方面的问题：

2013年11月18日，哈尔滨降下暴雪，一些道路严重积雪，许多车辆被“误”在雪中，一些人趁机发“雪财”。在工农大街上，由于坡路雪多，车辆打滑，几名守在这里的人以20元至50元不等的价格收费推车，市民们说他们这是“趁雪打劫”。

很快，一项据此设计的社会调查出现在某门户网站的首页上：你怎么看待哈尔滨暴雪中的收费推车？

然而，与大众的观感及新闻所流露出来的“趁雪打劫”的评价有异。对这种行为，七成以上的网友选择了默默点“赞”：“支持，只是自发的市场行为。”

见到这样的投票结果，不少人显得很不淡定。一位微博实名认证为电脑公司工程师的网友带着浓厚的讽刺意味说道：“以牺牲人文精神和文明为前提，大力发展经济，很有必要！”还有人恨铁不成钢地上升到了民族性的高度：“中国人为什么总在自己人有困难的时候，不是伸出援助的手，而是伸出一只想赚钱的手呢？”

另一方面，赞成收费推车的网友也不服气：“双赢有什么不好？中国人就是被太强的道德观念误导了！”①

如何评价推车收费的行为？这究竟是“趁雪打劫”还是“雪中送炭”？在这里，就反对推车收费的论者来说，他们在某种意义上把推车收费理解为“趁雪打劫”。在他们看来，推车收费其实是利用人家的困境来发财，这是不正当的。此等行为与趁火打劫、公路上拉蔬菜与拉鸡蛋的货车半路抛锚遭民众哄抢等行为无异。与此不同，在收费推车的支持者看来，在如此寒冷的冬天，推车者施以援手，帮行车者走出困境，这简直就是“雪中送炭”。不同个体的评价之所以出现反差，这与他们所认可的解决问题的恰当方式存在差异有关：支持推车收费的论者

---

① 黄昉苨．收费推车：“趁雪打劫”还是“雪中送炭”？[N]．中国青年报，2013-11-20．

认可市场的解决方式，困境的化解虽然需要同胞帮助，但责任最终还是需要自己来承担；而反对推车收费的论者则意味着推车的责任在其他的人。

其次，关于第二个层面的问题，如果困境的化解需要依赖其他个体，那问题的解决究竟是依赖外在强制还是依靠个体自愿？在此方面，康德与斯宾塞在济贫方式选择上所存在的观点分歧为我们提供了一个比较典型的例子。在贫困救济方面，康德主张依赖于政府而反对慈善救助。康德明确提出，救济穷人是国家的义务而不是个人的责任。在康德看来，国家救济比私人慈善有道德优势。康德注意到：给人施舍在"抬高了施舍者的骄傲"的同时"贬低"了接受者，富人赠予穷人物品的私人关系是道德的堕落，进而，他期待国家提供让穷人和富人相互尊重的形式："最好去看看穷人是否有获得帮助的其他方法，而不是以遭到贬低的方式接受施舍。"①

与康德的观点恰好相左，斯宾塞则完全否定国家救济而主张私人自愿的慈善捐赠。在他看来，强制性的救济污染了同情心并对救助双方都带来不好的影响：

"诗人说：'慈悲(同情心)的质量是不受污染的。'……'它给予慈善者祝福，也给予接受者祝福。'但是，济贫法让二者②都遭受祸害。一方不满意和挥霍，另一方常常抱怨，不断重新品尝痛苦……在提到收税人的名字时，看纳税人的表情。你看不到他们想到可以给别人带来幸福而在眼睛中表现出来的光彩，没有用柔和的声音讲述出来的深情，没有，什么都没有。相反，你能看到的是难看的脸色、紧皱的眉头，习惯性的自然表情一下子突然消失，缓慢地从口袋中拿出钱包，用最低限度的礼貌打发走收税员后，再过一会儿，他脸上的表情才会恢复原状。"③

最后，关于第三个层次的问题，对于需要依赖强制力量来解决的问题，究竟是依赖法律还是道德？比如，法律强制人们经常回家看望父母是否是合适的问

① 参见弗莱施哈克尔. 分配正义简史[M]. 南京：译林出版社，2010：99.

② 即慈善者(纳税人)和接受者(被救济者)。

③ 转引自弗莱施哈克尔. 分配正义简史[M]. 南京：译林出版社，2010：123.

题。2013年7月1日起实施的《老年人权益保障法》第十八条规定:"家庭成员应当关心老年人的精神需求,不得忽视、冷落老年人。与老年人分开居住的家庭成员,应当经常看望或者问候老年人。"法律之所以如此规定,这有其特定的背景和原因:一方面,是人口的老龄化。中国人口老龄化问题正随着人口寿命的增长和独生子女政策而日趋严重,不断增加的赡养老年人的义务传到了不断减少的在职人群身上。另一方面,是社会上所存在的子女不孝乃至虐待老人的现象。媒体中不断出现关于子女拒绝赡养老人义务的案例,而在江苏,一位儿子甚至强迫自己年已九十的母亲在猪圈住了两年。

但是,法律一出台,上述规定就遭到了批评。因为,舆论对法条的解读是,不常回家看望父母违法,可能面临起诉。在批评者看来,法律的愿景、初衷可以理解,但法律的强制并不合适。主要有三方面的原因:

其一,不回家看望父母有可能事出有因、情有可原。批评者指出:谁不想经常在家陪父母?可是,吃低保的钱能养活自己和家人吗?独生子女如何兼顾四个老人?一位网民就这样表达自己看到这条法律的感受:这相当于把你的嘴缝上,然后对你说,你怎么不吃东西?再不吃东西我就打烂你的嘴!嘴都被缝上了还怎么吃?你以为我不想吃吗?

其二,法律惩戒的局限性。对于那些故意忽视父母的子女,法律惩戒的标准难以具体制定。什么叫"常回家"?回家的周期和频率需要多少才算?一周一次?还是一月、一个季度一次?在网络时代,看望父母也可能通过网络视频的方式,这是否算?

其三,是法律惩戒的意义。在批评者看来,看望父母应该更多靠道德而不是法律:法律是保卫底线的,不能用来替代道德,法律保障不了感情。另外,感情也不是理性说教能产生的,感情源自爱,而不是强迫。

困境化解的原则和思路

理论上,既然问题的解决涉及三个层面的问题,那相关问题得以合理解决的方法究竟如何呢?我们能够确定问题得以解决的基本原则和思路吗?

首先,有关依赖于自己还是他人的问题,一般来说,个体有能力自己解决的问题，由个体自己承担责任、支付成本，通过市场交易的方式来解决，发挥市场的决定性作用。之所以如此，道理很简单：其一，自己的事情由自己来解决最合理，因为“我”是自己问题承担的第一责任主体。其二，市场交易过程是一个经过双方同意的过程，对双方都有利。就推车收费问题来说，这与趁火打劫、公路上拉蔬菜和拉鸡蛋的货车半路抛锚遭民众哄抢等行为完全不同，此行为是市场行为，类似于火车站的红帽子与其他市场交易行为。其三，如果道德泛化，这其实是将自己所要承担的责任转嫁给其他个体。其实，现实生活中，我们所需要的食物、衣服与其他的生活服务，都是建立在自我承担责任的基础上：当我们面对困难、需要相关的服务时，我们首先所考虑的不是要求我们的同胞给予我们施舍，而是将我们的劳动产品去与同胞进行交换。

其次，在需要依赖外界帮助的情况下，究竟是靠强制还是自愿？原则上来说，能够确定其他主体责任范围的，就通过制度、依赖强制的力量。比如济贫问题。正如康德所言，在济贫方面，政府救助相比私人慈善有优势，这不仅是管理方面的，同时也是道德方面的。一方面，在管理方面，政府更能够做到统一管理，避免救济中所存在的漏洞；另一方面，在道德方面，政府救济相比私人救济更能尊重被救济者的尊严。毕竟，救助不是简单的单方面转移，而要考虑被救助者的尊严：

入冬时，陈太太带着孩子去纽约与先生团聚，并把孩子送进了一所公立学校念书。

纽约的冬天总是冷极了，暴风雪几乎是家常便饭。有时几尺厚的积雪使部分公司和商家不得不暂时歇业，可是公立小学却依旧照常开课。接送小学生的公车艰难地爬行在风雪路上，按时将孩子们接来送往。

陈太太像许多家长一样，对校方的这种做法很不理解：有必要非得在这样恶劣的天气里让孩子们去学校吗？她忍不住打电话给学校，打算向校方提出听课的建议。待陈太太说明原委后，校方的答复却令她感动良久：“正如您所知，纽约是富人的天堂，穷人的地狱。不少穷人家庭冬天甚至用不起暖气，把那些孩子接到学校来上学，他们不仅能拥有一整天的温暖，还能在学校里享受到免费的营养午餐!”

感动之余,陈太太灵机一动,自认为想出一个两全其美的法子。她又打了一个电话:“为什么不在有暴风雪时,让家庭条件好的孩子们待在温暖的家里,只接送那些贫穷家庭的小孩子去学校呢?”

这一次,校方的回答不仅令陈太太热泪盈眶,而且终生难忘。校方回答说:“施恩的最高境界应该是保持人的尊严。我们不能在帮助那些贫穷孩子的同时,践踏他们的自尊。”①

在上面的故事中,统一管理比单独救助更能够保护穷人孩子的自尊。而就这里的问题来说,相比私人慈善而言,国家从法律上进行管理,这能够降低被救助者的自卑感。至于斯宾塞所说的纳税人的抵触、不情愿问题,只要我们认为救济穷人是每一个体的义务,它们并不能成为反对政府立法的理由。相反,个体的不情愿恰好说明了法律强制的必要性。

最后,在法律与道德的选择上,能够用法律确定的就基于法律来规定,法律无法明确规定的交由道德的伦理自律。而对于无法明确规定的问题,比如回家看父母的问题,强制规定就不可取。人大立法者如果仅仅追求“有法可依”,而不追求“有法必依、执法必严、违法必究”,则法律毫无威严,草纸法律会愈来愈多。

这也就意味着,对于市场机制、政府机制与社会机制,它们存在一个优先性的排序:先市场、再政府,最后是道德。当然,这只是一般的原则,由于每个人都可能面对困难,都需要其他人的帮助,金钱至上,会造成对道德的侵蚀,造成人际间的冷漠。同时,市场、法律和道德也不是彼此独立的,道德的运作也需要法律支持。比如“扶人困局”的化解。有学者从 2004 年至 2015 年 10 月的媒体公开报道中,梳理出 149 起因“扶人”而引发争议的案件。数据表明:

在这些案件中,80%左右的案件真相最终被查明。其中冒充好人的撞人者有 32 例,诬陷扶人者 84 例。……随着摄像头等设备的普及,真相查明率已超过九成。但在上述 84 例被扶者恩将仇报的案例中,仅有 1 例受到了拘留的处罚,

① 姜莉.施恩的最高境界[J].读者,2009(21).

但因违法者已满70周岁，依法决定不予执行。①

事实上，也正是缺乏有力的法律保障，扶人困局并未得到彻底的解决，使得帮助者在救助时心有顾忌，最终使得许多受困者得不到应有的救助。

6.6 小结：自由至上主义观点

在收入的公平分配方面，与均等主义和功利主义(尤其是结果功利主义)等关注分配的结果不同，诺奇克的资格理论强调的是决定结果的过程和规则。鉴于公平、正义涉及的是体现结果和相关决定因素相互关系的公平的“关联结构”而非单纯的结果，而分配结果所蕴含的“关联结构”又是由决定结果的规则所决定和体现的，自由至上主义的资格理论强调过程和规则完全合理，并对于收入分配的理论研究和现实实践具有非常重要的价值和意义：它直接将我们关注的焦点从关注结果转向关注规则和过程。就我们国家的收入分配问题来说，收入确实有差距，这不仅是个体层面的，同时也是地区层面的。而对于收入分配，社会也有各种各样的意见。但是，问题的关键并不在于收入的差异，而在于影响结果的相关分配规则和过程：公平的收入分配不是去追求某种具体的分配结果，而是寻求决定结果的公平分配规则。

其实，也正是因为规则和过程对于结果的决定性作用，资格理论强调公平规则下个体对于其所获得收入的权利完全合理：对于公正规则所得到的结果，个体对于其收入具有权利且不容侵犯。但是，资格理论基于个体权利而完全杜绝再分配却存在局限，因为，权利理论只是反对政治分配而不能反对立宪分配：立宪分配其实与自由至上主义是可以兼容的。与此同时，激励穷人与促进社会进化也不能作为反对收入再分配的恰当理由。事实上，人类理性的直觉表明，在立宪层面，公平的收入分配规则需要在结果上保障个体的基本生存权利。也正因为如此，完全反对政府的收入再分配，这其实是降低了自由至上主义论点的力量。

① 应飞虎．九成真相率如何突围“扶人困局”[N]．人民日报，2015-10-16.

自由至上主义的资格理论之所以存在局限：一方面，这在于自由至上主义并未提出一个一般性的公正原则（持有正义、转让正义与矫正正义，都只是正义的特殊形式而不是一般的公正原则）；另一方面，则在于资格理论的主要任务在于对主流的结果主义、模式化的分配原则进行批判，而不在于就公平规则的具体结构进行探讨。这意味着，自由至上主义如果要突破其理论的困境，那就需要确定公平正义的一般原则，并在此基础上就公平收入分配规则的结构进行具体探索。既然如此，公平正义的一般原则究竟如何呢？基于一般公正原则而确定的公平收入分配规则的结构具体又怎样？问题的回答需要我们继续就公平正义原则及其具体运用进行探索和思考。

思考题

（1）《我不是药神》是一部由真实事件改编而来的电影，电影讲述了一位患特殊疾病难以支付昂贵药费的病人，通过购买境外的廉价仿造药物控制病情并将这一药物普及到自己身边的病友群体，使大家免受药费昂贵的困扰。此等行为一方面捍卫了自身及病友的生命权，但另一方面又纵容了盗版药物的生产，是对正版药物专利权的一种侵犯，该如何看待这一问题呢？

（2）有一个家庭中的孩子命悬一线，而离医院又非常远，唯一的救治方案是拿到隔壁邻居（药商）家的某一种药，可恰巧邻居不在家，他们为了救孩子只能采取破门而入的方式，那么他们可以这么做吗？

（3）新冠疫情激增期间，在口罩生产上，如果生产厂家自行销售，因行情火爆，需求高涨，会出现哄抬物价的行为。现在，国家以一定价格从口罩生产厂家处征收口罩、从国家层面调度配给，以防止货源集中、哄抬物价、投机倒把。那么，此时国家的收购行为是否同“政府征税实现再分配”异曲同工，是否符合“自由主义”的行为？

（4）在抗击新冠疫情中，有些明星因为没有透露捐款的消息而遭到大众的谴责。按照自由主义原则，这些明星的做法是没有问题的。但是，在国家有难之时，有钱人难道真的可以眼睁睁地看着前线医疗资源告急，无数患者和医护人员陷入危险吗？又或者为了避免这种情况，国家可以紧急出台相应法律规定以强制要求富人们捐赠一定量的钱财或医疗资源吗？

(5)有一位年轻的绝症患者，家里贫穷，无法掏钱治病，他恰巧认识一位富豪，于是这位患者便跪在富豪家的楼下，并且拉了一条横幅，上面写着“赠人玫瑰，手有余香”，希望富豪能捐给他几十万，路过的人都看到并注意到了，请问这是一种道德绑架吗？

(6)在一个网络视频上，美国一位女议员针对卫生部部长进行了十足的批评，可以说怼得他无话可说，这位女议员要求卫生部部长承认，是否有义务让所有的美国人都接受疫情检查。卫生部部长一直说会尽他所能，但是这位女议员不给卫生部部长留任何余地，他要求这位卫生部部长承诺所有的美国人都提供应有的医疗服务，态度坚决。请问：国家有义务让每一个人都获得疫情检查吗？

(7)因为疫情的原因，很多国家的口罩都非常缺乏，出现了口罩供不应求的局面。有些人因为怕以后买不到而一次性买了很多口罩来备用，但他们却没想到买不到口罩的人会有多危险，甚至会给社会带来很多麻烦。鉴于此，很多国家执行每一人只能持有有限口罩的政策。但是，如果从自由主义的角度来看，政府的行为也许是不合理的，因为那些买口罩来备用的人，他们有权利选择自己要买多少，如果政府说每个人只能拥有有限的数量，这意味着政府在强迫他们，偷走了他们的权利。如果遇到这种事情，我们还会不会赞同自由主义的理论呢？

(8)自由至上主义与社会达尔文主义有何区别？它是否会发展成社会达尔文主义？

(9)迈克尔·乔丹能拿到更多的钱是因为他篮球打得好，有更多的天赋，而每一个人的出身、社会背景、天赋都有所不同，那么权利自然也不相同，这是正义的吗？

7

契约主义

作为个体行动的自由选择原则向两个或多个主体相互交往自由的自然延伸，契约主义(Contractarianism)将公平正义与相互交往的个体同意联系在一起：其一，获得同意的就是公平正义的；其二，公平正义要求个体同意。作为政治哲学的一种代表性类型，契约主义具有悠久的历史，它在古希腊智者派那里就已萌芽并在伊壁鸠鲁(Epicurus，公元前341—公元前270)那里得到较为明确的论述。在伊壁鸠鲁看来，公正"是由相互约定而来，在任何地点、任何时间，只要有一个防范彼此伤害的相互约定，公正就成立了"①。后来，15至16世纪反暴君派的贵族思想家进一步阐述了契约论思想，他们把契约主义所主张的同意作为反抗非正义统治的伦理根据。

但契约主义的鼎盛时期是17至18世纪。其代表性人物有荷兰的约翰内斯·阿尔特胡修斯(Johannes Althusius，1557—1638)、胡果·格劳秀斯(Hugo Grotius，1583—1645)和巴鲁赫·德·斯宾诺莎(Baruch de Spinoza，1632—1677)，英国的托马斯·霍布斯(Thomas Hobbes，1588—1679)和约翰·洛克

① 转引自周辅成. 西方伦理学名著选辑：上卷[M]. 北京：商务印书馆，1987：96.

(John Locke,1632—1704),德国的塞缪尔·普芬道夫(Samuel von Pufendorf,1632—1694),法国的让-雅克·卢梭(Jean-Jacques Rousseau,1712—1778)。这时期的契约主义以同意为原则来为国家及其法律的合理性进行论证:在国家起源的实证解释方面,契约主义把国家及其法律的产生解释为社会共同协议的产物,是人们相互之间或者人民同统治者之间订立契约的结果。[①]

契约主义对国家及其法律形成的实证解释有一定的现实性:历史与现实中的国家及其法律或多或少带有契约的性质。但契约主义解释的局限性是显而易见的,因为人类社会的历史是一部充满着阶级斗争、阶级压迫的历史:"自由民和奴隶、贵族和平民、领主和农奴、行会师傅和帮工,一句话,压迫者和被压迫者,始终处于相互对立的地位,进行不断的、有时是隐蔽有时公开的斗争。"[②]在诸多时候,历史时序中的国家并不是建立在契约主义所讲的个体同意的基础上,而是建立在马克思所强调的暴力潜能的基础上。也正因为如此,契约主义受到了诸多的理论批评。在批评者看来,契约主义对于国家及其法律形成的解释不符合历史的客观实际。

但是,国家及其法律究竟是如何产生的是一回事,国家及其法律应该如何得以产生又是与此相关但又存在很大不同的另外一回事。因为,国家及其法律是如何产生的,这是一个"是什么"的实证问题,而国家及其法律应该如何产生,则是一个"应该如何"的规范问题。就契约主义的公正原则而言,由于涉及的是好坏的标准,对于契约主义的评价不应该侧重于国家及其法律是否是基于同意过程而产生的,而应该放在:国家及其法律是否应该基于同意过程而产生?基于同意过程而产生的法律是否能够充分保证其合理性?或者,更一般地说,在同意与公正相互关系的理解上:同意能否充分保证决策的公正性?同意是否是公平正义所必须?

同意与公正的关系问题,抑或同意原则的合理性问题,这是政治哲学的理论问题,同时也是一个与现实问题紧密相关的实践问题,现实中诸多问题的解决都与这一问题有关。具有代表性的问题有:(1)婚姻方面,比如近亲结婚、同性恋婚

① 参见百度百科"契约主义"词条。

② 马克思恩格斯选集:第一卷[M].北京:人民出版社,1972:251.

姻与一夫多妻、一妻多夫，它们是否应该被允许？(2)性与生育方面，卖淫应该合法化吗？法律应该允许借腹生子、将代孕合法化吗？(3)市场交易方面，政府要对市场价格进行干预吗？大学可以允许学生买卖课程吗？可以替课吗？应该禁止演员使用替身吗？(4)生命与人体方面，如协助自杀有罪吗？人体器官可以买卖吗？鉴于此，本章将就契约主义的公正观及相关现实问题做出探讨。

7.1 为避免职业暴露而拒绝？

2015 年 4 月 8 日，有位自称是艾滋病患者的网友在微博上发布信息称：鉴于他是艾滋病患者，华西医院某医生拒绝为其做血管瘤切除手术。此微博发布后，许多网友批评甚至辱骂医生，认为他没有医德。

医生拒绝给艾滋病患者做手术一般有两种可能：

其一，是某些艾滋病患者不适合手术。艾滋病学名为获得性免疫缺陷综合征，病人的免疫系统被艾滋病病毒破坏，导致人体对疾病的免疫能力下降甚至完全丧失，有的情况下手术可能会增大艾滋病人的死亡风险。

其二，是害怕手术过程中的职业暴露。所谓职业暴露，就是指由于职业关系而暴露在危险因素中，从而有可能损害健康或危及生命的一种情况。而医务人员的职业暴露则是指医务人员在从事诊疗与护理活动过程中因接触有毒、有害物质或传染病病原体，从而损害健康或危及生命的一类职业暴露，包括感染性职业暴露、放射性职业暴露与化学性职业暴露等。给艾滋病患者手术所涉及的是感染性职业暴露。因为，血液等体液是艾滋病的主要传播方式之一，在手术过程中，传递器械容易造成误伤，进行气管插管等操作时可能发生问题，血管破裂喷洒的血雾可能进入眼里、吸入肺里，这些都可能造成职业暴露而增加医生被感染的风险。

对于艾滋病患者自身的情况的确不适合手术的情形，医生决定不给患者做手术是没有争议的。就上面的事例来说，患者在微博中也提道：医生所给出的不给他做手术的解释就是这一方面的。但是，对于这一解释，患者并不认可。在这位患者看来，医生拒绝做手术是因为医生知道他是艾滋病患者后担心自己遭受职业暴露，这是对他的歧视，进而他把自己所遭受到的情况发布在网上。

该患者究竟是适合还是不适合做手术？医生究竟是基于何种考虑不给患者做手术？这涉及的是专业的判断问题及相关的、对拒绝理由的实际调查问题，这不在我们讨论的范围之内。我们这里所要讨论的问题是：假设医生确实是为避免职业暴露而拒绝给患者做手术（给患者做手术本身没问题），这是否可取？

为保护医生而拒绝？

每一个人都有自我保护的本能，进而，为避免职业暴露而拒绝给患者做手术的问题，有人认为，这完全是可以理解的。一方面，医务人员在工作过程中的职业暴露率相当高。据相关调查显示：我国医务人员的职业暴露率在 60%～80%之间，而手术室是职业暴露率最高的部门，因为手术室医务人员需频繁操作手术刀等锐器，常与患者血液、体液近距离接触。另一方面，与其他传染病存在不同，艾滋病令人恐怖，毕竟，至今科学家仍未找到治愈艾滋病的方法。

毋庸置疑，做手术有风险、有代价，并且风险和代价可能还相当高。但是，在相反的论者看来，风险与代价的存在并不能成为医生拒绝给患者做手术的充分理由：在存在医疗风险的情况下，医生所要做的不是拒绝手术，而是要加强手术中的保护措施。在此方面，为减少针刺损伤导致医护人员感染疾病，美国就于 1999 年通过《针刺安全预防法》，有效降低针刺损伤发生率。研究表明，约 83%带针管的针具可以预防刺伤。①

当然，如果保护措施到位，如果治疗技术的革新和手术仪器的改进能够避免医生面对职业暴露的风险，那医生对艾滋病的顾虑会降低甚至是消失，相关的问题就不是问题。在此方面，我们确实可以向欧美国家学习，在保护上做文章。但问题是，保护措施只会降低职业暴露的概率，而不能完全杜绝风险。鉴于此，在认可医生拒绝手术的论者看来，既然风险不可完全避免，拒绝手术就完全可以理解。

---

① 张秀彬.预防艾滋病职业暴露，看看美国怎么做[EB/OL].丁香园网站，2015-11-29.

确实，给病人做手术，职业暴露只可能降低而不可能完全杜绝。但是，在批评者看来，治病救人是医生的职业，风险存在只是医生不履行自己职责的借口。毕竟，任何职业都有一定的风险，医生是如此，警察、军人、消防员、电工、机动车司机、飞行员等也是如此。对于警察，他们的职责是维护社会治安，他们不能因为抓捕犯罪分子有危险而逡巡不前。对于军人，他们的职责是保家卫国，他们不能因担心有牺牲的危险而临阵脱逃。同样地，做手术面临职业暴露，这不能成为医生逃脱责任的理由，否则他们就是医疗战场上的逃兵！

医生的职业是治病救人，但治病救人并不等于医生需要无条件救治而没有选择权。在支持者看来，现实中很多职业、岗位都可以选择自己所心仪的服务对象。在此方面，将医生与警察和军人类比是不可取的。作为一个职业，我们不能对医生期望太高。我们常说“医者仁心”，但事实上，医生的职业再崇高，说到底也只是一份普通的工作，医生也是拥有人性所有弱点的普通人，他们也有自己的家人和朋友，有需要照顾的家庭，从道德上苛求他们是站在道德高地上的键盘侠行为。

为救治病人而强制？

医生可以选择，那患者呢？他们可以选择吗？就算我们撇开医生应有的责任而将医生视为普通职业的一种类型，在患者需要救治的时候，医生怎能无动于衷呢？在医生拒绝手术的批评者看来，如果医生因害怕职业暴露而不履行自己的职责，那这又将病人置于何地呢？是否意味着任由他们自生自灭呢？这对他们公平吗？

医院有职业医院和非职业医院之分。普通医院不做手术，患者完全可以到职业医院去就诊。2004 年颁布并施行的《中华人民共和国传染病防治法》就规定：县级以上人民政府应当加强和完善传染病医疗救治服务网络的建设，指定具备传染病救治条件和能力的医疗机构承担传染病救治任务，或者根据传染病救治需要设置传染病医院。医疗机构不具备相应救治能力的，应当将患者及其病历复印件一并转至具备相应救治能力的医疗机构。鉴于此，在对医生做法持认可态度的论者看来，将拒绝手术等同于让患者自生自灭是不对的，由于艾滋病是乙类传染病，艾滋病患者完全可以到专门收治艾滋病人的传染病医院就诊。

对于艾滋病患者，在有职业病医院的情况下，患者首选应该去传染病医院等职业医院就诊，这不仅是对自己负责，同时也是对医生负责。但在批评者看来，认为患者应该去职业病医院就诊的答复其实不得要领。一方面，在某些地方可能没有职业病医院，如果普通医院不接收，患者就找不到手术的地方；另一方面，职业医院同样存在职业暴露的问题。在此情况下，如果职业病医院的医生也害怕职业暴露呢？他们是否也可以拒绝？如果他们拒绝了，那患者最后不就面临无法救治、自生自灭的境地？

在医生可以拒绝手术的情况下，患者确实有可能陷入无法救治的境地。但是，在认可医生做法的论者看来，如果医生确实不愿意给患者做手术，那对患者来说，不做手术也是最好的。毕竟，医生不愿意给艾滋病人手术，是害怕感染的风险。可以试想，在医生担心风险而不情愿的条件下，如果强迫医生为艾滋病人做手术，手术效果真的能够和预期一样吗？手术效果不理想会不会导致更大的纠纷呢？

毋庸置疑，医生做手术要承担巨大的心理压力，为担心职业暴露而拒绝为病人手术的问题就充分说明了这一点。同时，在医生不愿做手术的情况下，手术的效果确实可能会受到干扰和影响。但在医生拒绝手术的批评者看来，压力并不是可以拒绝手术的理由：压力的存在只能说明医生的业务还不精，只能说明医院应该提升医生的业务水平而不是拒绝给病人手术。

为了提升手术的救治水平，同时，也为了保障医生自身的安全，提升医生的业务水平无疑是重要的。但是，在支持者看来，医生为避免职业暴露而选择不给患者做手术还是可以理解的。毕竟，业务再强，给艾滋病患者做手术的压力都是巨大的。知乎上某位匿名医生所描述的自己为艾滋病人手术的感觉就充分说明了这一点。他指出：

“那一份如同走钢丝的紧张和压迫，只有当你切开艾滋病人的身体，手中握着他们充满血液的内脏和金黄色的脂肪；只有当你拿着手术刀在他们身体内和自己指尖几个厘米的距离内游走，离断他们在搏动的血管；只有当你的手术衣慢慢被他们的血液浸润，直到皮肤能感到这一份湿润，连自己的呼吸都能听到的时候才会懂。这种感觉只有经历过才会懂。这就是生与死的距离。”①

从医生的角度，手术时的紧张和压力确实是可以理解的。但患者的感受和心情呢？当他们被社会歧视、被医院和医生无情拒绝时，他们又是怎样的感受呢？我们能够感受到他们被歧视时的那种痛苦吗？我们能够感受到他们被医生拒绝时的那种无助吗？我们能够感受到他们唯一的希望破灭时的那种绝望吗？也正因为如此，在批评者看来，一旦我们站在患者的角度去思考问题，医生拒绝手术的理由就不那么可靠了。

医生和病人：如何权衡？

患者和医生是有矛盾和冲突的，也正是因为有矛盾和冲突，这才引致这里所要讨论的问题。但是，在两者有冲突时，我们应该有所取舍和权衡。特别地，医生的培养成本十分巨大，培养一名优秀的医务人员需要花费大量的时间与费用：一名医学本科生想成为一名执照医生至少需要 5 年本科，如果本硕连读则要 7 年，有对学历要求更高的医疗机构则还需读个博士学位。当医学学生从大学毕业后，还需要再实习 1～2 年才能成为正式的具有处方权的医师，而能执刀进行手术的医生更需要长达十多年专业的培养，培养期间所操刀进行的实验更是消耗大量物力、财力。进而，在支持医生做法的论者看来，考虑到成本的实际，决策的天平应该稍微偏向医生这一边：作为社会的“稀缺资源”，医生更应该得到人们的尊敬。

国家培养医生的成本巨大，这是客观事实。与此同时，救死扶伤，与诸多其他的职业一样，白衣天使确实值得社会的尊敬。但是，在批评者看来，成本大、尊重医生不是医生拒绝为患者做手术的理由：医生之所以应该得到尊重，恰在于他们有责任的担当，他们为减轻人类的痛苦贡献了自己的力量；与此同时，在成本方面，当患者有需要时，如果医生选择不作为，那社会花费成本培养医务人员就没有价值和意义。

---

① 天呐！给艾滋病人做手术时，不小心割破了手套……[EB/OL]. 搜狐网，2017-12-29.

医生拒绝手术,并不意味着他们不作为,这只是意味着他们可以根据实际的情况来选择自己能够救治的病人。相应地,医生能力有限,医生有责任和担当,也不是对所有患者有责任和担当,而是对于他们所能救治的患者具有责任和担当。鉴于此,针对批评者的反驳,认可医生可以拒绝为患者做手术的论者可能会争辩说:基于医生拒绝为病人做手术就认为医生没有责任担当、没有价值和意义的说法在逻辑上是不成立的。

医生具有自然义务吗?

有选择性地救治病人,医生确实可以实现他们的价值、体现他们的责任担当。但是,在批评者看来,要求医生给病人做手术是天经地义的,治病救人是医生的天职,是医生对患者所必须要承担的责任和自然义务:选择性救助,这是对被拒者的不公正。德谟克利特认为:"公正要人尽自己的义务,反之,不公正则要人不尽自己的义务而背弃自己的义务。"①类似地,在奥古斯丁看来:"公正之德,其职责在乎使每一个人尽其天职。"②试想,如果有人晕倒在路边,恰巧有医生从旁边经过,医生都不能置之不理、见死不救。现在更何况是患者主动上门求助呢? 如果医生不救人,社会上还会有谁去治病救人呢?

在某种意义上,医生确实有救治病人的责任和自然义务。但责任和自然义务并不是绝对的,而是有条件的。比如医生在给病人治病之前,需要征求病人及其家属的认可和同意。进而,在支持者看来,将义务绝对化、无条件要求医生为病人做手术是不可取的:如果将义务绝对化,那将是荒唐可笑的。如果这样,那医生可以不管三七二十一,甚至在违背病人想法的情况下私自为其进行治疗吗(比如麻醉、开刀动手术与做高危手术)? 在医生义不容辞为病人治疗之前,若病人坚持拒绝治疗,这岂不是在妨碍医生履行义务?

个体对义务的承担或许是有一些条件,比如支持者所提到的患者的同意等。但在批评者看来,同意的问题与这里的问题完全不符。因为,这里的问题不是患者不同意,而是患者"非常同意",患者想寻求救治,同意的条件完全满足。也正

---

① 转引自周辅成.西方伦理学名著选辑:上卷[M].北京:商务印书馆,1987:87.
② 转引自周辅成.西方伦理学名著选辑:上卷[M].北京:商务印书馆,1987:357.

因为如此,医生为患者做手术顺理成章!

同意是双方的,不仅要患者同意,同样也要医生同意。鉴于此,在支持者看来,患者同意并不能成为医生做手术的充分理由。就这里的问题来说,恰正是为了避免遭受职业暴露的风险,医生不同意为患者手术!既然医生不同意做手术,那强制医生为患者做手术的做法就不可取,否则,就是对医生的不公平!

因同意而具有义务?

表面上看,医生没有承诺、没有同意。但在批评者看来,作为一名医生,自从选择从事这一职业开始,他们实际上就已经同意给病人做手术的,拒绝为病人做手术,这与他们对于病人、对于医生这一职业的承诺是相违背的。一方面,职业是他们自己选择的;另一方面,职业的选择意味着他们已经同意承担医疗过程中的相关风险。毕竟,每位医生在正式迈入医学殿堂之时都要以希波克拉底之名宣誓:“在医者判断力所及范围内,力所能及地救助病人。”[①]既然已经宣誓承诺,在批评者看来,未经医生同意依旧不能成为医生拒绝手术的理由,医生拒绝手术就是没有兑现自己的诺言,是医德缺失的表现!

职业确实是医生自己选择的,这确实意味着风险的承担。与此同时,以希波克拉底之名宣誓,这意味着责任和义务的承担。但在支持者看来,为艾滋病人做手术是一种高危的职业暴露行为,意味着医生要冒着自己的生命危险去救助病人,希波克拉底在阐述誓言时,没有预料到会有艾滋病这种传染性强、致死率高的疾病对医生造成的风险。与此同时,医生在选择职业时,他们也并未像警察、军人一样得知自己从事的职业将冒着生命危险、付出生命为代价(这和军人“不怕牺牲”“誓死保卫祖国”,警察“不怕艰苦,不怕牺牲”不一样)。也就是说,冒生命危险、付出生命为代价已经超出了医生事先承诺的义务所涵括的范围。所以,医生拒绝为艾滋病人做手术是合理的,与医生的誓言不冲突。接受是道德高尚的人,不接受也已足够履行了自己的义务。

医生的誓言中确实没有“不怕牺牲”之类的字眼,希波克拉底在阐述誓言时,

① 参见百度百科“希波克拉底誓言”词条。

也确实没有预料到艾滋病及其风险。但誓言中也说道:要力所能及地救助病人。而在医生宣誓时,他们自己应该是知道艾滋病及其风险的。也正因为如此,批评者可能反驳说,既然选择作为一名医生,给艾滋病人做手术,这完全在他们事先承诺的责任和义务的范围之内,抠字眼只是自己逃避责任、不遵守承诺的一种手段!

力所能及和冒生命危险是有差异的。另一方面,即便是医生业已同意的,也并不意味着医生一定要遵守。因为,“我”不遵守同意的义务,问题可能不在“我”,而在于签订契约的另一方。就这里的问题而言,华西医院医生拒绝给他做手术的患者就被曝出其故意隐瞒了自己患艾滋病的情况,隐瞒病情会对医生的诊断造成影响,医生在手术过程中的防护措施相较明确告知的病情要有所放松,和病人血液接触被感染的概率大大增加。此时,强制要求医生遵守契约是对医生的不公平!

关于患者隐瞒病情的问题,如果情况属实,患者此等做法确实不对,他没有尽到对医生进行告知的责任。但在支持者看来,信息隐瞒即便是真的,这也不是问题的关键所在。一方面,在医生手术前,医院都会对患者进行艾滋病等方面的检查;另一方面,和我国不同,出于对艾滋病人隐私的保护,美国甚至都不强制对艾滋病人进行术前检测。其 1973 年的《康复法案》(the Rehabilitation Act)第 504 条规定禁止接受联邦资助的医疗服务机构歧视艾滋病患者。在此情况下,为防止职业暴露,美国医院依据世界卫生组织(WHO)推荐的普遍性防护原则(General Precaution)对所有病人统一按照感染级别来处理。[①] 也正因为如此,既然医生已经同意,那为病人做手术就义不容辞!

医生是否可以拒绝为艾滋病患者手术,所涉及的问题有很多,但核心理论问题是同意与个体所承担的责任、义务的关系问题:(1)个体所承担的义务都必须要经过个体同意吗?世界上存在未经个体同意的自然义务吗?(2)同意、诺言构成必须要履行的责任吗?而就这两个问题的回答,更是依赖于同意与公正的关系:一方面,公正必须要双方同意吗?另一方面,双方同意是否必然意味着公正?

---

① 张秀彬.预防艾滋病职业暴露,看看美国怎么做[EB/OL].丁香园网站,2015-11-29.

下面，我们就相关的理论问题做出分析和探讨。

7.2 公正必须要双方同意吗？

医生拒绝为病人手术之所以受到批评，其重要依据之一是：救死扶伤是医生的天职，医生具有救治病人的自然义务。与之相反，支持者则在一定程度上反对自然义务的说法，他们将个体之间的责任和义务建立在双方同意的基础上。既然如此，那自然义务存在吗？个体间的责任和义务需要建立在彼此事先同意的基础上吗？或者，更进一步，一般地，在人际利益协调相关规则的选择和设定方面，公平规则的确定必须以个体的同意作为必要的前提性条件吗？

契约主义：同意的必要性

在考虑国家及其法律制度的合理性时，洛克强调了同意的必要性。在洛克看来，在国家得以产生之前，个体就处于自然状态之下，而个体放弃自然自由而受制于公民社会制度约束的前提是获得个体的同意：

“人类天生都是自由、平等和独立的，如没得到本人的同意，不能把任何人置于这种状态之外，使其受制于另一个人的政治权力。任何人放弃其自然自由并受制于公民社会的种种限制的唯一方法，是同其他人协议联合组成为一个共同体，以谋他们彼此间的舒适、安全和和平的生活，以便安稳地享受他们的财产并且有更大的保障来防止共同体以外任何人的侵犯。”①

类似地，在考虑公民社会民主决策规则的合法性基础时，卢梭也强调了个体同意的基础性作用：少数服从多数的规则可以使用，但多数规则的使用应该以一致同意为基础，需要追溯到最初的、获得大家一致同意的约定：

“事实上，假如根本就没有事先的约定的话，除非选举真是全体一致的，不

① 洛克. 政府论——论政府的真正起源、范围和目的：下篇[M]. 北京：商务印书馆，1996：59.

然,少数人要服从多数人的抉择这一义务又从何而来呢?同意某一个主人的一百个人,又何以有权为根本就不同意的这个主人的另外十个人进行投票呢?多数表决的规则,其本身就是一种约定的确立,并且假定至少是有过一次全体一致的同意。”①

既然国家及其相关法律规则的选择需要以同意作为必要前提,那这是否意味着同意是公平正义规则及其相关的责任和义务得以确定的必要条件?

超越同意的自然义务

在此方面,我们先可以看一个挟尸要价的例子:

2009 年 10 月 24 日,长江大学的 15 名同学在长江荆州宝塔湾江段野炊时,其中三名同学——陈及时、方招与何东旭——因救两名落水儿童不幸被江水吞没。

长江大学教师史千里老师接到电话后,立刻赶到事发现场。他到达现场后,发现有两艘蓝色船舷的铁皮船停靠岸边。史千里老师上船请求船主马上打捞落水学生,并保证支付打捞费。但船上的人称要先和老板陈波联系,史千里老师与陈波电话联系时,陈波称“捞一具遗体 1.2 万元,没捞上来 6 000 元,而且要先交押金”。

直到长江大学文理学院汪书记等赶到现场凑齐 4 000 元现金后,打捞船才开始工作。10 多分钟后捞起第一具遗体,因未交足 1.2 万元打捞费,打捞船只停止打捞。后经汪书记等做工作,打捞船在 20 多分钟后捞起第二具遗体。之后,打捞船再次停止,中间中断 1 个小时左右,文理学院会计潘林将筹来的 2 万元现金送到后,打捞船才继续打捞。约半小时后,捞起第三具遗体。②

挟尸要价事件的发生引发了人们对打捞公司相关人员的批评。有批评者指出:“这人怎么那么缺德呢!人家小孩子是救人牺牲的英雄啊,你还跟人家要钱,

① 卢梭.社会契约论[M].北京:商务印书馆,2003:17—18.
② 参见百度百科“挟尸要价”词条。

这人还有良心吗?” 现在,如果责任和义务必须出于同意,那这是否意味着社会舆论对打捞公司的批评是道德绑架的错误行为? 毕竟,打捞公司事先并没有同意为长江大学打捞落水的学生,它们未能就打捞事宜事先签订协议。

但是,人类理性的直觉告诉我们,对于这一事件,尽管其中的具体细节有一些争议,但社会对于挟尸要价行为的批评是有依据的。因为,当同胞有难时,我们不能束手旁观,我们有主动救助的自然义务:在受难同胞有明确诉求的情况下,我们有进行救助的义务;在同胞因各种原因而没有明确表达自己需求的情况下,我们同样有救助的义务。在美国、加拿大、英国、意大利、法国、德国等国,有一项名为《紧急灾难施救法》的公法就要求所有人在发生危及生命的灾难时伸出援手,包括医疗界人士。美国的《紧急施救手术法规》规定:“医生有权在病人面临生命威胁,或导致身体残疾的危险时,在未得到病人同意以及未得到任何其他人准许的情况下,对病人实施救治。” ①

在患者及其家属有客观需求的情况下,医院和医生有进行救治的责任和义务。如果患者和(或)家属不同意救助呢? 对于不救助就可能面临生命危险的危重病人,医院和医生可以为救人而强制救助吗? 比如强制给患者做手术。在我国,卫计委颁发的《病历书写基本规范》第十条第三款规定:“为抢救患者,在法定代理人或被授权人无法及时签字的情况下,可由医疗机构负责人或者授权的负责人签字。”这一条款针对的是法定代理人或被授权人无法及时签字的情形,而并未涉及法定代理人或被授权人拒绝签字或明确反对的情形。也正因为如此,肖志军就因为不同意医院为其妻子做手术而最终导致其妻子死亡(参见第4章)。

肖志军致妻子死亡事件的发生曾引发了社会各界的讨论。有学者认为,用社会学理论分析此事,在目标(救命)与手段(获得签字)矛盾时,医院有两种可能的选择,一是做“革新者”,放弃手段追求目标;二是做“墨守成规者”,坚持规定,不兼顾“救命”目标。那么,医院和医生究竟应该如何选择呢? 对于医院和医生实际的选择,我们应该如何评价呢? 在上述学者看来,从现行法规来看,医院的

① 在美国医院抢救生命时,责任如何界定的? [EB/OL]. 搜狐网,2017-12-23.

做法已经尽责,但也有可检讨之处:从道德、社会的层面,对医院应有更高的要求,甚至是批评。[①]

为了破解法律和道德伦理相冲突的困境,有律师提议修法:赵廷凯与张浩然这两位律师就曾联合起草《关于请求对〈医疗机构管理条例〉进行修改的建议》并将其寄往国务院。他们提议修法的理由有三:第一,《条例》中关于没有家属或关系人同意并签字不能进行手术的规定,有违医疗机构救死扶伤的宗旨;第二,以家属或关系人是否签字决定是否手术存在隐患;第三,将医患关系一律按合同关系对待不符合医疗行业的特点。[②]

应该说,赋予医院与医生主动权的规定,它有利于化解医院在救治过程中所面对的"违法"与"救死扶伤"的两难选择问题,现实中,正因为这种法律的缺失,肖志军因拒绝签字而致妻子死亡的悲剧就发生了。但是,对于这一规定,有论者可能提出质疑:在患者及其家属反对做手术的情况下,手术的成本和费用由谁承担?法律是否需要强制患者自身承担?特别地,如果手术出现意外抑或失败,相关的责任由谁负责?医院和医生应该承担强制救助的责任吗?对此,我们可以先看"病人基于宗教信仰而拒绝输血案":

耶和华见证会(Jehovah's Witnesses)是基督教的一个流派,该派有一条让常人难以理解和接受的教规:根据《圣经》"输血是教规所不能允许"的认定,不管在什么情况下,耶和华见证会的信徒都不准接受输血,一滴都不行,否则就是忤逆和亵渎教会,要受到严厉的处罚。对于他们来说,死亡只不过是一次超脱,信徒可以再生。花子是日本耶和华见证会的信徒。由于这一信仰,她坚持无论在什么情况下都不接受输血。其丈夫太郎虽然不是信徒,但是他尊重妻子的信仰。

1992年,63岁的花子在医院被诊断出罹患肝癌,医院通知其必须接受手术。因为花子坚持拒绝输血的要求,其他信徒为她安排了曾为该流派信徒做过手术且不用强制输血的医院——国立东京大学医科学研究所附属医院。医院在了解病情后也表示有做无输血手术的可能。在和医院接触的过程中,花子和太郎反

① 专家称医院应受道义上指责[N].新京报,2007-11-27.

② 律师上书国务院建议修改《医疗机构管理条例》[N].新京报,2007-11-27.

复强调花子是耶和华见证会信徒的事实和对输血的抵制。而医师答应他们的要求，提出了一套完整的手术方案，成功说服了花子和太郎。事实上，这家医院在以前救治此类信徒时采取的方法都是：不拒绝病人，尊重他们的宗教信仰和不输血的要求，并在必要时刻越过承诺予以输血，并适时告诉。而在手术开始前，医师也多次询问是否有输血的余地，但一次次都被坚定地否决了。花子和太郎信任医院，于是同意了手术。

在手术前，医师做好了尽量不输血的各项措施和方案，但手术的进行事与愿违，出血量超出了医师的控制范围，再不输血就会有生命危险。于是医师不顾承诺，决定输血，最后手术成功。但具体的手术细节，包括肿瘤的严重性、术中输血以及术后再次发作仍可能有必要输血等，医师均未向夫妻二人透露。出院以后，医院告知了太郎具体细节，而太郎告诉了花子。事后，花子以侵权为由向法院提出诉讼。

1997 年东京地方裁判所做出判决：即使病人明确拒绝，但是医师为了挽救病人生命而实施输血，是符合社会利益的正当合法行为。花子不服提起控诉，后在控诉期间病亡，其亲属三人继承控诉。1998 年东京高等裁判所对一审判决做出部分变更的判决。其认为三名被告医师违反医师的说明义务，应当予以损失赔偿。事后双方不服上告。最后，法院驳回了双方上告，维持二审判决。①

在这一案例中，在没有征求花子及其丈夫太郎同意的情况下，医院和医生对花子进行了输血，履行了其救死扶伤的责任和义务，但法院还是认为医师应该赔偿，这是否意味着医生的做法不可取呢？是否意味着输血之前应该征求患者及其家属的同意呢？如果医院和医生在手术中如实告知花子及其丈夫，但他们依旧不同意输血，医院和医生此时是否还应该强制呢？应该赋予医院和医生强制给患者输血的权力吗？

对于这一问题，不同人可能会有不同的看法，但医师强制输血的做法至少不能被视为一种恶行（医院和医师能够顶住压力而坚持输血，甚至我们还能从中充

---

① 参见夏芸．患者自己决定权和医师裁量权的冲突——评“病人基于宗教信仰拒绝接受输血案”[J]．南京大学法律评论，2003(19)．

分感受到其救死扶伤的责任感和使命感，能够感受医师这一职业的强烈的光芒)，而一审判决甚至是将其定性为符合社会利益的正当合法行为。结合专家学者所提出的道德诉求、律师提出的相关修法建议以及上述案件的判决来看，为了实现医疗机构救死扶伤的宗旨，在特定的情况下，哪怕患者及其家属明确不同意手术，医院和医生也可以且应该强制为患者进行手术：同意并非医院和医生行为选择的必要条件。

也正因为自然义务的客观实在性，罗尔斯就认为，个体需要服从的义务有两种类型：同意的义务与自然的义务。其中，同意的义务是在社会交往过程中，个体承诺给其他个体、组织和国家的义务，如买方给卖方付款的义务；而自然义务则是天然存在的、未经个体同意而先天存在的义务。其中，根据义务的对象来划分，自然义务又存在两种类型：(1)一般的自然义务，是对人普遍存在的义务，如平等地对待他人、公正做事与避免残忍等；(2)特殊的自然义务，是对特定个体所要承担的相关的责任，比如父母对子女的抚养义务、子女对父母的赡养义务、医生对病人的义务、病人对医生的义务等。将同意视为义务的必要前提，这实际上就意味着对自然义务的否定。进而，从另一方面，这会导致对其他个体权利的侵犯。

事实上，关于自然义务，不仅罗尔斯强调，就是霍布斯与洛克等契约主义者，他们对自然法、自然权利的强调，其实也认可了自然义务的存在。契约主义以自然法学说为基础，认为人类最初生活在没有国家和法律的自然状态中，受自然法支配，享有自然权利。但由于有种种不便，人们就联合起来，订立契约，成立国家，以便更好地实现自然权利。在霍布斯看来，自然法，抑或自然权利就是每个人所享有的按照自己的意思使用自己的力量保全自己天性、保全他自己生命的自由。[①] 而对洛克来说，自然状态“不是放任的状态……自然状态有一种为人人所应遵守的自然法对它起着支配作用……任何人就不得侵害他人的生命、健康、自由或财产”。[②] 既然自然权利不可侵犯，对自然法、自然权利的强调其实意味着个体的自然义务，比如不能侵犯其他个体的生命、健康、自由或财产，此等义务

① 霍布斯. 利维坦[M]. 北京：中国社会科学出版社，2007：203.
② 洛克. 政府论[M]. 北京：商务印书馆，1996：6.

不需要相关个体的同意。

责任和义务的对等性

当然，关于责任和义务，一方面，是救助他人的自然责任和义务，另一方面，在救助过程中，被救助的人有感恩的义务，而如果施救的人因此而受到伤害，则还存在进一步的补偿的责任和义务，即便施救的人并未获得被救助人的同意。

据报道：吴先生救了一位跳河的小伙子，可能在河里撞到了石头，他的脚受伤了。爬上岸后，他就瘫倒在地。他本以为那小伙子会上前关心一下他，谁知道那小伙子却整理起自己的衣服，挽着女朋友的手离开了，最后还留下一句让人非常气愤的话："谁让你救我的，自找的。"①

这里，被救小伙的言行令人心寒，没有尽到应尽的责任和义务。而就挟尸要价的事件来说，据说之所以会如此，其原因在于捞尸人及其团队对长江大学的不信任，源于长江大学曾经出现过捞尸后不付钱的"前科"。② 如果情况属实，那长江大学在这一方面同样未能尽到自己的责任和义务。

其实，也正因为受益人有补偿的责任和义务，国家法律有相关的制度性规定。《民法通则》第一百零九条规定："因防止、制止国家的、集体的财产或者他人的财产、人身遭受侵害而使自己受到损害的，由侵害人承担赔偿责任，受益人也可以给予适当的补偿。"《最高人民法院关于贯彻执行〈中华人民共和国民法通则〉若干问题的意见（试行）》第一百四十二条规定："为了维护国家、集体或者他人合法权益而使自己受到损害，在侵害人无力赔偿或者没有侵害人的情况下，如果受害人提出请求的，人民法院可以根据受益人受益的多少及其经济状况，责令受益人给予适当补偿。"

自然义务的范围

当然，个体有救助他人的自然义务是一回事，而个体所具有的自然义务范围究竟有多大又是另外一回事。就医生拒绝为患者做手术的问题来说，医生有救

---

① 王燕.救人受伤，被救者不领情称其"自找"[N].泰州晚报，2013-04-02.

② "挟尸要价"真伪之争要跳出细节检视现实[N].南方都市报，2010-08-21.

助病人的自然义务,那自然义务的范围多大呢?对于艾滋病患者这种比较特殊的问题,这是否还在救助的自然义务范围之内呢?与此同时,个体有补偿他人的义务,在何种情况下需要进行补偿?是否他人有利于"我","我"就必须要进行补偿?在这一方面,我们可以看几个现实的例子:

(1)哲学家休谟在爱丁堡有一套房子,休谟将其租给他的朋友,朋友又租给一个转租人,转租人请承包商对房子进行了维修(未经得休谟的同意)。后来,承包商要求休谟支付维修费,请问休谟应该支付维修费吗?[①]

(2)小李的手机声音模糊,送去专卖店检查,店员在没有经小李本人确认的情况下修复了手机,并要求付款。小李应该付款吗?

(3)在美国街头或在电影镜头中经常可以看到,一些无所事事没有工作的人会拿着抹布、清洁剂等洗车工具,在车流等待红绿灯时,在未征求车主意见的情况下主动擦车并向车主索取报酬,车主无可奈何有时会选择直接付钱,有时候双方会发生争执。车主是否应该支付费用?

在这一方面,由于将义务建立在同意的基础上,契约主义者在一定程度上把这一问题给忽视了;另一方面,即便考虑了自然义务和权利,但由于未能给出一个确定自然义务、自然权利的一般公正原则,契约主义者并没有给出界定个体自然义务范围的基本标准,使得他们所提出的自然义务缺乏应有的伦理根基。

7.3 只要双方同意就公正吗?

除了自然义务的考量之外,医生拒绝为艾滋病患者做手术,相关的批评也有同意义务的考量,认为医生选择这个职业、在以希波克拉底之名宣誓时就已经承诺给患者进行手术。进而,在批评者看来,医生拒绝手术其实是违背了同意的义务。既然如此,那同意对于个体的责任和义务意味着什么呢?撇开医生选择职业、以希波克拉底之名宣誓是否真的意味着同意的问题暂且不谈,我们假设医生

① 桑德尔.公正:该如何做是好?[M].北京:中信出版社,2012:165—166.

确实已经承诺了，那承诺与义务的关系又如何呢？对于这一问题，在一般理论层面，它关系到同意对于个体义务和责任的约束力问题，关系到同意是否是公正的充分条件问题。也正因为如此，在同意是否是公正的必要条件做出分析之后，接下来我们讨论同意对于公正是否是充分的问题。

契约主义：同意的充分性

在很大程度上，契约主义将同意视为公平正义的充分条件：一方面，在实证解释上，契约主义者试图以同意来为国家及其法律制度的合理性、正当性进行辩护：鉴于国家及其法律制度是公众所同意的，所以它们是正当的、具有合法性基础。另一方面，在规范原则方面，契约主义者经常将是否同意作为公平合理的价值尺度和标准。在讨论收入分配公平问题时，布坎南的主观主义——契约主义观点——就认为：收入分配的公平性是由产生结果的规则所定义的。至于分配规则在何种意义上是公平的，布坎南认为："一项'公平规则'是一项推进竞争的竞争者们一致赞同的规则……这就是说，公平是由协议来定义的。"①这意味着，在布坎南看来，规则是否公平，需要看规则是否能够获得当事人的一致同意：能获得当事人一致同意的规则就是公平的规则，反之则反是。类似地，麦克纳特(McNutt)也认为："无论个体是投票人还是一般的市民，也无论你是在委员会决策中还是在公共集会上，如果所有个体都同意某一个结果，那么，该结果就是公平的。"②

理论上，将公正和个体的同意联系在一起，这无疑是有其合理性的。一方面，对于那些试图促进他们自己利益的、自由而富有理性的人们来说，如果社会的制度规则是获得他们同意的，相关规则无疑是有其伦理感召力的，因为同意意味着他们已经自愿服从所确定的相关制度规则。另一方面，如果相关规则未能获得个体的同意，从某种意义上来说，规则的确定其实就是一种独裁：在集权体制下，是一个人及其统治集团对多数人的独裁；而在民主政治的多数规则下则是

① 布坎南. 自由、市场与国家——80年代的政治经济学[M]. 上海：上海三联书店，1989：181－182.
② McNutt P A. The Economics of Public Choice[M]. Edward Elgar Publishing Ltd，2002：21.

多数人对少数人的独裁，也就是托克维尔所说的“多数暴政”。[①]

但是，同意具有合理性和伦理感召力是一回事，同意是否能够充分保证制度规则的公平性又是与此相关但又存在不同的另外一回事：对于契约主义的公正观，同意是否一定就意味着合理？或者说，双方同意的事项是否一定意味着公正？

信息不对称问题

显然，问题并没如此简单。因为，合理的、公正的契约应该是当事人内心诚愿的、是以当事人应有的平等为前提的。如果契约存在强迫，是被迫下的同意，是某种强权和暴力的结果，那此等契约往往就不会公平。比如近代中国签订的一系列不平等条约，这些都是违反公平公正的。所以即使在当时的情况下双方达成了协议，但中国并没有履行它的义务，这也为后来国民政府的多次修约提供了理论的基础。

当然，对于强制的情形，虽然存在契约，但它并不是建立在个体真正同意的基础上。进而，这不能成为否定同意公正性的恰当理由。但问题是，即便我们不考虑强迫的问题，自愿的同意是否必然意味着公正呢？在就问题做分析之前，我们可以先看几个具体的案例：

（1）出租车宰客行为。小王第一次来到 A 市，他跟着手机导航走路前往目的地，但突然手机没电了，只能打车前去。出租车司机载着他行驶了 30 多分钟后到达目的地。虽然有所疑问，但他还是付了钱。之后他发现，原来目的地就在他打车点附近一公里，黑心司机看他是外地人，便绕了几个圈。在这里，小王与司机基于同意就打车达成了协议。问题是，此等同意是否意味着公正呢？是否意味着小王必须要为出租车支付全部的价款呢？

（2）向老人推销保健品。现实生活中，总有一些推销保健品的人与老年人通电话，向他们销售商品。有些商品价格昂贵但品质却无法得到保障，甚至是将一

① 参见曾军平．自由意志下的集团选择：集体利益及其实现的经济理论[M]．上海：格致出版社，2009：218．

些兽用的药物给老年人服用，而老年人容易相信陌生人，于是花钱购买了保健品。这种契约是老年人与推销保健品的人共同达成的，此等契约公平吗？向老年人推销保健品的人道德吗？老年人有责任和义务去支付相关的费用吗？

(3)校园贷、裸贷问题。近年来校园贷、裸贷在大学校园中广泛扩散，校园贷通常会美化条例，使大学生不清楚校园贷背后的利息会堆积如山，成为一个可怕的数字。而有的女大学生，她们或者是为生活所迫，或者是自己期待的消费水平高于自己的实际能力，于是以自己的大尺度照片换取高额贷款，掉入裸贷的陷阱。校园贷、裸贷都是基于个体同意的基础上的，是一种契约行为，但此等贷款行为公正吗？

显然，上述相关契约的不公正性是毋庸置喙的。因为契约、交易的公平性需要以契约双方占有一定的信息和知识为基础。在现实的契约形成过程中，由于有的个体(出租车乘客、老年人与不谙世事的学生)可能缺乏公平交易所应有的信息和知识，信息和知识占优的一方(出租车司机、推销商与贷款人)可能利用信息的优势和条件去利用另一方，由此而形成的同意并不公允，比如，男性基于PUA而对女性的榨取和控制：

PUA，全称 Pick-up Artist，起初指的是一群受过系统化学习、实践和不断自我完善情商的男性。后来泛指很会吸引异性，让异性着迷的男女们。字面上的解释，PUA 指的是搭讪艺术家，但因为 PUA 文化的变迁和进步，PUA 的定义已从简单的搭讪扩展到整个两性交往流程。主要涉及：搭讪(初识)、吸引(互动)、建立联系、升级关系、直到发生亲密接触并确定两性关系。PUA 也变味为在网上学习交流如何榨取女性、歧视女性、物化女性。

2019 年，北京大学法学院大三学生包丽因为自己男朋友的“处女情结”和“精神控制”而被逼自杀，一个有主见、有思想、有前途、善表达的女孩子被逐渐逼迫得失去了自我。从包丽朋友所发出的长篇聊天记录我们清晰地看到她的变化，是从“我觉得最美好的东西是我的将来”，变成了“我觉得好后悔”“主人我错了”。一个逐渐崩溃、逐渐被控制的可怜女孩，一个情绪暴戾、一步步把女孩引入深渊的恶魔，他们之间有许多教科书般的 PUA 手法的影子。

当然，PUA本身并非刻意进行情感控制的歪门邪道，而是男性提升自己魅力的一种工具。但是，当它被人用来作为控制和榨取他人的工具时，从某种意义上来说，它就成为不法分子为非作歹的一种工具，是一种利用相关技巧和知识对女性进行控制的工具，是不正义的帮凶。

其实，也正是因为非对称信息下契约的不公正性，签订契约的一方有时就有理由拒绝履行相关的义务，甚至可以废除之前签订的契约条款。比如，发生在2016年的“罗一笑事件”：

罗一笑，女，2011年出生，深圳媒体人罗尔的女儿。2016年9月，罗一笑被确诊为患白血病。2016年11月底，网络被罗一笑的故事刷爆了，数以万计的人通过各种方式进行捐赠，希望为这个悲伤的家庭送去温暖。2016年11月30日，剧情翻转，与罗尔同在深圳女报的知情人爆出真相：罗尔家底深厚，此事背后有人在做营销（营销人是小铜人，罗尔的下属公司，出版界）。罗一笑的治理费用并没有那么高；罗尔家底丰厚，他在深圳和东莞都有房产。2016年12月1日上午，罗尔发布一份“关于‘罗一笑事件’的联合声明”，称260余万元捐款全额捐出，成立白血病患儿救助专项基金；1日下午4时左右，微信官方信息发布平台“微信派”发布说明称，将罗尔及260余万元赞赏原路退回网友。①

就“罗一笑事件”而言，社会各界的捐赠行为是自愿的，是建立在个体同意的基础上。但问题是，他们在同意的时候被误导，没有获得应有的信息，包括治疗的费用与罗尔家庭的经济状况，所以，罗尔又将打赏的钱原路退回。

契约的边界和范围

其实，同意的合理性、公正性，不仅涉及契约的信息基础，涉及过程本身的公平性，更是涉及契约的前提：契约本身是否应该被允许。比如，“琼瑶剧教母”刘立立导演与董今狐及其妻子王玫三人一起生活的问题：

刘立立是琼瑶的闺蜜，是一个被称为“琼瑶剧教母”的女导演。她执导过琼

① 参见百度百科“罗一笑”词条。

瑶的系列电影和电视剧。《一颗红豆》《婉君》《在水一方》《烟雨蒙蒙》等都出自她手。刘立立的地位不容小觑，被称为台湾地区最具票房号召力的女导演。林青霞与刘雪华等著名的影视演员都拍过她的作品，而且每部都是佳作。

跟琼瑶剧一般，刘立立与导演董今狐的爱情故事让人感到诧异：刘立立与董今狐还有他的妻子三人一起共同生活，一屋两妻的生活持续了 45 年。

刘立立与董今狐是一个学校的校友，毕业之后，他们都进入了影视圈，并且两人都成为场记。在工作上，刘立立雷厉风行，每件事都马上去做，不会拖延。但在生活中，她则经常丢三落四。而董今狐则是一个对她非常照顾的人，这弥补了她很多的缺陷。

于是，刘立立对董今狐产生了情愫，上演了女追男的戏码。可在刘立立高兴之际，却得知董今狐已有家室。可即便如此，她还是要和董今狐在一起。董今狐为了顾全两边，免得后院起火，就晚上回家，白天与刘立立约会。

天下没有不透风的墙。事情很快被董今狐的妻子王玫知道了。两个女人初次碰面，场面还是有一点尴尬，看到王玫的刘立立，心里还是有一点内疚，于是便诚恳地向王玫道歉。王玫见刘立立的态度也蛮不错，原谅了她。为了能够服侍好丈夫，王玫还决定让刘立立到家里去住。

刘立立和王玫住到一起，不仅没有磕磕绊绊，关系反而好像闺蜜一样，每当刘立立回家晚的时候，王玫会为她留一盏灯，抑或留一杯咖啡。

2007 年，刘立立拍戏时在片场摔了一跤，后来检测出了遗传性的"小脑萎缩症"。这是一个无法治疗的病症，三年后，刘立立开始失去了自理能力，瘫在了床上。这时候，王玫每天帮她洗澡，喂她吃饭，抱着她上下轮椅，去外面散步。

后来，董今狐与王玫办理了离婚手续，2010 年，刘立立在病床上与董今狐举行了一场婚礼。再到 2015 年，董今狐病逝，享年 80 岁。这场一屋两妻长达 45 年的生活结束了。

2018 年，刘立立去世，享年 80 岁。传奇导演刘立立的一生也结束了，她的生活就像是一部琼瑶剧。在电视剧《新月格格》之中，有一句台词是："我是来加入这个家的，不是来拆散这个家的。"这可能就是刘立立对于原配和小三相处的看法。①

在这个故事中，刘立立与董今狐在一起，王玫开始似乎是不同意的，但后来看来她同意了，且三个人“友好”地生活在一起，他们之间交往的信息应该是充分的。但问题是，对于三个当事人都同意且没有信息不对称等方面的问题，社会是否应该允许呢？如果答案是肯定的，那社会的婚姻制度是否又要退回到一夫多妻抑或一妻多夫的制度呢？

其实，除了婚姻制度的问题之外，社会上涉及是否需要禁止的契约问题有很多。具有代表性的问题包括：

(1)代孕是否应该合法化？代孕是指将受精卵子植入孕母子宫，由孕母替他人完成“十月怀胎一朝分娩”的过程，俗称“借腹生子”或者“代母产子”。代孕必须实施“人类辅助生殖技术”，精子与卵子先在人体外结合，然后将受精卵植入代孕妇女体内。卫计委在2001年发布的《人类辅助生殖技术管理办法》规定：医疗机构和医务人员不得实施任何形式的代孕技术！医疗机构违法实施代孕应该承担法律责任：由省、自治区、直辖市人民政府卫生行政部门给予警告、处3万元以下罚款，并给予有关责任人行政处分；构成犯罪的，依法追究刑事责任。也正因为如此，2021年1月，代孕的事情曝光之后，演员郑爽遭到舆论和相关媒体的一致批评。但代孕是建立在相关当事人同意基础上的契约，那此等契约是否应该被允许呢？

(2)同性恋是否应该合法化？在国内许多声音都呼吁同性恋婚姻合法化的情形下，同性恋仍然是一个十分敏感的话题：许多相关内容不能被正式讨论，距离合法化还有很长的距离。在支持者看来，LGBT团体没有伤害到任何人，也没有侵犯到任何人的权利，是相关当事人的自愿结合，是建立在当事人同意的基础上的。既然如此，那同性恋婚姻是否应该被允许？

(3)人体器官是否可以买卖？1988年，伊朗决定实施将活人售卖自己的肾脏器官合法化，使伊朗成为唯一一个允许公民活体出售肾脏的国家。现在，伊朗是为数不多的不存在肾脏短缺的国家之一，而世界则仍然普遍面临着合法捐献

① 相比琼瑶剧的狗血，琼瑶剧女导演与原配45年共侍一夫才叫毁三观[EB/OL].搜狐网，2020-07-23.

器官短缺的问题。美国肾脏基金会的数据显示,2014 年有 4 761 名美国人在等待器官途中死去,另有 3 668 人在等待途中因体质变得过于虚弱而无法进行移植。这样看来,肾脏买卖的合法化似乎能有效缓解器官短缺的局面。但就像非法肾脏市场一样,伊朗合法市场上肾脏捐献者也是贫穷、弱势的一部分人,他们没有别的办法摆脱贫困,只能选择卖肾。那么将买卖器官合法化是否合理呢?是应该根据需求开放这样的市场,拯救更多需要肾脏移植的人?还是应该为了保护那些可能因生活所迫而选择卖肾的人的生命权,拒绝将它合法化呢?

(4)协助自杀:有罪吗?法律中有这样一条明文规定:为他人要求自杀的行为提供帮助,且在自杀行为施行后未履行抢救义务,其行为与被害人的死亡之间具有刑法上的因果关系,将构成故意杀人罪。从同意的角度看,自杀者有自杀意图,而帮助杀人者也是在获得自杀者同意后进行的帮助。问题是,此等同意是否被允许?

(5)禁止志愿者疫苗实验吗?为应对疫情,各国进行新冠疫苗研究,中国也成功招募志愿者,开始进行临床试验。志愿者自愿签署知情同意书。毫无疑问,疫苗临床试验是有健康风险的,但这种同意是被广泛认同的。而同样地,即使在完全知情且同意的情况下卖血则是违法的,这种同意在法律和道德上都不被认可。那么,应该按照禁止卖血的规定那样禁止志愿者参与疫苗实验吗?

契约的外部性问题

A 和 B 的同意可能会影响 C,对其产生负面影响。而为了避免此等影响,当事人之间的同意行为就应该禁止,比如近亲结婚。

当然,并不是说有外部性的契约行为都必须要禁止。比如,诺奇克所提供的有关婚姻选择的一个例子:

“假设有 26 个男人和 26 个女人,每个人都想结婚。无论是男人还是女人,每种性别的所有人都同意根据喜爱程度把相同顺序的对方性别的 26 个人作为结婚对象:按照喜爱程度递减的顺序,分别把他们称为从 A 到 Z 以及从 A′到 Z′。A 和 A′自愿地选择对方结婚,而每一方都喜欢对方而非任何其他对象。B

最想同 A′结婚,B′最想和 A 结婚,但是 A 和 A′的结婚已经把这些选择排除了。”①

显然,在同一性别的群体中,排序靠后的人的婚姻选择受到了排序靠前的个体选择的影响。那是否意味着,为了避免此等负面影响,法律和道德应该禁止排序靠前的个体之间的自愿结合呢?在诺奇克看来,B 和 B′结婚、特别是最后的 Z 和 Z′结婚,并不意味着他们因前面的选择而存在不自由、不自愿:“其他人愿意以某种方式实行自己的权利,从而塑造了 Z 和 Z′从中进行选择的外部环境,这些事实并不意味着他们的结婚不是自愿的。”②进而,排序靠前个体之间的自由结合是合理的,即便其行为选择会对排序靠后的个体带来影响。

但是,既然存在一些因外部影响而需要禁止的契约,这说明现实的同意并不能充分保证契约本身的合理性和公正性。

7.4 同意是否与公正无关呢?

由于自然义务的存在,同意并非公正的必要条件。与此同时,由于同意的公正性涉及信息基础、契约范围和边界的限定性等方面的问题,同意也非公正的充分条件。这引申出进一步的问题,同意是否与公正无关?

同意本身的价值

以父母生二胎是否需要老大同意的问题为例来说明。在二胎政策出台以后,网上有一个视频引起了大家的关注:一个七八岁的小男孩担心父母对他的爱被弟弟妹妹抢走,他不想父母生二胎,否则他就离家出走,甚至是以死相逼。这引出一个问题:父母生二胎是否需要老大同意?对于这一问题,不同人可能有不同的看法,但不管怎样,我们要承认的是,父母生二胎征求老大的意见是有其价

① 诺奇克.无政府、国家和乌托邦[M].北京:中国社会科学出版社,2008:314.
② 诺奇克.无政府、国家和乌托邦[M].北京:中国社会科学出版社,2008:315.

值和意义的。

首先，征得老大同意是尊重孩子的表现，有利于小孩的成长，因为每一个个体都是有着自我意识和判断的主体，有自己内在的价值和自尊，哪怕是很小的小孩。在家庭决策上征得小孩的同意，一方面，是尊重小孩，另一方面，这有利于小孩从小养成尊重他人、主动倾听其他人意见的良好习惯。

其次，征得孩子同意的过程是一个了解并教育孩子的过程，对于外部的世界(包括亲情关系与生育)，孩子们有他们自己的一些认知和理解，但往往也会有一些偏差。在生二胎之前，征求孩子的同意，这是父母了解孩子相关认知情况并依此进行教育的良好机会。

最后，事先征求同意，父母可以就相关问题提前对小孩进行心理干预，防患于未然。诸多小孩从小生活在只有自己一个孩子的家庭环境中，他们或许已经习惯了这种所谓独生子女的生活。在他们毫无准备的情况之下得知自己突然要做哥哥或姐姐，突如其来的变化可能会对孩子的内心造成强烈的冲击，给孩子带来不安全感。网络视频中孩子之所以不愿父母生二胎就是因为担心会失去父母的爱。征得孩子的同意，可以知道孩子的想法，并提前进行心理干预，避免后续的问题。

可以将上述具体价值一般化。一般地，同意具有两方面的价值：

其一，是内在价值，同意意味着对个体的尊重，意味着人的平等，而不同意则往往意味着强制。也正因为如此，现实同意的正当性广为社会哲学家所认可：除了霍布斯基于个体同意而形成的利维坦国家与洛克基于自由契约过程而形成的政治共同体之外，卢梭的"心灵共识"、罗尔斯晚期在多元文化前提下基于"重叠共识"所达成的基本政治原则(如宪政的合法性原则、政治中性原则)、诺奇克从自然状态开始经保护性社团而逐渐发展起来的"最低限度国家"、哈贝马斯与阿伦特所强调的平等论辩①，以及布伦南与布坎南等财政宪政主义所持有的"如果某一规则乃是受该规则支配的秩序中的参与者自愿同意的，则该规则就是正当的"②的观点，大致都属于这一范围。

---

① 参见万俊人．公共哲学的空间[J]．江海学刊，1998(3)．

② 布坎南．宪政经济学[M]．北京：中国社会科学出版社，2004：114．

其二，是工具价值，同意不仅本身具有价值，同时，它也是公平解决问题的重要途径和手段：基于同意的过程，可以了解契约双方彼此的相关情况，为公正的决策提供基础。

同意的相对价值

其实，同意的价值不仅体现在其本身的内在价值和工具价值方面，同时也体现在它相比其他利益协调方式所具有的相对价值方面：作为利益协调的一种可能机制，在人类理性的范围内，我们是否可以找到比彼此同意更为公平的方法呢？

比如，房价的具体确定问题。全国政协十二届一次会议分组讨论中，全国政协委员、北京兆泰房地产开发有限公司董事长穆麟茹称：地产是市场选择，只要双方合意，1 平方米卖 100 万元、1 000 万元也合理，政府不该干预！其发言被媒体公开发表之后，引起了诸多的批评，有的人认为房子是刚需品，政府不能坐视不管；也有人认为房地产市场存在垄断，房价太高，不公平，对社会稳定和发展不利，政府应该出手加以打击。①

毋庸置疑，穆麟茹委员完全反对政府干预市场，这存在局限。毕竟，市场的良性运行需要有法治作为基础和保障。但问题是，穆委员所主张的合意即合理的观点有什么问题呢？即便是出于房产是必需品、房地产市场存在垄断等方面的考虑而需要政府干预市场，房产价格是否可以脱离买卖双方内生的同意过程而得以公平确定呢？政府可以采取某种外生的标准去确定价格然后强制买卖双方去接受吗？

在历史上，特别是在经济学的发展历程中，理论家一直有一种试图去确定商品价值、并基于价格与价值相等来进行等价交换的想法。问题是，市场交易的公平价格是建立在价格与价值这一数学等式之上的吗？

在 2015 年 11 月的纽约苏富比拍卖会上，已故美国抽象艺术大师汤伯利的作品《黑板》创下了 7 053 万美元（约 4.49 亿元人民币）的天价。这幅画里黑板

① 穆麟茹：房地产是市场选择 1 平方米卖 1 000 万元也合理，政府不该干预[EB/OL]. 中国青年网，2013-03-05.

上的 6 行连续圈圈，是画家坐在朋友肩上，让对方随意晃动，用粉笔在黑板上不间断画出的。有网友调侃说，只有药房能看得懂，是该吃药了，这明明就是医生与药师之间的暗号。对于此等画作的价格问题，如果公平的价格需要建立在商品的价值之上，那这幅画的价值又是多少呢？画作的价值就是这艺术大师和朋友两人的劳动时间还是粉笔消耗等方面的成本呢？

同样地，2017 年 7 月 15 日，杭州的天气异常炎热，西泠拍卖会的气氛也格外火爆，其中异常吸睛的一个平底锅拍出了 2.1275 亿元人民币的天价！创下了古董艺术品中国拍卖会最高纪录。这个堪称史上最贵的平底锅，其实是一件大国宝，它的名字叫兮甲盘，是迄今为止流传下来的青铜器中年代最久远的国宝重器，王国维认为其价值甚至在毛公鼎之上。同样地，兮甲盘的价值又如何确定？我们需要计算古代生产者生产这个盘的成本吗？

显然，基于价格与价值相等来确定所谓的公平价格存在很大的局限性。一方面是价值本身的确定，另一方面，则是等价交换本身的局限性。在交换过程中，买卖双方虽然要考虑到社会对于商品的整体评价，但交换过程绝对不是一个等价交换的过程：如果交换过程是一个等价交换的过程，那交换的价值和意义何在？我们为何要花时间和精力去交换价值相同的商品呢？

实际上，对每一个体来说，交换永远都是不等价的，对双方都有好处才进行交换。这意味着，同一商品对不同的个体所具有的价值是不同的(这是交易得以发生的基础)。在此情况下，外生给定价格的做法往往都是武断的。相比而言，基于个体同意来决定价格，这就克服了基于价值相等来确定所谓公平价格的困境并能保证交易的公平性。

同意规范的现实性

同意对于公正的实现具有重要的价值和意义，它是公平和正义不可或缺的一部分。其实，也正因为同意本身的公正性，契约主义的同意原则在现实中得到了广泛的应用：一方面，是对于法律等相关的制度规则，需要以相关当事人的同意为前提；另一方面，所同意的规则应该切实得以执行，不能违背。

2013年6月，前中情局(CIA)职员爱德华·斯诺登(Edward Snowden)将两份绝密资料交给英国《卫报》和美国《华盛顿邮报》，并告之媒体何时发表。按照设定的计划，2013年6月5日，英国《卫报》先扔出了第一颗舆论炸弹：美国国家安全局(NSA)有一项代号为"棱镜"的秘密项目。棱镜计划(PRISM)是一项由美国国家安全局自2007年小布什时期起开始实施的绝密电子监听计划，该计划的正式名号为"US-984XN"。美国情报机构一直在九家美国互联网公司中进行数据挖掘工作，监控的信息类型共有10类：电子邮件、即时消息、视频、照片、存储数据、语音聊天、文件传输、视频会议、登录时间、社交网络资料的细节。资料的泄密一方面引发了外交问题，因为，棱镜项目的监听内容非常广泛，从欧洲到拉美，从传统盟友到合作伙伴，从国家元首通话到日常会议记录，都在监听的范围之内；另一方面，对于公众隐私的监听，也引发了民众对于该项目的批评。①

对于民众就这一项目的批评，奥巴马总统做出了回应。他指出："你不可能在享有100%安全的同时享有100%的隐私权和便利。"但批评者认为：是否该牺牲自由和隐私，这要由民众通过公开的理性讨论和对话来解决。政府的行为需要获得公众的同意和授权。斯诺登就说：美国政府的行为实际上剥夺了民众做出选择的权利，美国政府没有让公众展开充分的讨论就替他们做出了选择。政府现在的做法已经触动了美国宪法的根本即保护自由与公正。

7.5 究竟要如何同意才公正?

一方面，同意不是公平正义的必要条件，也不是充分条件。另一方面，公平正义又离不开同意。那同意和公正的关系究竟如何？如何同意才是公平正义的？

① 参见百度百科"棱镜计划"词条。

同意的类型

关于同意，除了一般意义上的现实的点头、认可、公开的同意（Expressed Consent）之外，理论上还有诸多其他的方式：

（1）默认或默许。约翰·洛克对被动的或默许的同意（Passive or Tacit Consent）与公开的同意做了区分并认可了默许的公正性。在他看来，对于政府及其相关的法律规范，尽管我们没有对此表达明确的同意，但我们已经给出了心照不宣的认可：不管是占有土地还是在公路上自由旅行，这都含蓄地表达了我们对该政府的法律表示同意并受其约束。①

（2）可能的同意。康德将原初契约建立在非历史的共识之上：我们不能假设原初契约起源于当时存在的所有人实际达成的共识，因为这是不可能的。在他看来，法律的合理性只要大家可能同意就可以了：

"［原初契约］事实上只是理性的某种理念，尽管它无疑具有实践中的现实特征；因为它可以要求立法者以这样一种方式来制定法律，即这些法律是根据全体国民的共同意愿来制定的。……这是所有公共法律之正确性的试金石。因为，如果法律是这样一种东西，即，所有的国民都不可能同意它（例如，如果这种法律宣称，臣民中的特定阶层必须是享有特权的统治阶层），那么，这样的法律就是不正义的；但是，如果法律是全体国民有可能同意的东西，那么，把这种法律当作正义的法律来对待就是我们的义务，即使这些国民在当时处于这样一种状态或拥有这样一种想法：如果这些国民被征求意见，他们有可能拒绝赞成这种法律。"②

（3）"无知之幕"（Veil of Ignorance）抑或"无知的面纱"之后的同意。为了确定有关社会制度选择的正义原则，在发展其正义理论时，约翰·罗尔斯提出了"无知之幕"抑或"无知的面纱"的概念。③ 其中，关于"无知之幕"，它纯粹是一种

---

① 洛克. 政府论(下篇)——论政府的真正起源、范围和目的[M]. 北京：商务印书馆，1996：74－75.

② 转引自罗尔斯. 政治哲学史讲义[M]. 北京：中国社会科学出版社，2011：14.

③ 罗尔斯(John Bordley Rawls，1921－2002)，美国政治哲学家、哈佛大学教授，是 20 世纪英语世界最著名的政治哲学家之一，代表作有《正义论》《政治自由主义》《作为公平的正义：正义新论》与《万民法》等。

理论虚构，在此环境下，个体不知道自己的具体身份：

“没有人知道他在社会中的地位，他的阶级出身，他也不知道他的天生资质和自然能力的程度，不知道他的理智和力量等情形”，“没有人知道他的善的观念，他的合理生活计划的特殊性，甚至不知道他的心理特征：像讨厌冒险、乐观或悲观的气质”以及“任何有关他们属于何种世代的信息”。①

在罗尔斯看来，作为指导社会制度架构的正义原则需要到“无知之幕”背后去选择，即罗尔斯将公平正义与“无知之幕”背后的个体同意联系在一起。

就同意的各种可能情形而言，不管是一般的公开的同意，还是洛克修正的默认抑或康德的可能的同意，它们都是现实形态的。与此不同，罗尔斯“无知之幕”背后的同意则完全是一种理论的虚构。进而，有关同意和公正关系的讨论，我们将“现实的同意”与“虚构的同意”两者分开来讨论：公正所要求的究竟是现实的同意还是虚构的同意，抑或是其他？

现实的同意

关于默许的同意和可能的同意，由于它并不需要所有个体都公开同意，它有一定的实践意义：一方面，它降低了现实同意所需要的操作成本；另一方面，既然相关个体已经默许或者可能获得同意，那相关决策、规则的正当性还是有一定的保证。但整体来看，洛克和康德以默许的同意和可能的同意来代替真实的社会契约是令人困惑的：

其一，是现实同意本身的伦理局限问题。毕竟，默许的同意、可能的同意，从本质上来说还是一种现实的同意。既然公开的同意都不能就公平正义做出充分的表述，默许的同意和可能的同意又如何能就公正做出界定呢？

其二，默许的同意和可能的同意对于现实同意的可替代性问题：可能的同意和默许的同意为何能起到一个真实契约的道德作用而成为制度合理性、正当性的伦理基础呢？如果可能的同意就意味着公平和正当，那这是否意味着我们可

① 罗尔斯. 正义论[M]. 北京：中国社会科学出版社，2003：136.

以以默许的、非现实的同意去取代现实的同意呢？

比如，一对刚认识的男女，他们决定约会，去一家餐馆就餐。当他们在餐馆点菜时，女士点了非常昂贵的菜和酒而没征得男士的同意。到了付账的时候，女士要求男士为他们的消费买单。但是，男士认为女士点的菜和酒很贵且没有征求他的同意，最后，他对女士说，还是你自己来买单吧，这不是我的责任。在这里，女士可能认为，男士虽然没有直接认可，但约会和就餐就意味着，自己的行为已经获得了男士的默许（我们姑且排除酒托等问题）。但问题是，这种默许的同意是否能被视为男士的客观同意呢？一方面，男士可能并不认可女士的行为；另一方面，即便男士认可，女士是否也需要征求男士的意见？也正因为如此，桑德尔曾评价指出："心照不宣的同意，是实际事务的一种苍白无力的形式。我们很难明白，仅仅穿过一个城镇如何就在道德上类似于认可宪法。"①

默认是如此，可能的同意也是如此。在市场交易过程中，卖家可能同意我以一定数量的货币去购买她的商品，可能的同意是否意味着我可以不经卖方的同意就直接以她可能同意的价格而从她那里拿走她的商品？或者，我可能去买某种商品，卖家是否可以强制我按照一定的价格去购买她的商品？比如"切糕党"（Glutinous Rice Cake Party），只要有人询问切糕的价格，无论是不是要买，摊主都会强行让人买他的产品。2012 年 12 月，湖南省岳阳市就发生了一起因为强行卖切糕引起的暴力事件，造成损失高达 16 万元。②

与互惠的交易相类似，在单向的转移方面，可能的同意也不能作为强迫个体进行转移的依据，比如骨髓的捐赠：

> 欣欣出生仅 70 天就被确诊为重型地中海贫血，治愈的希望就是进行骨髓移植。在欣欣四岁的时候（2014 年），中华骨髓库联系上了一位初步配型成功的捐献者，该捐献者表示同意捐献。此后，欣欣父母承担了进一步配型检查及捐献者体检等一系列费用。2017 年 3 月 23 日，欣欣住进了广州市儿童医院"移植仓"，开始接受 6 天的化疗，这是手术之前的必要准备。然而，在手术前几天，供者悔

---

① 桑德尔. 公正：该如何做是好？[M]. 北京：中信出版社，2012：158.

② 参见百度百科"切糕党"词条。

捐，医生建议输回欣欣的造血干细胞，继续采取保守治疗。① 据报道，欣欣的案例并非个例，我国骨髓捐献者的反悔率达 20%(此数据被认为低估了很多)。美国的骨髓捐献者拒捐率一度高达近 50%，日本学者统计的亚洲志愿者中，更是有约 60%最终拒绝捐献。②

对于悔捐行为，有一些论者对此提出了批评。在批评者看来：(1)中华民族的传统美德要求我们应当言而有信，捐献者中途“悔捐”的行为违背了自己曾经做出的承诺，背离了社会道德的最基本要求。(2)“悔捐”导致资源浪费，“悔捐”行为一经发生，前期投入的成本都成为毫无意义的沉没成本。(3)“悔捐”对受捐者损害严重。受捐者本身危在旦夕，“悔捐”行为消耗了他们所剩无几的时间，无异于“间接杀人”。

应该说，上述批评有一定的道理。毕竟，“悔捐”对于受捐者及其家人的影响是很大的。在极端情形下，捐献者甚至会在手术台上“临阵脱逃”，而此时受捐者已经完成了清髓，所有骨髓都已经被移除，如果得不到捐献，受捐者几乎只能直面死亡。鉴于此，在决定捐赠之前，捐赠者一定要理性思考，以避免因悔捐而给患者及其家人带来伤害。

但是，在现有的骨髓捐献制度下，“悔捐”行为还很难被视为一种违背诺言的不正义的行为。因为，截至目前，全世界正规的造血干细胞捐献配对组织(包括我国的中华骨髓库)在规定和实际操作中都明确地保护了骨髓捐献者在任何时候完全自愿地选择是否捐献骨髓的权利：世界骨髓捐献组织声明捐献者可以在任何时候退出；而在我国，志愿者签署的“捐献造血干细胞同意书”属于赠予合同，志愿者可以随时反悔。③ 既然法律规定捐献者可以随时反悔，那捐献行为就只是一种可能的同意而非公开的同意。直观上看，由于此等契约本身的非现实性和非存在性，它们并没有获得相关当事人的真正同意，在金里卡看来，此等契约从道德的角度看是无意义的(如果我们认为这是一种假定契约的话)。④ 德沃

① 6 岁血液病女童骨髓配型成功，即将手术时捐献者忽然反悔[EB/OL]. 搜狐网，2019-04-04.

② 中国骨髓捐献反悔率 20%患者因此面临加速死亡[N]. 北京日报，2011-10-19.

③ 程渝. 白血病患者急需骨髓 志愿者配型成功却反悔[N]. 华西都市报，2010-04-01.

④ 金里卡. 当代政治哲学[M]. 上海：上海译文出版社，2015：79.

金则批评指出："假定的契约不仅仅是实际契约的一种苍白的形式；假定的契约根本就不是契约。"①

假想的同意

相比洛克的默认和康德的可能的同意，罗尔斯"无知之幕"背后的同意更抽象：在学术渊源上，罗尔斯的正义论试图将洛克与康德传统的契约主义思想提升到一个更抽象、更一般的水平。但是，契约的抽象性与虚构性，这并不妨碍此等契约的公正性。在此方面，桑德尔就指出："在'无知之幕'后的假想契约，并不是现实契约的一种苍白无力的形式，因而在道德上比较虚弱；它是现实契约的纯粹形式，因而在道德上更有力量。"②

"无知之幕"背后的假想同意的道德性、公正性与两个方面的因素有关：一方面，"无知之幕"屏蔽了个体的私人信息（宗教信仰、经济地位等），这使得由此所确定的原则及其所指导的制度是公平正义的。另一方面，在个体私利的干扰得以克服之后，个体可以就相关的原则与制度规则达成一致。

其实，也正因为"无知之幕"对于公平正义所具有的含义，我们可以将公平正义与"无知之幕"背后的同意联系在一起：从某种意义上来说，契约主义所讲的自然法、自然权利和自然义务都可以基于"无知之幕"背后的理性选择而得到。因为，在我们不知道自己身份的情况下，理性的人类会选择保护个体生命和财产安全的基本规则和条款。

问题是，将公平正义与"无知之幕"后的假想的同意联系在一起，这是否意味着公平正义只是关乎假想的契约而与现实的契约无关呢？事实上，情况并非如此。尽管现实的同意存在这样或那样的局限，但现实的同意本身就可能出现在假想同意所选择的规则中：出于个体自由的考虑并考虑到直接确定具体结果的局限性，在诸多规则的选择上，"无知之幕"后所选择的规则会给个体自由选择及其相关的现实同意留下空间。在"无知之幕"背后，我们选择的往往不是具体的结果，而是一套包含个体自由选择、自由订立契约的规则。

---

① 转引自金里卡. 当代政治哲学[M]. 上海：上海译文出版社，2015：78.

② 桑德尔. 公正：该如何做是好？[M]. 北京：中信出版社，2012：170.

当然，鉴于直接由个体订立契约的局限，“无知之幕”背后选择的规则不是简单的现实同意过程，而是一套在自然义务、自然权利得以界定的基础上的自由契约过程。其实，也正因为如此，现实同意不是公正的充分条件（由于现实同意要以自然义务作为约束边界），也非必要条件（因为自然义务、自然权利并不需要个体的现实同意）。当然，由于现实同意本身又是“无知之幕”后理性规则的一部分，公正又与现实的同意密切相关。

会选择什么？

罗尔斯的“无知之幕”超越了现实同意所存在的伦理局限而正确地将公平正义与克服个体私利干扰的“假想的同意”或者说“理想的同意”联系在一起。但问题是，在“无知之幕”背后，理性个体所选择的对象是什么？其具体结果究竟如何？

其一，关于选择的对象，罗尔斯正义论所选择的是指导社会制度选择的基本原则。因为罗尔斯讲的“契约”抑或“原始协议”不是为了参加一种特殊的社会或为了创立一种特殊的统治形式而订立的，其订约的目的是为了确立一种指导社会基本结构设计的根本道德原则，即正义原则。①

其二，关于选择的结果，与功利主义基于单一的全涉性原则（Single Overall Principle）来就正义原则做出统一表述不同，罗尔斯认为在“无知之幕”后所选择的原则是按词典次序排列的多数原则（Plurality of Principles in Lexical Order）。包括两个部分：第一原则是平等自由原则，即每个人对与其他人所拥有的最广泛的基本自由体系相容的类似自由体系都应有一种平等的权利。第二原则是社会的机会平等原则和差别原则的结合。

但事实上，在选择对象上，“无知之幕”背后选择的应该是具体的制度而不是一般的正义原则（当然，制度和原则不是截然分立的），因为，当罗尔斯主张立足于“无知之幕” 的背景来进行选择时，正义的原则其实已经深深根植于“无知之幕”所设定的理论场景中：为何要在“无知之幕”后进行选择，为何不将选择置于

① 罗尔斯.正义论[M].北京：中国社会科学出版社，2003：9.

“公开的舞台”上，这就是考虑公平正义的结果。

其实，不仅正义原则不是“无知之幕”背后选择的结果，而是“无知之幕”得以确定的基本前提，同时，作为社会基本结构设计的根本道德原则，以罗尔斯的两个正义原则来就公正原则做出表达同样存在局限。作为第一原则的平等自由原则姑且不论，单就有关差别原则的第二原则来说，由于涉及个体福利抑或基本益品的数学加总，与功利主义的公正原则一样，差别原则依旧未能给个体自由留下应有的空间，未能妥善解决“人的分立性”问题（尽管罗尔斯本人业已明确提出了“人的分立性”问题）。

当然，作为第一正义原则的平等自由原则对个体的自由也给予了尊重和保护，而罗尔斯对自由的强调与尊重（将平等自由原则置于差别原则之前）似乎表明他业已给个体自由留下了应有的空间。但情况并非如此简单，因为，在经济领域，罗尔斯的差别原则是在自由原则得以应用的基础上实施的，这意味着：在整体意义上，罗尔斯主义所支持的社会结构其实是基于加总的差别原则来架构的。进而，尽管罗尔斯就个体目标进行加总的方式与功利主义有一定的差异，但与功利主义的最大化原则一样，罗尔斯的正义原则依旧没有给个体自由留下应有的空间，这一点至少在收入分配领域方面是如此。

7.6 契约主义：评价及含义

同意是公平正义不可或缺的重要组成部分：一方面，在充分性方面，同意意味着各方对于契约、协议与制度安排的认可；另一方面，在必要性方面，同意意味着彼此的尊重，而不同意则往往意味着暴力与强制性的服从。也正因为如此，契约主义将公正与同意联系在一起有其合理性。哪怕同意是不完全的，如洛克所说的默认和康德所提出的可能的同意，它们都或多或少有一定的公正性。

但是，由于自然义务及其相关的自然权利的存在，义务、权利并不必然出于同意：未获得个体同意的制度、规则依旧可能是公平正义的。与此同时，受个体自爱等因素的干扰和影响，现实的同意并不能充分保证契约的公正性：现实同意的公正性应该以自然义务、自然权利所对应的相关约束条件(即诺奇克所讲的“约束边界”)为限定前提。简单地将公正与现实的同意等同存在局限性。

与基于现实同意来理解公平正义不同,罗尔斯基于“无知之幕”而发展出来的契约理论将公正与假想的同意联系在一起。“无知之幕”的场景设定有利于排除个体自爱因素对于公正决策的影响,有利于确定先于现实同意过程的有关自然义务、自然权利的基本规则,此等契约理论在很大程度上克服了基于现实同意来理解公平正义的伦理局限:不管是不需要个体现实同意的自然义务和自然权利,还是基于现实同意的社会决策规则,我们都可以将它们视为“无知之幕”后理性选择的结果。

但是,罗尔斯的正义论有关公平正义的理论探索并未取得彻底的成功。一方面,因为“无知之幕”的场景设定本身就是基于正义原则而设定的,正义原则应该先于“无知之幕”而存在,而不是“无知之幕”背后理性选择的结果,“无知之幕”背后所选择的对象应该是基于一般正义原则来进行选择的具体的制度规则而不是抽象的正义原则;另一方面,罗尔斯所表述的两个正义原则,尤其是以“最大最小”来表述的“差别原则”,不符合公平正义的理性直觉:与功利主义原则一样,此等正义原则未能给个体自由留下应有的空间,存在侵犯个体权利的可能。

鉴于此,对于公平正义的探索和理解,我们需要进一步在罗尔斯正义论的基础上寻求理论的突破。一方面,在基本原则的理解方面,究竟何谓公平?何谓正义?“无知之幕”所蕴含的公平正义的一般理念和原则究竟是什么?相关的问题还需要我们进一步去探索。另一方面,在具体的制度安排方面,自然义务、自然权利的范围边界及其具体形式究竟如何?为艾滋病患者做手术是否在医生的自然义务范围之内?基于公平正义的一般理念和原则,我们需要进一步去探究人类社会所必须遵循的具有普遍性和准永久性的基本制度条款,选择人类社会所必须遵循的将自然权利、自然义务和自由选择有机组合在一起的基本制度规则。

思考题

(1)许多国家的司法体系允许犯人支付一定量的金钱以减少或免除牢狱之

灾,保释的金额是作为换取个体自由的筹码。保释制度应该存在吗?

(2)在一些小城市和小县城,经常会看见这样一幕:你正开车行驶在乡间小路上,夕阳斜照,感受到无限的美好。正当你停下车打算欣赏这美景时,突然一个人从路边冲了出来,她一手一块抹布,一手一瓶清洁液,很快把你的车窗擦拭干净。正当你一脸诧异时,她开始找你收费了。请问你需要向收费者支付费用吗?

(3)无锡双独夫妻沈杰和刘曦车祸身亡,事发前在医院冷冻了四枚胚胎。两家老人随即联系老挝的代孕母亲生下孙儿。这种基于爱的商业代孕是否合理?

(4)有新闻报道,一个未成年的男孩回家后,家人发现他身上多了一条11厘米长的伤口,少了一个健康的右肾。原来,这个男孩通过QQ联系上了卖肾的黑中介,中介告诉他,割肾对身体不会有影响。于是他在当地一家医院被割走右肾并拿到了2.2万元。之后他用卖肾的钱买了iPhone4和iPad2。事后,母亲带着他去报案,做手术的黑中介、医生、护士被提起公诉。对于这个问题,你怎么看?

(5)对处于昏迷状态中的车祸受害者来说,当动手术是唯一选择的时候,医生是否需要得到昏迷病人的同意才能将他救活呢?特别地,考虑一种特殊情况,比如这个人是想寻死而故意出车祸的情形,医生应该救治吗?被救者需要付医药费吗?

(6)医生遇到生命垂危需要抢救的人,但被抢救者自己又拒绝接受抢救(名人中就有琼瑶)。这种情况下救治是否需要以同意为基础?

(7)许多患有绝症的人可以通过受捐器官获得生命的重生,但也有一部分器官其实来自死刑犯。对于死刑犯,死刑的执行其实是剥夺了他们的自由权,如果再对他的身体进行利用是不是对其财产也进行了侵犯?

(8)自愿成为奴隶的合同是否有效?

(9)2015年2月14日,最高人民法院表示,餐饮行业中的“禁止自带酒水”“包间设置最低消费”属于服务合同中的霸王条款,消费者在餐饮经营者提供服务时遭遇霸王条款产生纠纷,可以适用消费者权益保护法的规定,以捍卫自身权益。霸王条款的问题在哪?

(10)王先生80岁的老父亲早已和他断绝了亲子关系。现在,王先生的父亲生病，救治要很多钱。而王先生有五个孩子，生活也不是很富裕，他选择不去理会，这符合伦理道德吗？

(11)我们国家明令禁止买卖器官的行为，但这种现象我们却经常可以看见，还衍生出了一系列的犯罪行为。但另一方面，我们无偿去给别人捐献器官是绝不违法的，甚至是一种高尚的行为。为何捐赠被人们认可，而你情我愿的交易则要禁止呢？

(12)甲买的新房竟然被乙无故装修了。原来，乙将房门号记错且两间房子的门锁是一样的。甲的房子未经同意被无故装修，这打乱了他原本的装修计划(风格、设计等因素)，乙为他人的房子装修付出了资金，并且两者不能达成互换房子的一致意见。这种情况下，甲应该补偿乙吗？

(13)潜规则在娱乐圈屡见不鲜，一些女星为了上位，和某些导演或者大款达成协议，用身体换取自己的大红大紫，这种同意是非强迫的且双方均知情，那潜规则合理吗？

(14)社会中存在一种匪夷所思的交易：代哭丧。当在外子女没法如期亲自到亲人坟前哭丧，就会有人通过与他人达成交易，让他人为其哭丧，甚至还计时收费。此等交易正当吗？

(15)甲在一家街头小饭馆点了几盘菜，后来结账时发现要多收 15 元，询问店主为何多收钱，店主回应："15 元是餐具使用时的租金。"尽管感到不忿与诧异，甲还是如数给了钱。此事如何评价？

(16)在买衣服的时候，顾客试了几件衣服却没有满意的或者有满意的但价格没谈妥，于是选择不购买，这时销售员就开始不高兴，认为你浪费了她的时间却不购买，是不道德的。那么顾客应该感到愧疚或是违背自己的意愿买几件衣服吗？

(17)在欧美有一家恐惧健身的公司，他们通过利用客户害怕的事物来强迫客户健身：客户在签订合同时会写下自己最害怕的东西，而公司则负责将恐惧具象化，公司创始人因此面临恐吓等多项指控。但即使是拿着斧子追人或者让自己的孩子被掳走，都是客户主动选择公司且允许雇员这么做的(即使知道是假的，但恐惧感使他们奔跑)，这样的合同条款是基于客户与公司双方自愿的双向选择，也没有损害到他人的利益。客户自愿选择恐惧，而公司接受他们的请求给予帮助，国家可以干涉他们的自由选择吗？

(18)不管一个人的善的观念是什么，他们都需要生命安全，安全是保障基本自由的先决条件。各方会考虑到“无知之幕”揭开后自己有可能受到犯罪行为的侵害，为了保障自己的安全，他们会同意建立一个可以有效降低犯罪率的惩罚制度。但是惩罚不能没有限制，因为他们还要考虑到在无知之幕揭开后自己有可能成为罪犯，基于这种考虑，如果死刑起不到足够好的预防犯罪效果，他们将会反对死刑。“无知之幕”之后的立约者会如何看待死刑？

(19)在“无知的面纱”理论中，人们在不知道每个人的具体情况下聚在一起去选择集体生活的原则，那这时候应该也会存在不一样的意见，是通过少数服从多数来统一意见吗？

(20)桌上有一大块蛋糕，房内有十一个人，如果让某一个人主持切蛋糕，那么难免会出现给别人分少给自己分多的抱怨。最好的解决办法是让切蛋糕的人最后拿，那么任何一个人都会尽力使蛋糕分配均匀以保证自己能享受到最大的利益。这和罗尔斯的“无知的面纱”有何异同？

(21)安徽省安庆市望江县一名女生跳河自杀，旁边两位警察在女子跳河后未能及时施救，导致该女生死亡。两位警察因此受到一定期限的停职惩罚，请问：我们如何评价警察的行为？他们应该受批评、受惩罚吗？

8

自由平等主义

在对公平正义的理解方面，自由(至上)主义强调的是个体的自由，强调个体选择对于收入分配结果的决定性作用。与之不同，均等主义则强调平等，强调收入分配结果的同一和均等。而以罗纳德·德沃金(Ronald Myles Dworkin，1931—2013)[①]为代表的自由平等主义(Liberal Egalitarianism)则将平等界定为公平的竞争起点，并在此基础上将平等和自由两者结合起来，认为公平是"公平的竞争起点"与"自由选择决定性作用"的搭配组合。

在德沃金看来，平等的关切要求政府致力于某种形式的物质平等，他把它称为资源平等(Equality of Resources)。[②] 与此同时，与以赛亚·柏林的价值多元论认为自由和平等彼此对立和冲突不同，德沃金认为："平等不但与自由相容，而且是珍惜自由者都会予以珍惜的一个价值"。[③] 鉴于此，在《至上的美德》一书中，德沃金提出了其公正观的两个正义原则：

第一项原则：强调起点公平的"钝于禀赋"(Endowments Insensitive)原则。

---

① 德沃金是美国著名的哲学家和法学家，其代表作有《认真对待权利》与《至上的美德》等。

② 德沃金.至上的美德——平等的理论与实践[M].南京：江苏人民出版社，2015：导论3.

③ 德沃金.至上的美德——平等的理论与实践[M].南京：江苏人民出版社，2015：导论5.

这一原则意味着，公平正义“要求政府采用这样的法律或政策，它们保证在政府所能做的范围内，公民的命运不受他们的其他条件——他们的经济背景、性别、种族、特殊技能或不利条件——的影响”①。

第二项原则：强调自由选择决定性作用的“敏于志向”（Ambition Sensitive）原则。在该原则看来，公平正义“要求政府在它能做的范围内，还得努力使其公民的命运同他们自己做出的选择密切相关”②。

与德沃金的观点存在一定的相似性，布坎南有关收入公平分配的主观主义——契约主义——观点一方面充分认可了市场机制下个体的自由选择、努力与运气对于收入分配结果的支配性作用，另一方面，为了避免个体出身等因素所带来的起点的不公平，他也强调了转让税与公立教育等在收入分配起点公平维护上的作用。③ 也正因为如此，尽管布坎南是从契约主义的角度来阐述其公平分配理论的，但从某种意义上来说，布坎南也可以被视为一个德沃金意义上的自由平等主义者。

那么，对于自由平等主义的公正观，我们该如何来评价？此等公正观的合理性如何？它对于我们公平解决收入分配等相关问题具有什么样的价值和意义？

8.1 开征美人税：公平正义吗？

现如今的世界颜值即是正义，当真美貌就是百利而无一害吗？下面带大家走进岛国奇幻神片《世界奇妙物语》的脑洞世界，看完《美人税》，你还信奉美丽至上吗？

佐佐木希饰演的女主是个典型的大美女，因为貌美，她在生活中得到了很多的便利，刻薄的上司也给她格外的照顾，活脱脱一个看脸的时代。由于日本经济

① 德沃金. 至上的美德——平等的理论与实践[M]. 南京：江苏人民出版社，2015：导论 7.

② 德沃金. 至上的美德——平等的理论与实践[M]. 南京：江苏人民出版社，2015：导论 7.

③ Buchanan J M. Liberty, Market, and State: Political Economy in the 1980s[M]. Harvester Press, 1986：123－139.

衰退，所以出台了新的税收政策，美人税就是其中之一，妹子们需要为自己的颜值交税了！

为了判定颜值高低，国家还专门发明了测脸机器。高颜值的女主需要为自己缴纳20%的美人税。这个税征得太疯狂了，不管是衣食住行还是每月工资，都要扣掉20%的税。不堪重负的女主带领一众美女来到政府部门面前游行抗议，但是政府部门里的眼镜男对女主说，你是美女，肯定享受了不少的优待，多尽点义务完全是应该的啊！再说了，让你交这么多钱，说明你是国家公认的超级大美女，一顿忽悠说得女主心服口服飘飘然。

被成功洗脑的女主认为这是一种殊荣，别人也十分羡慕她。某天，公司突然来了一位新同事小花，她竟然要缴25%的美女税，女主眼看第一美女的地位不保，开始了疯狂健身，效果显著，后来女主直接要缴30%的美女税，真是为了美视金钱为粪土啊！可是，还没等女主炫耀，就在公司听到小花整容的消息，结果一看，这妹子把自己整得丑瞎眼，而且还是自愿的，原来都怪美女税太高了，本来要和她结婚的对象也因为害怕承担高额税收而甩了她，小花感觉当美女太累了。

不久，公司为了留住资金，辞退了很多美女员工，也包括女主。然而祸不单行，女主的妈妈也去世了，留下了一套房子和一笔遗产，但因为母女二人都是美女，算下来，女主得到的钱竟然是负数。当女主沮丧之时遇到了卖特殊道具的小帅哥，戴上就能避税，女主用这些道具顺利继承了遗产，结果逃税被抓要坐两年牢。

女主出狱后，她不用再交税了，因为原先认定的美女的数量减少，政府不能征到更多的税，于是修改了美人的标准，使得原先的丑女一举晋升为美女，要交美人税，佐佐木希反而成了不要缴税的丑女。心疼小花十秒钟，整成那样现在要交多少钱哦！[①]

那么，“美人税”应该开征吗？公平正义吗？P先生（支持者）和Q先生（反对者）对此有不同的看法：

---

① 因为长得太漂亮要交美女税，入狱两年后竟然成了世人眼中丑八怪[EB/OL]. 搜狐网，2018-05-29.

因没有先例而反对?

P:我完全赞成征收美人税！因为,正如电影里面所描述的,因为颜值,美人在各方面都得到优待(比如刻薄上司对她格外的照顾),颜值给美女带来了实实在在的利益,这既是广度方面的,也是深度和可持续性方面的,这对颜值低的女士来说不公平！

Q:美人税？搞笑吧！电影里面娱乐罢了。在现实中,尚未有一个国家曾经或正在征收美人税,没能在现实中进行应用,这就已经从侧面证明了征收美人税这一想法是难以得到多数人认可的。

P:现实中现在没有,这并不意味着将来没有,不意味着我们不应该征收。事实上,征收美人税在伦理上完全可取,它在性质上类似于遗产税。与遗产税相同,美人税开征的目的也在于克服因家庭等因素所带来的个体在先天禀赋和资源方面的不平等。

技术上不可操作?

Q:将来征收？这完全不可能啊。不管其开征在伦理上是否有依据,单看技术操作,这实行起来多难啊？毕竟,要征收美人税,首先要确定美丑的标准,然后加以量化。但事实上,美丑是人的主观判断,无法确立一个硬性的判定标准,不能用鼻梁高 1.5cm、腰围 55cm 来精确评定,进而,也就无法就人的颜值按等级进行排序。与此同时,我们也无法对征税的标准合理量化,税收征收的具体方案无法落实。

P:操作不可能？无法制定征税的标准？这完全不用担心,我们要相信科学,相信人的能力。就像幸福指数的构建,尽管我们不能制定非常精确的美丽指数指标,但大体上的指标还是可以确定的。当然,审美观念可能会因为国别、文化、年龄而产生较大的差异,这并不影响各个国家根据自己的情况来选择符合本国国情的征税标准！

Q:即使技术能够明确“美人”的标准,“美人”也不可能一直都是“美人”,如果美人税的征收对象在短时间内会存在很大的变动,这给税务的征收和管理造成困难。

P:美人确实可能变化,但这并不影响美人税的征收。对于所得税,个体的收入是变化的,但所得税的征收并不存在问题,国家可以根据个体不同时间段的收入来征税。同样,美人税的征收可以根据个体在不同阶段的美丽程度来征税。实际上,不仅个体的美丽变化不影响美人税的开征,就是社会上美人标准发生变化,美人税的征收依旧没有问题。毕竟,税收的征收并不一定要求美人的标准是持续的、不变的。

Q:哪怕美人的标准可以确定,但美貌带来的收益无法被量化,进而也就无法设定一个合理公平的税率。如果我们一定要以美人为理由收税,那如何制定一个公平的、链接美人的美丽程度和税收数量之间关系的征税函数呢?

P:这同样不用担心,现代计量经济学提供了很多的方法,如回归分析等统计方法。

征税依据不可靠?

Q:就算我们可以就美貌与个体收益的关系进行数学上的测量,但美人税征收的依据仍旧不足。因为,在现代,尽管对于特定职业的人群而言,美丽是一种可以凭借获取优势的属性,譬如艺术工作者,但对更一般的群体而言,美丽并没有和社会资源的获取有太大的联系。

P:否定美丽所带来的收益,这完全不符合现实。对于艺术工作者等特定人群,她们可以因美丽而获得收益,对于一般的群体,她们也会因美丽而获得各种照顾和便利。一般人与特定人群的差异不在于有和无,而在于多和少!

Q:但是,美丽也有代价。即便美人能够因颜值而获得收益,但维护美丽同样需要花销和努力,与此同时再向她们征税,这无端增加了美人的生活压力。更何况,美丽也有其独特的烦恼:有时会受到不必要的瞩目,存在潜在的危险,比如空姐坐顺风车而受到侵害的例子。

P:确实,美丽有代价和风险。但整体上来说,美丽对于美人是有利的,否则,她们就不会去为美丽而不断的努力。鉴于此,向美人征税的事实依据是完全可靠的!

Q:美貌是天生的,征收美人税并不能让人变美或者让美人变丑,达不到所谓的站在同一起点的目的,反而会让美人处于劣势地位。影片里的女主角就因为过高的美人税而无法维持生活。

P:美人税的征收不是要使得大家的颜值一样,其目的在于限制美人的优势,使得个体有一个公平的起点。至于影片中女主角因美人税过高而难以维持生活的情形,这纯粹属于税收制度的不完善,而不是税收本身的不合理。

Q:将颜值视为一种优势?这会把以劳为美、以智为美的社会变成看脸的世界。

P:颜值是一种优势,是一种客观实际。至于社会究竟是以何为美,这取决于社会的审美观念,而不是由美人税所能决定的。

Q:社会的审美观念不是由美人税所决定,但因税收征收所导致的避税成本和扭曲则是由美人税所决定的。在征税的情况下,美人们如果担不起繁重的赋税,就会想办法丑化自己以躲避重税,甚至出逃到其他国家。如此一来,美人这种稀缺资源就会不断外流。

P:税收的征收确实会影响人们的行为选择,但几乎所有的税收都有这方面的问题:所得税会改变个体所得和闲暇的决策,而流转税会改变人们对于商品消费的结构。而不管是所得税还是流转税,都面临个体偷逃税收的行为。

存在歧视、不公平?

Q:但是,对所得税和流转税是普遍征收的,所有收入和消费都在征税的范围之内。而美人税则是选择性的,只对颜值征税而不对其他方面的因素征税,这是对颜值的歧视!因为除了容貌之外,人与人不一样的还有身材、家庭与健康程度等很多方面。为什么唯独向颜值征税呢?

P:确实,个体间所存在的差异涉及诸多方面,除颜值之外,体能、智力等都会影响个体的发展。拥有颜值的人比颜值低的人享有更多的好处而存在不公平,拥有聪慧天赋并因此而享有更多好处的人对于其他没有聪慧天赋的人也存在不公平,只对颜值征税确实不妥,但问题不在征收美人税,而在于体能税、智力税等税收的缺失。

Q:甲生下来是健康的,乙生下来就残疾;甲天生就有 140 的智商,乙的智商天生就不足 70。难道所有处于优势的方面都要征税?

P:是的,如果我们要保证公平竞争起点的话。毕竟,智商超 140 的个体,并非天生就高智商的,而智商低于 70 的个体,他们也并非天生就应该存在智力的缺陷。

Q:即便国家对颜值、智力、体力等都加以征税,美人税还是不可取,因为它只对女性征收,这对女性不公平,是一种性别歧视!

P:如果税收的征收只是针对女性,这确实有歧视的意味。但是,对颜值的征税完全也可以且应该向男性延伸,尽管男性的成功与颜值的关系并没有女性这么大。公平的税收要面向所有潜在的纳税主体,美人税只是一个开端。

Q:对美人来说,美人税与其说是一种社会肯定,不如说是一种负担,对美人不公。在影片里,两位美人最后都选择了通过伪装、整容来逃避税收。某种意义上来说,美人税对美人的影响就如同富人税对富人的影响,它看起来没有那么正当。

P:美人税的目的就是要增加美人的负担。

Q:美人税对于男性也不公平:爱美也是男性的权力,如果为了娶一个更好看女性而要一同承担这一笔高额的美人税,这对于男性是很大的负担。

P:娶一个更漂亮的妻子确实要承担更多的税收。但是,妻子的美丽也给他带来很多的收益。最后还是由个体自己选择吧,如果某人愿意娶漂亮的女性为妻,那意味着他愿意承担相关的税收成本。

Q:把人强制划分为美和丑,这本身就是一种不公平,是对颜值较低个体的一种歧视。长相歧视同身高歧视、生理歧视一样伤人。征收美人税,也是对不交税者的一种伤害。这边征收"美人税",那边求不交税者的心理阴影面积!这种看似让社会公平的做法反而让社会更加的不公平。例如现在普遍认为白更美,也是在种族上的一种歧视,是对黑人的歧视。

P:认为征收美人税是对不交税者伤害的观点,这在逻辑上并不成立。如果真是这样的话,那这就意味着,所得税、富人税是对低收入者的歧视。

Q:但是,美貌并非都是天生的优势,现在比较普遍的是后天的整容,还有通过自己的努力，通过减肥、戒糖、调整皮肤状态等才变得漂亮。所有这些都是美人通过忍受别人没有忍受的痛苦才换来的，她们已经为美丽及其所得付出了代价，她们凭什么还要在税上再次付出代价呢？

P：颜值有后天努力获得的，也有先天的。美人税的开征主要是调整先天获得的部分。

Q：颜值究竟是先天形成的还是后天努力的结果，这可以区分开来吗？

P：我们尽力吧。

Q：那个体先天具有高颜值，这对于低颜值的个体真的不公平吗？

P：以德沃金为代表的自由平等主义是这么认为的。

Q：自由平等主义的观点正确吗？

P：这个问题，我们接下来进一步讨论吧！

8.2 自由平等主义方案合理吗？

美人税是否应该开征？这无疑涉及税收征收的技术操作性问题，但更是事关税收征收的伦理正当性问题：公平正义是否要抹平个体在起点上的差异？如果个体在颜值、体能、智商与财产继承等方面所存在的差异是不公平的，那征收美人税在伦理上是有依据的，税收具体如何征收、征收多少的问题我们姑且不论。问题是，个体在颜值等方面的差异存在不公平吗？公平正义需要将相关的差异抹平吗？

应该说，有关起点差异的公平性问题，这是一个非常具有现实性的问题，收入的公平分配、高考的公平招生与体育的公平竞赛都涉及起点的公平问题：在收入分配方面，家庭财产继承上的差异存在不公平吗？高考招生是唯才是举、全国统考还是地区公平、分区划线？在体育比赛中，有的女运动员雄性激素天生高于常人，这对于其他运动员公平吗？公平竞赛是否需要雄性激素高的女运动员服用激素抑制剂？比如南非田径运动员卡斯特尔·塞蒙娅（Caster Semenya），在2009年柏林田径世锦赛上，她以1分55秒45夺得女子800米冠军。2009年9

月 11 日，英国《卫报》爆料，性别检测结果显示：塞蒙娅同时拥有男性和女性器官，雄性激素明显高于女运动员。国际田联因此决定对其进行医学检查。国际田联表态，无论最终的检测结果如何，塞蒙娅都可以保留世锦赛获得的金牌，但如果证实塞蒙娅非女性，田联会给当时获得亚军的肯尼亚选手杰尼斯一块新的金牌。塞蒙娅性别的争议炒得沸沸扬扬，南非各界普遍表示质疑，称这其实是一种歧视。

自由平等主义方案

关于个体初始禀赋差异的不公平性，德沃金的自由平等主义对此持肯定态度。在就流行的形式上的机会公平观点——把能够获得社会利益的平等机会赋予了每个个体就等同于消除了社会的不平等——进行评价时，德沃金就指出，由于自然资质是不应得特征，那个流行的机会公平观点与其说是不可靠的还不如说是“不诚实”的。① 其实，也正因为认可了自然资源禀赋差异的不公平性，德沃金的自由平等方案试图通过公开拍卖与保险等方式，来实现初始资源——外部资源和内部资源——的公平分配：

其一，有关外部资源的分配，基于“钝于禀赋”的公平理念，德沃金主张将所有社会资源进行拍卖：社会先分配给每个人 100 个蛤壳（Clamshells），然后，个体通过喊价去竞买适合自己生活计划的那些资源，以保证每一个人都有一个满意的外部资源分配方案。②

其二，关于内部资源的分配，德沃金认为，自然资源的拍卖是以个体禀赋的平等为前提的，但在真实的世界里，存在自然劣势者——生理的或精神的残障者（如失明）。此时，外部资源的公平分配并不能充分保障个体起点上的资源平等。③ 为了解决这一问题，德沃金要求人们在类似于罗尔斯“无知之幕”的场景下去选择保险方案：在个体不知道自己禀赋的情况下，个体究竟要用多少资源份额去购买保险，以平衡他们在自然天赋分配中将出现的残障或其他劣势。

---

① 转引自金里卡. 当代政治哲学[M]. 上海：上海译文出版社，2015：75.

② 德沃金. 至上的美德——平等的理论与实践[M]. 南京：江苏人民出版社，2012：61－118.

③ 德沃金. 至上的美德——平等的理论与实践[M]. 南京：江苏人民出版社，2012：74.

由于颜值其实也是个体自然资源的一部分，从某种意义上来说，美人税可以被视为德沃金自由平等方案在有关颜值分配不公问题上的具体应用：按照这种思路，政府向颜值高者征税，然后，将所征收的税收来对低颜值者进行补贴，即通过政府的“税收—补贴”方案来为个体的竞争提供一个公平的起点，以化解因颜值分配随机性对公平竞争的不利影响。也正因为如此，对于美人税的评价，在理论上就可以转化为对德沃金自由平等主义方案的评价。

关注起点公平

公平问题，不是一个简单的分配结果问题，在很多时候是产生结果的起点问题，自由平等主义强调起点公平这无疑是可取的，相比均等主义等仅关注结果的正义理论，自由平等主义在理论上具有明显的优势：

其一，如果起点得以恰当的调整，那么结果上的很多问题就已经在前续阶段而得以解决，这会极大程度地降低就后续结果进行调整的力度和范围。比如，在收入分配方面，如果社会的每一个体都有基本的教育、健康和生存保障，那对大多数人来说，未来无法获得基本生活资料的可能性就得以极大程度地降低，就结果进行调整的力度就会得到极大程度的限制。用金里卡的话来说，“假如人们事先在禀赋上就有更大的平等(例如，他们的投资能力和发展自己技艺与天赋的能力)，事后的再分配就不那么要紧，因为需要加以修正的市场条件下的非选择的不平等将大为减少。”①

其二，起点调整相比结果调整更有利于为个体的自由选择提供空间。毕竟，将调整的环节提前，其意义就在于尽量强调个体自由选择对结果的决定性作用。特别地，作为进一步的逻辑延伸，如果事先的禀赋更加平等，那么所有人都不需要卑躬屈膝地依赖别人，没有人需要被迫地选择窒息思想和情感的单调而琐碎的工作。② 因为，越是强调个体自由选择决定性的社会，就越是尊重人、解放人的社会。在此方面，罗尔斯认为他自己所提出的“拥有财产的民主”要优越于福利国家，这不仅是因为它可以减少进行事后分配的需要，而且是因为它可以阻止

① 金里卡. 当代政治哲学[M]. 上海：上海译文出版社，2015：108.

② 参见金里卡. 当代政治哲学[M]. 上海：上海译文出版社，2015：117.

把劳动分工变为主从关系。

其三，起点公平问题具有相对的独立性，起点的不公平问题往往难以通过事后的调整来加以解决。比如，南北榜案所揭示的古代科举考试与现代高考招生的公平困境问题：

南北榜案，又称春夏榜案、刘三吾舞弊案 、南北榜事件，是明初科举考试中的重大事件。

明洪武三十年(公元 1397 年)二月，明王朝迎来了其三年一度的科举会试，在主考官的遴选上，朱元璋经反复斟酌，最终圈定 85 岁高龄的翰林学士刘三吾为主考。

之所以选择刘三吾，有几点考虑：其一，刘三吾有经验，刘三吾是元朝旧臣，元末时就曾担任过广西提学(相当于教育厅厅长)。其二，刘三吾有才学，他主编过《寰宇通志》，这是明朝时中国人了解周边国家的百科全书。其三，刘三吾人品好，《明史》说他“为人慷慨，胸中无城府，自号坦坦翁”。选择刘三吾为主考，既是朱元璋对他本人的认可，也是朱元璋对这次科举的期望。

经过一个月的考试，取录 51 人。因这 51 人全是南方人，故称为南榜。6 天过后，落第的北方举人联名上疏，跑到礼部告状，或者在南京街头拦官员轿子上访，告刘三吾等人偏私南方人。这使得南京街头巷尾各式传言纷飞，有说主考收了钱的，有说主考搞地域歧视的。

消息传来，朝堂上下震撼，朱元璋恼怒，正式下诏，成立了包括侍读张信在内的调查小组。然而，经查阅试卷，所录取 51 人皆凭才学录取，无任何问题。结论出来，再次引起各界哗然。落榜的北方学子无法接受调查的结果，朝中北方籍官员纷纷抨击，要求再次选派得力官员对考卷进行复核，并严查所有涉案官员。

后来，朱元璋下诏，指斥主考刘三吾为蓝玉余党，刘三吾被发配西北。张信更惨，被指斥为胡惟庸余党，被凌迟处死。然后，他亲自策问，取录 61 名，因所录 61 人全为北方人，故又称北榜。

经过南北榜案，明王朝的科举制度发生了重大的变革，此后的科举录取不再是“全国统一划线”，相反分成了“南北榜”，即南北方的学子，按照其所处的地域进行排名，分别录取出贡生后，再统一参加殿式。这个制度不但此后沿用于整个明清两朝，与当下高考中的分区划线也有异曲同工之意。[①]

南北榜案之所以发生，有客观的原因：安史之乱后，中国的经济文化中心不断南迁，到明朝时，南方的经济已基本上全面超过北方，南方的文化也要比北方发达，东南沿海一带更为突出，这使得北方考生在“唯才是举”的统考中全军覆没。类似地，在高考招生中，由于基础教育的差异，如果简单地采取“唯才是举”的全国统考制度，经济相对落后地区的考生往往也会处于不利的地位。

但是，如果基于地区公平而给落后地区考生以照顾，如加分、分区划线与实施某种定额制等，正如美国的平权行动（Affirmative Action）所发展的那样，这又不可避免地会带来“逆向歧视”的不公平问题：

平权行动是20世纪60年代随着美国黑人运动、妇女运动而兴起的一项政策，它由美国总统约翰逊于1965年所发起，该政策主张在大学录取学生等方面照顾少数种族和女性。这项制度后来受到人们的非议，因为它带来了“逆向歧视”，比如1978年的“巴克案”(Bakke Case)。巴克是一名白人男子，他连续两年被一个医学院拒绝录取。但与此同时，该医学院根据16%黑人学生的定额制，录取了一些比巴克各方面条件差的黑人学生。巴克不干了——我不就是白点吗？我白招谁惹谁了？他一气之下上诉到美国最高法院。最高法院裁定对黑人学生实行定额制是违宪的，但仍然在原则上支持“平权行动”。[②]

其实，鉴于问题的根源在于起点的不公平，高考的公平招生应该以促进和保障起点公平——公平的基础教育——为前提：在保障基础教育公平的前提下统一招生、唯才是举，定额制、分区划线等照顾性政策的“逆向歧视”问题就得以避免。

也正是因为起点公平的极端重要性，同时，也是因为起点公平的不可替代性，自由平等主义关注竞争起点、强调起点公平无疑是可取的。而传统福利国家

---

① 参见百度百科“南北榜案”词条。

② 参见刘瑜．谁有特权上大学？［J］．读者，2012(13)；百度百科“平权行动”词条。

的一个最大的问题就在于它们主要关注最后的结果，而忽视产生结果的起点及其过程。用穆勒(密尔)的话来说，“当代的改革家与慈善家们所犯下的共同错误是，他们不是设法去纠正这种不公正本身，而是设法一点点去弥补这种不公正所造成的后果”。[①]

以形式上的机会均等为前提

乔万尼·萨托利(Giovanni Sartori)将机会公平分为平等进入和平等起点两个方面。其中，“作为平等进入的机会平等，即对平等的功绩给予平等的承认。例如职务向才能开放的说法”。而“表现为平等起点(或平等出发点)的机会平等，即为了平等利用机会，一开始就应具备平等的物质条件”。[②] 这也就是说，作为起点的机会公平其实包含两种不同的类型：形式上的机会公平与实质性的机会公平。

对于平等进入，抑或我们通常所说的形式上的机会公平，它不仅是起点公平的必要组成部分，同时也是保证公平竞争的必要条件。在社会职位和地位的获取方面，基于种族、血统等方面的因素而将一部分个体排除在外是不公平的。比如，马来西亚的高考招生。马来西亚是个多种族的社会，它在教育上尚存在着很多的不公平：你所读的中学和你的种族(先看种族再看你的中学)会决定你上马来西亚国立大学的可能性。马来西亚的中学分为国立和私立，私立中学一般都是由华人创办的，华人私立中学毕业的学生无法进入国立大学。而国立中学出来的学生(除马来人学生以外)也需要靠运气，因为马来西亚国立大学招生都设有配额：马来人(或土著)90%；其他种族10%。这就表示马来人要上国立大学是很轻松的，而其他种族就要看运气，即便成绩比很多马来人的成绩好都有被刷下来的可能。

其实，在资格和职位的获取方面，不仅按照种族等因素而将特定群体排除在外存在不公平，采取其他的一些不相关标准所进行的选择依旧可能存在歧视。比如佛山基因歧视案：

---

① 穆勒. 政治经济学原理[M]. 北京：华夏出版社，2013：891.

② 参见萨托利. 民主新论：古典问题[M]. 上海：上海人民出版社，2015：524.

2009年4月,小周、小谢、小唐参加佛山市公务员考试,在各自报考的部门里,他们笔试和面试总分名列第一或第二名。6月,在体检过程中,3人被认定是地中海贫血基因①携带者。根据《公务员录用体检通用标准(试行)》,血液病患者不得录用,因此三人因体检不合格而失去了被录用为公务员的机会。9月16日,小周、小谢向佛山市政府申请行政复议,但结果不支持两人的请求。12月29日,3人联合向禅城区法院请求,要求当地负责体检的人力资源与社会保障局认定他们体检合格,并按程序对其进行考察录用。2010年2月2日,案件公开开庭审理。3月5日,法院就3人的情况是否属血液病问题向中国医学科学院血液学研究所进行咨询,得到的回复为"原告体检结果属医学定义上的血液病"。4月14日,案件第二次开庭,法院表示,鉴定机构已作复函,地中海贫血基因突变属血液病。6月3日,禅城区法院做出一审宣判,判定3名考生败诉。8月11日,案件在佛山中院二审开庭。9月3日,佛山中院终审判决,驳回3名原告上诉,维持原判判决。②

就这一案件而言,根据报道的情况来看,其体检程序和基因检测应该说是合规的,而地中海贫血也确实属于血液病范畴(中国医学科学院血液学研究所对此有专业的答复),相关单位根据现有的制度来招聘人才、法院根据相关的制度来进行判决,这也没有什么问题。但关键的问题在于现有的制度本身:《公务员录用体检通用标准(试行)》所规定的"血液病患者不得录用"的标准是否合理?公务员的招生是向所有个体开放,还是预先性地将地中海贫血患者排除在公务员的大门之外?或者更一般地来说,患有地中海贫血的个体是否应该在求职过程中受到歧视?

毋庸置疑,职位向所有个体开放,这不是说所有个体都可以去做公务员,也不是说公务员的招聘需要采取抽签的方式来决定:公务员招聘需要一定的选拔标准,需要根据个体的能力来进行选择。但问题是,现有的规则将地中海贫血这

① 地中海贫血是单基因隐性遗传病,我国广东、广西属于高发地区,有重型地中海贫血和轻型地中海贫血两种:重型患者往往活不到成年,但可通过造血干细胞移植治疗;轻型患者无严重的临床贫血症状,不影响正常的工作学习,但该基因可传递给下一代。此案中三人均为轻型地中海贫血患者。

② 三名考生携带贫血基因被拒录为公务员 终审败诉[N].广州日报,2010-09-04.

样一种先天性的基因病纳入录取的决定性因素之中，这是否可取？如果这样的话，相关的制度是否也可以将身高矮小的个体排除在外呢？因为，支持此类做法的论者可能认为所有身高低于平均水平的人都患有发育不良病。

鉴于现有公务员录用标准在规则上所存在的局限，佛山中院在判三考生败诉的同时，也向佛山市人社局发出了司法建议。在建议当中，佛山中院指出：公务员体检是一项长期的工作，“基因案”中出现的问题在今后有可能再次出现。为妥善处理该类纠纷，积极回应民众的关切，建议佛山市人社局对没有明显临床症状的地中海贫血患者能否进入公务员序列等问题进行调研，并上报相关主管部门。①

其实，也正因为机会公平对于公平正义所具有的价值和意义，自由平等主义在关注起点的基础上以机会均等为前提，这也完全可取。在中国古代社会，一些官宦子弟，虽然没什么才能，却能继承祖辈的功名，功成名就。而一些穷苦人家，辛辛苦苦求学，却可能努力付之东流，这很不公平。相比而言，唐代科举制度打破“上品无寒门，下品无势族”的局面，这是精英制度在封建制度上的进步。

当然，在机会平等的情况下，个体的起点还有可能没有实现真正的公平。但是，弱势群体的发展机会至少不应该被剥夺。在此方面，布坎南就曾明确指出：“一个佃农的孩子同一个亿万富翁的孩子相比，绝不可能拥有成为总统的平等机会，但是可以建立各种制度以保证佃农的孩子不被公开地从竞争中排除出去。”②

超越形式上的机会公平

形式上的机会公平是起点公平的必要组成部分。但问题是，对于起点公平而言，形式上的机会公平是否充分呢？在此方面，正如金里卡所评价的，流行的机会公平观不仅认为机会公平是必要的，在很大程度上甚至认为它是充分的：“当且仅当存在着获取职务和地位的公平竞争时，收入与名望的不平等才被认为

---

① 三名考生携带贫血基因被拒录为公务员 终审败诉[N].广州日报，2010-09-04.

② 布坎南.自由、市场与国家——80年代的政治经济学[M].上海：上海三联书店，1989：195.

是合理的。”[1]

但是，在罗尔斯看来，以形式上的机会公平来就起点公平做出界定是不完整的：起点公平不仅仅只是形式上的机会均等，而是需要实质性的机会公平。在他看来，允许财富和收入的分配受能力和天赋的自然分配来决定是不公平的：[2]由于人们与生俱来就有不同的自然天赋，有些人将得到丰厚的报偿，会飞黄腾达，而缺少市场技艺的人甚至可能会忍饥挨饿，[3]单纯的机会公平为不应得的自然禀赋留有太大的余地，以至于允许它们过多地影响我们的命运。在收入公平分配方面，自然自由体系最明显的不正义之处就是它允许收入分配的份额受到自然禀赋等非常任性的专横因素的不恰当影响。[4] 与罗尔斯的观点具有相似性，金里卡认为，人们与生俱来就有着不同的自然禀赋是不公平的：“没有人生来就应该是残疾的，或生来就应该拥有一百四十的智商，正如没有人天生就应该属于某个特定的阶层、性别或种族。”[5]

类似地，布坎南等论者则认可了家庭财产继承差异所存在的不公平性。在他看来，“在一个由私人所有权和契约组成的法律结构内，用市场机制的运行来描绘的经济竞争中，不公平的原因在于：在作出选择之前，在运气投入经济骰子之前，在付出努力之前，人们在进入竞争的初始位置时所拥有的禀赋的分配。”[6]因为，正如萨缪尔森与诺德豪斯所言，“即使有对收入和遗产的累进税制，大量的财富还是从一代转移到另一代”。[7] 对于家庭财产继承方面的差异，奥肯认为这意味着：“当一些人面前障碍重重时，另一些竞争者已经率先起跑了。”[8]而在金里卡看来，上一代的不平等会影响后代的成功机会：一些人生而享有特权，另一些人则生而承受贫穷。[9]

---

① 参见金里卡. 当代政治哲学[M]. 上海：上海译文出版社，2015：73.

② 罗尔斯. 正义论[M]. 北京：中国社会科学出版社，2003：73.

③ 金里卡. 当代政治哲学[M]. 上海：上海译文出版社，2015：135.

④ 罗尔斯. 正义论[M]. 北京：中国社会科学出版社，2003：73.

⑤ 金里卡. 当代政治哲学[M]. 上海：上海译文出版社，2015：75.

⑥ 布坎南. 自由、市场与国家——80 年代的政治经济学[M]. 上海：上海三联书店，1989：186－187.

⑦ 萨缪尔森，诺德豪斯. 经济学：第 12 版[M]. 北京：中国发展出版社，1992：953.

⑧ 奥肯. 平等与效率：重大的抉择[M]. 北京：华夏出版社，1999：41.

⑨ 金里卡. 当代政治哲学[M]. 上海：上海译文出版社，2015：135.

其实,也正是认识到自然的自由体系在起点方面所存在的非公平性,罗尔斯与布坎南等论者都试图采取一定的办法对于起点不公做出修正和调整。其中,对罗尔斯来说,个体自然禀赋差异随机分配的不公平性是通过以“最大最小”来表述的差别原则来解决的:幸运个体对于禀赋的应用应该以最不幸者利益的最大化为原则。① 对于家庭财产继承等方面的差异,布坎南主张通过资产转让税与公立教育来对起点位置进行调整。②

确实,人类理性的直觉告诉我们,社会的公平正义需要我们就个体的竞争起点做出实质性的调整,而不是任由起点配置受自然、家庭与社会等各种偶然性因素的肆意支配:在职位和地位向所有人开放的情况下,对于运气不佳的个体,他们还是可能会得不到应有的发展,还是难以充分施展自己的内在潜能,这存在不公平。进而,自由平等主义主张在机会公平的前提下为个体提供一个实质性的公平竞争起点,这完全符合公平正义的规范要求。

8.3 起点公平:起跑线一样吗?

起点公平不仅仅是形式上的机会均等,而是要求有实质性的公平竞争起点。既然如此,那究竟在何种意义上,个体才具有实质性的公平竞争起点呢?在此方面,德沃金的自由平等主义方案认为个体起点存在差异是不公平的;而对于布坎南来说,出身的差异是不公平的。但问题是,禀赋存在差异,个体起点存在不同,是否就必然不公平?公平起点是否意味着需要完全相同的起跑线?

在此方面,尽管自由平等主义正确地关注了起点的公平,并在形式上的机会均等的基础上强调实质性的机会公平,但当它将起点公平与个体具有相同起跑线相等同时,它对起点公平的理解存在重大的认识论偏差。因为,一般地,强调

① 其实,罗尔斯也提出了“拥有财产的民主”,即通过财产的公平分配来保障竞争起点的公平,但罗尔斯的主要思路是差别原则,对于“拥有财产的民主”并没有过多的引申。Rawls J. A Theory of Justice [M]. Cambridge, Massachusetts: The Belknap Press of Harvard University Press, 1971: 87.

② 布坎南. 自由、市场与国家——80年代的政治经济学[M]. 上海:上海三联书店,1989:192—194.

起点公平，这并不要求我们去抹平个体在起点禀赋上的差异，以做到个体起点的完全一样：

可操作性问题

要就起点进行调整，这要以起点的可调整性为前提，但受差异本身的可识别性、差异的不可调整性以及平等状态的可变性等因素的影响，以抹平个体差异为导向的起点调整在技术操作层面存在难以克服的障碍：

其一，是差异的可识别性。在技术操作层面，要就起点进行调整，首先要以差异本身的可识别性为基本前提。但个体之间的差异，特别是非经济禀赋方面的差异，尽管它们客观存在并影响个体的发展，但有诸多因素往往难以被人们明确识别，无法被识别的因素自然无法进行调整。

其二，是差异的不可调整性。即使差异可识别，但对诸多差异来说，其调整也存在难以克服的困难。一方面，有的差异不可能做到一样，如个体智力问题。另一方面，在认可个体差异的情况下，差异应该控制在何种水平，也可能难以操作。比如，有的女运动员雄性激素过高的问题。塞蒙娅的雄性激素明显高于"正常"女性，但科学研究表明，性激素水平与表现之间的关系并不完全是那么简单清楚，一些疾病会改变身体对睾酮的反应方式：在雄性激素不敏感综合征中，睾酮受体可能是无功能的，也可能是部分功能的。由于我们不知道性激素对运动员有什么确切影响，就女运动员体内的雄性激素设定一个最高阈值作为参赛标准是粗略且武断的。要求这些女运动员服用激素抑制剂，实际上是为了让她们不那么有才华。就好像让她们在比赛前在身上带一个沙袋，或者让一个高大的篮球运动员将腿切除 6 英寸，给矮个子球员一个机会。

其三，是平等状态的可变性。即使差别是可识别和可调整的，但个体选择与家庭选择会导致新的起点差异。一方面，只要我们承认个体对于由上一阶段竞争而形成的结果具有所有权，个体在上一阶段选择上的差异就会引致不同个体在下一阶段起点上的差异。在此方面，布坎南就曾明确指出：

"在较大的'竞争'中，同时存在许多亚竞争。为了获得成功，每一种亚竞争都可能要求有禀赋和能力方面一种稍有不同的混合。'起点平等'即使作为一种理想,也不真正意味着每个人在进入每个亚竞争时的所有四个因素方面与其他人都平等。"①

另一方面,在家庭方面:"子女享有的机会,是父母转让的权利,因而也就转化为子女的权利。"②只要我们承认个体对其财产具有一定的支配权,那不管此等权利的大小如何,个体就可以将权利范围之内的财产自由转让给其子女抑或其他人,由此所引致的起点差异就不可避免。

伦理正当性问题

抹平个体差异不仅是不可能的,同时也是不必要的,即便我们有能力就个体的禀赋差异进行调整且能维持这种平等状态,抹平个体差异的做法也不可取:

其一,维护个体差异、多样性的必要性。正如联合国生物多样性问题网站所指出的,生物多样性是地球生命经过几十亿年发展进化的结果,是生物系统维持其功能和过程的必要保证,同时也是人类赖以生存和持续发展的物质基础。因此,保护生物多样性有着极为重大的意义。③ 作为地球生物的一种特殊类型,人类社会也应该保持多样性:良好的社会需要以个体的多样性而不是同一性为基本前提。

其二,个体差异的公正性。存在差异是否就不公平?对于体内雄性激素高于平均水平的问题,塞蒙娅认为:"远高于正常女性的睾酮素水平,是我的基因天赋。"她从来没有做过提升体内睾酮素水平的手术,或是用过类似的药物。既然塞蒙娅的睾酮素水平没有经过后天的人为改变,为什么她不能利用自己的天赋呢?如果说与生俱来的个体天赋扩大了她与其他个体间的差异是一种不公平,那其他的竞技项目是否也应以此作为参照标准呢?举个具体例子,越野滑雪运动员埃罗·曼特兰塔(Eero Mantyanta)在20世纪60年代获得了七枚奥运奖牌,其中包括三枚金牌。之所以如此,一个非常重要的原因是,他有一种罕见的

---

① 布坎南. 自由、市场与国家——80年代的政治经济学[M]. 上海:上海三联书店,1989:190.

② 王海明. 平等新论[J]. 中国社会科学,1998(5).

③ 参见百度百科"多样性"词条。

意味着身体会产生更多血细胞、携氧能力可达平均50%以上的基因突变，这对越野滑雪等耐力项目来说是一个巨大的优势。

其三，调整的非正当性、不公平性。既然天生的差异并不意味着不公，那为缩小差异而进行的调整往往就不正当、不公平。在此方面，冯内古特所撰写的反乌托邦的科幻小说《哈里森·伯杰龙》提供了一个典型性的、有关平等主义噩梦的例子：

> 那是2081年，终于实现了人人平等……没有哪个人比别人聪明些，没有哪个人比别人漂亮些，也没有哪个人比别人强壮些或者灵巧些。这种绝对的平等是由美国仲裁将军手下的工作人员执行的：那些超过正常智商水平的公民，需要在耳内带上一个微型智能障碍收音机，每隔20秒，一个政府发射台就会发送一种尖锐的噪声以阻止他们"不公平地利用他们的大脑"。
>
> 哈里森·伯杰龙，14岁，他异乎寻常的聪明英俊。因此他不得不装配更重的障碍：与微型耳塞式收音机不同，"他戴着一副巨大的耳机和厚得像酒瓶底似的眼镜"。为了掩盖他英俊的外表，哈里森被要求"在鼻子上戴一个红色的橡皮球，刮掉眉毛，洁白整齐的牙齿上套着胡乱造出的黑色龅牙套子"。为了抵消其强壮的身体优势，他不得不在走动时带上沉重的破铜烂铁，"在人生的这条赛道上，哈里森负重300磅"。①

其他伦理问题

起点禀赋调整所存在的合理性问题，一方面，是差异调整本身的不合理，另一方面，是起点禀赋调整所带来的其他的伦理难题，比如，医学上以防治疾病为目的的基因修改问题：

> 2015年4月，中山大学生物学副教授黄军就的研究组在《蛋白与细胞》(*Protein & Cell*)上发表论文，报告他们首次对人类胚胎进行了基因组修改。在他们的研究中，科研人员尝试通过修改人类胚胎基因的方式，来避免一种致命的

① 参见桑德尔. 公正：该如何做是好？[M]. 北京：中信出版社，2012：175.

疾病——乙型地中海贫血。

在科学上，此类研究具有广阔的前景，它有利于疾病防治，促进起点公平。达特茅斯学院的伦理学教授唐纳德·格林(Ronald Green)认为：对人类基因进行修改能够解决很多医学问题。他设想，当人们从基因层面制造婴儿之后，就不会再有孩子一出生就要面临一生的疾病困扰："为什么我们可以做到改变问题基因的时候，一个小孩还要与阅读障碍症抗争呢？"格林教授在2008年的一篇文章中写道：随着科学家对人类基因组了解程度的不断增加，基因修改可能还会解决比阅读困难症更为严重的问题，比如血友病、镰刀状细胞贫血和某些癌症。在格林看来，人类的未来就像是1997年的电影《千钧一发》所表现的那样，人们可以通过基因组修改来获得完美的婴儿。①

理论上，基因修改为疾病治疗、促进起点公平提供了前景，但它存在相关的伦理问题。具体包括：(1)对个体隐私的侵犯和歧视。(2)设计人的问题。有人称这可能是人类走上设计婴儿的"滑溜斜路"的起点。(3)不确定风险问题。由于对于胚胎基因组修改的质量控制有很大困难，在修改基因时人们并不能确定实际效果是怎样的，很多有害的效果可能在婴儿出生后才能被发现，甚至于出生后很多年才会慢慢展现出来。

也正因为如此，当黄军就的研究组最初将论文投稿到《自然》和《科学》杂志时，均遭到拒稿，部分原因就是稿件遭到了伦理层面的反对。伦敦大学圣乔治医学院教授雪莉·霍奇森(Shirley Hodgson)评论说："我认为这大幅度偏离了当前可以被接受的研究行为。"还有一些研究者则呼吁，应当禁止对人类胚胎进行基因组修改。

8.4 究竟何种起点才是公平的？

一方面，起点公平需要有实质性的公平竞争起点，但另一方面，起点公平又

① 黄永明.修改胚胎基因：设计婴儿的起点？[N].南方周末，2015-05-09.

不意味着需要个体具有完全相同的起跑线。既然如此,那究竟何种竞争起点才是公平的呢?

社会的竞争,存在多种不同的类型:高考等入学考试、体育方面的竞技比赛以及经济领域的收入获取等等。不同类型的竞争,由于问题性质本身的差异,竞争的公平起点也自然会存在差异:高考等入学考试的竞争起点关注的是考试相关的方面,比如考试之前的基础教育公平问题;竞技体育则关注的是竞技的起跑线、竞技素质与竞技装备使用等问题,比如是否应该给雄性激素过高的女运动员注入雌性激素?游泳比赛是否可以使用飞鱼等泳装设备?

鉴于此,这里对于公平竞争起点的讨论应该是限定性的。特别地,考虑到自由平等主义原则的提出主要是针对经济领域中的收入分配问题而提出的,下面对于起点公平的讨论主要针对收入分配问题来展开。在这里的观点看来,收入分配起点公平的关键是在形式机会公平的基础上为每一个体潜能的发展提供实质性的机会公平:保证个体基本教育、基本健康与基本生存。之所以如此,下面从必要性、充分性以及本方案的相对优越性三个方面来加以说明。

保证潜能发展机会的必要性

直观上看,个体都是平等的主体,每一个体都应该有平等发展自己潜能的机会。但现实中,受家庭、社会、个体与自然等各种偶然性、随机性因素的影响,个体潜能发展的机会得到极大程度的限制,这不公平。进而,保障个体的基本生存、基本健康和基本教育以保障个体潜能发展机会的制度安排是公正的。

2016 年 5 月 31 日晚上,南京玄武公安分局梅园新村警务服务站接到一起报警,一名女子在超市偷了 1 只鸡腿、少量杂粮、一本儿童读物。询问之下,才知道这名妈妈想给患病的女儿添一个儿童节礼物,被抓后她称:"我只是想让孩子过得好一点。"在场所有人都大为感动,办案民警只对刘某进行批评教育,并且帮忙结了账。此事后来被传到网上,引起了网民的极大关注,短短一天内爱心捐款已超三十万元。①

① 回访"母亲偷鸡腿给女儿当礼物":捐助正在进行[EB/OL].搜狐网,2016-06-02.

在新浪微博的投票中，单看是否同情这一点，38.9%的人表示理解和同情"偷鸡腿妈妈"的行为，16.3%的人认为不应该同情。网易在"如何看待偷鸡腿妈妈的行为"投票中，69.6%的人认为情大于法，可以理解，30.4%的人认为该事件不能作为正能量传播。不可否认，偷盗行为往往是与公平正义相背离的，但这位妈妈的行为却让诸多人为之动容，办案民警对于她的宽容和帮助也让我们看到了法律之外的人性与人情。社会公众之所以对这位妈妈的行为表示理解，这很大程度上与小孩因家庭的贫困而得不到最基本的保障有关。可以试想，如果偷鸡腿的妈妈本身并不贫困，她偷鸡腿仅仅是贪财，那情况就会完全不同。

保证潜能发展机会的充分性

保障个体潜能发展机会对于起点公平的实现不仅是必要的，从某种意义上来说，这也是充分的：在公平发展潜能得以保障的条件下，个体可以凭借自己的能力去发展自己的潜能。当然，在潜能发展机会得以保障的基础上，个体还是会存在很大的差异，但此等差异的存在并不能说不公平，主要有以下几个方面的考虑：

其一，是差异的有限性：个体间的差异并没我们平时想象的那么大。在此方面，历史学家斯塔夫里阿诺斯指出：

"在人类向各地分散的同时，逐步有了种族上的差别……一般认为，种族的形成，主要是由于人类的各个地域集团适应了各自不同的环境，而且彼此较为隔绝。关于人种的差别，有一点很重要，这就是人种差别发生得很晚——在智人出现之后……人类现存的各个种族在与生俱来的智力方面彼此没有很大的差别……旧石器时代晚期的原始人或当代的澳大利亚土人和其他任何种族的成员一样，如有机会受教育，也大有希望毕业于大学。"①

其二，是优劣的辩证性：个体优劣并非绝对的。对于特定个体来说，其优势可能也就是其弱势；反过来，其弱势也可能是其优势。2018 年，一篇题为《感谢

---

① 斯塔夫里阿诺斯. 全球通史——从史前史到 21 世纪[M]. 北京：北京大学出版社，2006：18.

贫穷》的文章引发了网友的强烈反响。这是一位18岁的女生关于自己、关于贫穷、关于希望的文章，这名女生叫王心仪，她在高考中取得了707分的成绩，被北大中文系录取。

王心仪出生在河北省枣强县一个普通的农村家庭，妈妈体弱多病，常年在家照顾患有高血压、哮喘病、生活不能自理的姥爷。她家中有两个弟弟，大弟弟即将升入高三，小弟弟还没有上小学。一家六口全靠家中的五亩地和爸爸外出做零活补贴家用。

王心仪的班主任张秀英老师曾这样评价她："她，乐观开朗，视野开阔，格局很大，绝对不是传统意义上只知道学习的学生。"她曾在全校师生面前，代表高三学子大声宣告："只要站起比跌倒多一次，我们便没有辜负这段青春、这段韶光！"

在《感谢贫穷》一文中，王心仪指出："贫穷带来的远不止痛苦、挣扎与迷茫。尽管它狭窄了我的视野，刺伤了我的自尊，甚至间接带走了至亲的生命，但我仍想说，谢谢你，贫穷。"[①]

《感谢贫穷》在网络上公开以后，社会上有很多评价，有人认为贫穷不值得感谢。但事实上，此等批评者对于文章的理解存在偏差。《感谢贫穷》不是说作者向往贫穷，而是认为贫穷在某种意义上有其有价值的方面，比如，激发生活的勇气和热情。从这个意义上说，贫穷虽然是一种劣势，但在坚强人的生活中，它又变成了优势。

弱势本身可能就是优势，反过来，优势本身也可能是一种劣势。俗话说，"皇帝的女儿不愁嫁"，但实际的情况是否如此呢？

中国封建王朝之有皇帝的称号始于秦始皇时代，但尚未发现秦代有公主之名。据有关专家考证，中国公主史应从西汉王朝建立后写起，中国历史上第一位有案可稽的公主是汉高祖刘邦的女儿鲁元公主，最后一位公主是清代同治年间恭亲王奕䜣的女儿荣寿固伦公主，从鲁元到荣寿固伦，中国共出了887位"皇帝的女儿"，但她们的身价真的都至尊无比吗？据统计：东汉王朝有公主42位，嫁不出去者16位；唐代有221位公主和21位和亲公主，其中嫁不出去的有82位；

① 参见百度百科"感谢贫穷"词条。

宋代计有公主87位，其中有57位未嫁出去；明代有公主82位，其中未嫁出去者有25位；清代共有100位公主，未嫁出去者有37位。①

作为皇帝的女儿，她们的出身无疑是一种优势，这使她们在婚姻“市场”上具有无与伦比的优势。但有如此大比例的公主嫁不出去，这是否意味着在婚姻方面，公主出身优势背后同时存在巨大的劣势呢？

其三，优劣的变动性：优劣可以相互转化。与优劣的辩证性相对应，优劣往往可以相互转化。俗话说：“关了一扇门，开了一扇窗”：

美国有个名叫贾森·帕吉特的人出了本书，说自己12年前遇袭，脑后挨了一闷棍，醒来后变成了数学达人，满眼都是数学公式，洗澡的水流在他眼里都变成了直线。功能性磁共振成像技术扫描结果显示，帕吉特的左脑非常活跃。那一闷棍似乎改变了他的脑部结构，使他变成了数学天才。医学界将帕吉特的这个症状称为后天性学者症候群。有专家认为，这是大脑的代偿性机制在运作，当右脑受损后，左脑负责弥补右脑失去的功能，从而激发了大脑的潜能。同样能造就天才的还有艾斯伯格综合征、自闭症、威廉斯氏综合征、马凡氏综合征等，上帝拿来与之交换的条件各不相同。其中关于艾斯伯格综合征，这是一种精神上孤僻的状态，被定义为没有智能障碍的自闭症。据悉，爱因斯坦、牛顿、凡·高、莫扎特都是这一病症的疑似患者。②

事实上，优劣的变动性，不仅涉及优劣本身的相互转化，同时也涉及同一事物在不同环境下的不同意义。比如，地中海贫血。地中海贫血基因携带者在广东本土人中占近12%，地贫之所以在两广地区高发，是因为两广地区过去曾是疟疾的高发地区，携带有地中海贫血基因的人能够比未携带者对疟疾有更强的抵抗力，自然选择使得地中海贫血基因逐渐积累。反过来，在疟疾高发的年代，我们这些正常人是不是也患有“疾病”呢？

其四，优劣互补性：个体优劣相互补充，难以进行整体排序。个体间的差异

① 古代887位皇帝女儿的最终命运：公主也愁嫁[EB/OL]. 博学历史网，2019-09-08.

② 那些造就天才的疾病[J]. 科技生活，2014-06-02.

存在诸多的维度，对于方方面面的问题，有的在这方面占优，有的在其他方面有优势，在综合层面，就个体间的优劣进行排序就存在很大的困难。

也正因为如此，个体间起点的不公，其实并不在于个体禀赋的差异，而在于潜能发展机会的差异。在此情况下，起点公平不是抹平个体起点的差异，而在于给每一个体创造潜能发展的机会。反过来，如果每一个体的潜能都获得了应有的发展机会，那个体都应该且可以利用自己的潜能来为自己谋取自己的生存空间。因为，每一个体都是一粒种子，只要给它们水分、土壤、空气和阳光，它们都能茁壮地成长。

此等方案的相对优越性

在起点上，保障每一个体潜能发展机会方案的合理性，也体现在此等方案相比德沃金的平等方案所具有的优越性方面。体现在三个方面：

其一，认识论基础方面。关于个体禀赋差异的判断，德沃金的理论建立在个体禀赋差异可排序的基础上，而这里的观点建立在难以就个体的禀赋进行优先排序的基础之上。

其二，操作的可能性方面。本方案不要求识别个体的禀赋差异，只要求保障潜能发展的机会。而德沃金的方案需要以个体差异的识别为前提，这存在很大的困难。

其三，方案的逻辑一致性方面。对于德沃金的方案，收入产生之前，由于个体的个性特征难以识别，起点公平的实现只能依赖于事后的“税收—转移”机制。而在收入产生之后进行调整，又难以区分事前的禀赋和事后的自由选择，于是，此等方案会背离自由平等主义者所持有的“敏于志向”的公平理念。因为事后的分配结果，不仅取决于个体的禀赋，也依赖于个体的自由选择。与之不同，由于保障个体潜能的发展机会不需要识别个体的差异，它可以先于社会的运行过程而运作，进而，也就能够保障个体的自由，与自由平等主义所强调的“敏于志向”的理念完全兼容。

8.5 历史的错误该如何去面对?

面向未来,公平竞争需要起点的公平:在起点公平得以保障的基础上,恰如自由平等主义所言,应该遵循"敏于志向"的原则,给个体的自由选择以充分的空间,发挥个体的自由选择对于结果的决定性作用。而作为起点公平更进一步的前提,公平的竞争应该以历史的公平正义为条件。

但是,我们总是处于人类历史发展的一个阶段,回溯既往,历史上又存在着奴隶制度等诸多非正义的方面。自由平等主义对于起点公平的考虑引申出进一步的、历史起点的公平性问题。另一方面,对于给定的制度规则,受人类理性的限制并受规则运行过程中各种不可预测因素的影响,规则及其运行的公正性也可能得不到充分的保证,规则及其运行的非公正性也提出了如何对此等过往错误及其非公正性加以矫正的问题。

既然如此,对于两种类型的历史错误抑或非公正性,我们究竟应该如何面对呢? 相关的错误都要纠正吗? 如果需要纠正,该如何去纠正?

规则运行前的错误

对于面向未来的起点,受理性的限制,尽管起点设定的非公正性不能彻底地保障,但我们事先还是可以尽可能地保障起点的公平性。与之不同,对于历史的错误,鉴于历史是给定的,而我们又不可能重塑历史,"我们不可能跳出我们的历史而重新开始"①,进而,我们不能就历史上的不正义进行事先的调整,就历史错误的调整只能是事后矫正性的。

那如何面对历史的错误? 相关的非正义需要矫正吗? 有关历史错误的矫正性问题,有论者对此有所顾忌,主要有两方面的考虑:

一方面,试图纠正过去在财产占有中的不正义会打开潘多拉的盒子。在此

① 布坎南.自由、市场与国家——80年代的政治经济学[M].上海:上海三联书店,1989:399.

方面，布莱克斯通(Blackstone)就曾明确指出："几乎没有人愿意陷入考虑财产权的渊源与基础的麻烦中。由于乐于承认现有的财产状况，我们似乎害怕回溯财产是怎么获得的，就如同害怕在我们资格中具有某些缺陷。"①

另一方面，当我们试图重塑历史的时候，哪怕以往的过错是可以纠正的，但受人类理性的限制，我们又怎么能够保证我们提出的做法是完全正义的而不会给我们的子孙留下新的不正义呢？

鉴于此，在对过往不正义问题的处理上，财产权的很多捍卫者试图要避免过于深入地考究财产权的历史渊源。对此，桑德斯(Sanders)就认为，对于历史的错误，"常识告诉我们，真正重要的是，当下的分配是否会促进人们的自由以及是否满足人们的需要；因此，我们就应该忽略不正当占用资源的历史'原罪'"。②

与有意忽略历史上的非正义有相似性但又存在很大不同，也有一些理论试图否定历史的非正义。比如，以诺奇克为代表的自由至上主义：诺奇克的资格理论尽管考虑了初始占有正义的重要性并提出了矫正问题，但是，为了捍卫资格理论的基本纲领，诺奇克试图就初始占有的正义性进行辩护：利用洛克的资源占有条件，诺奇克试图论证社会的初始占有(比如圈地运动)是正义的，并以此来反对在结果上进行收入的再分配。③

显然，完全否认历史的非正义是不符合现实的，而对历史的过错置之不理的做法也不会令人信服，如果"原罪"是客观存在的且在人类理性可以调整的范围之内的话。事实上，就像我们需要偷窃他人财产的小偷将其赃物归返给财产的主人那样，我们也需要对人类历史上能够加以调整的种种错误做出矫正性的调整。

然而，受人类理性的限制，对于历史错误的矫正是有限的。就美国的平权行动而言，恰如评论者所言："'补偿性正义'面对一个不可避免的操作性问题：由谁、如何、是否可能来计算鉴定一个人的历史、文化和经济遭遇？一个祖上是黑

---

① 转引自金里卡. 当代政治哲学[M]. 上海：上海译文出版社，2004：145.

② 转引自金里卡. 当代政治哲学[M]. 上海：上海译文出版社，2004：145.

③ 诺奇克. 无政府、国家和乌托邦[M]. 北京：中国社会科学出版社，2008：213－218；参见金里卡. 当代政治哲学[M]. 上海：上海译文出版社，2004：145－148.

奴的黑人录取时加 20 分，那一个祖上是华工的亚裔应该加多少分呢？一个祖上四代是贫农的人和一个祖上两代是贫农的人，分值又有什么不同？一个穷白人和一个富黑人，谁更应该加分？”①

当然，尽管对历史错误的矫正有限，但在历史错误得以充分纠正和调整的基础上，当我们无法就过去的历史进行调整的时候，此时的历史起点就是人类理性所能提供的最为可能的公正起点。此时，尽管还会存在未经矫正的历史的不正义，但这已经是一个次要的问题，毕竟，公平规则架构真正的问题是未来的方向而不是过去的历程。

规则运行中的错误

我们从一个有关高考的现实例子开始：

2017 年 6 月 8 日，在结束的高考英语科目考试中，在江西师大附中考试的同学普遍反映，高考听力环节播放发生故障，众多考生表示听不清，引发了众多考生家长的不满。该考点部分考生及家长通过当地教育考试主管部门提出诉求，要求使用备用卷，重考英语听力。

2017 年 6 月 9 日，就考生及家长反映的英语听力听不清一事，南昌市教育局成立了事件调查组。调查组对 6 月 8 日下午该考点英语听力考试的监控视频、播放设备和播放情况开展了调查，对该考点全体监考员和部分考生进行了调查问询，并组织有关专家分别对现场播放设备进行了检测、在考场进行测听。

南昌市教育局于 6 月 12 日发布正式调查结论：“考场秩序正常，播放设备功能正常、无故障，听力播放正常，考试结果有效。”即不进行重考。②

英语听力的播放是否有故障，这是一个客观事实问题。如果确实不存在播放的故障，那重考是完全没有道理和依据的。但问题是，如果英语听力确实存在播放障碍呢（就像有的高考考题本身存在错误的情况）？是否需要重考，以对播放故障加以纠正？还是将错就错？

---

① 刘瑜. 谁有特权上大学？[J]. 读者，2012(13).

② 江西师大附中高考英语听力考试调查：考试结果有效[EB/OL]. 搜狐网，2017-06-12.

对于这一问题，有论者可能会支持将错就错而反对重考，在他们看来，即便听力播放存在故障，重考是对高考严肃性和整体性的亵渎，不能保证或补救高考的公平性：一方面，在试卷的使用和选择方面，若使用同一套试卷，显然是不公平的。若使用另一套试卷，题目不同，难度难以与前面的试卷保持一致，而且难度对个人而言是有区别的。即便出卷老师公开说明新卷与原高考卷难度相同，考不一样试题的高考卷也势必引起其他正常考生及其家长的不满。另一方面，重考时考生的状态与高考不同。高考时大家都高度紧张，有的人将压力化为动力，尽管神经高度紧张却仍旧积极发挥；有的人不堪重负，高考的心态便将他打倒，握着笔尖的手颤抖不已。但不管怎样，这些都是在统一高考这个大环境下产生的心态，每个人所面对的是同样的境况。而重考的情况则完全不同。

毋庸置疑，重考的情形不可能像统一考试一样的公平合理：最理想的办法是预先避免规则运行中的问题，避免听力播放故障，避免考题出错。但在错误不能完全避免的情况下，寄希望规则及其运行不存在纰漏没有意义。而与此同时，对于错误置之不理、将错就错的办法显然有失公允：在听力播放存在故障的情况下，要由受影响的考生无故承担由此带来的后果，这对他们显然是不公平的。也就是说，进行纠正是必要的。

当然，与历史错误的纠正方法不同，此类错误我们可以在事先的程序上加以确定：我们需要确定一套对规则及其运行存在错误时事后对错误进行纠正的程序。如果程序公平合理，那由此进行的纠正自然也公平。至于主张将错就错、反对重考的理由，事实上并不是很有说服力：重考也是高考，同样有压力；而考试试卷的难度，虽然不能保证完全一样，但是，只要事先的程序合理，这也完全在大家可以接受的范围之内。毕竟，重考的考生可能因题目更容易而得利，也可能因题目更难而受损。

8.6　自由平等主义：评价及含义

自由平等主义将平等和自由两者综合在一起：在起点公平的基础上发挥个

体自由选择的决定性作用。自由平等主义关注起点、强调在机会公平的基础上创造一个实质性的公平竞争起点有其合理性。一方面，公平的分配依赖于分配的过程，公平的竞争过程需要有公平的竞争起点。另一方面，公平的起点不只是机会的均等，而需要实质性的机会公平。当然，在起点公平得以保障的基础上，公平应该充分发挥个体自由选择对于分配结果的决定性力量。

但是，自由平等主义的公平正义理论有其局限性。因为，在公平起点的界定上，自由平等主义在很大程度上将起点公平与完全相同的起跑线联系在一起。但事实上，实质性的公平竞争起点并不需要大家一样。就收入公平分配而言，只需要充分保证个体潜能发展的机会。

也正因为如此，对于自由平等主义的应用，应该在重新理解起点公平的基础上来发挥自由选择的作用：首先，需要形式上的机会公平；其次，需要实质性的起点公平，不能局限于纯粹的机会均等；最后，实质性的起点公平并非起点完全一样，而是要保障个体潜能发展的机会。

思考题

(1)由于历史的原因，发达国家侵占了过多的碳排放空间。发达国家是造成现有气候问题的主要责任者，而许多贫穷国家现在正在遭受由此而带来的气候灾难和损失。发达国家应该为此而补偿贫穷国家吗？

(2)英国的一部纪录片《人生七年》采访了12个来自不同阶层孩子的一生，导演每隔7年便会再次采访一次当年的孩子，这部纪录片耗时几十年，而纪录片的调查结果与导演猜测的一致，即：阶级的鸿沟难以跨越，而且这沟壑从孩童出生之后便开始存在，也大多决定了孩子的一生。即便是现在每个人都有进入各行各业的机会，但父辈们所积累的财富、知识等仍是不平等的。那如何通过制度安排来平衡这种由家庭所引致的差异呢？

(3)一位同学所学的专业如果恰好是父辈所从事的行业，在职业道路上家族对他(她)的助力就可能超过其他的同龄人。这些获得助力的同学其家境不一定就比未获助力的同辈更显赫，他们只是由于专业和父辈行业契合而收获了极大的红利。那家境的助力差异公平吗?

(4)有些少数民族地区高考加分率达45%以上,一些贫困地区、少数民族地区考生享有的加分权是否可以看作精英制度体系下的"让每个人都在同一起跑线"?

(5)"富二代"们往往可以凭借父辈们积累的财富而获得比常人更多的机会,而常人只能花费更多的努力来追求自己的目标,即使这样也不一定能达到"富二代"们的水平。这样的起点差异公平吗?

(6)在高校,如果有留学生跟中国学生上同一个班的课,课程的考核应该按照同样的标准吗?

(7)抗击新冠疫情期间,湖北省人民政府官网发布了《关于进一步关爱和激励新冠肺炎疫情防控一线医务人员的若干措施》,明确加强对一线医务人员的政策倾斜,子女2020年参加中考的,有关市州可在其录取总分基础上增加10分后参加中考招生录取。其实不止湖北省,其他各地也有对援鄂医疗队员子女的录取照顾。这种加分政策在全国引发了热烈的讨论。有人认为这是理所应当的补偿,有人认为这种补偿的形式欠妥,可以采取物质补偿或其他方式代替。对于上述看法,我们如何评价?

(8)国内诸多用人单位在招聘人才上注明只要985、211毕业学生。此等做法是否是在歧视其他院校的毕业生呢?

(9)马来西亚有三大种族较多,按比例从多到少的顺序是马来人、华人、印度人,但是马来西亚的首相只能由马来人当选,其他的人,无论你的领导能力多强,都不能参选,此种制度公平吗?

(10)有一个微型小故事:一名烈士遗孤在获得了加分资格后,同班的很多同学都纷纷表示抗议。这个小孩便哭着问:我把加分给你,你能把我的爸爸还给我吗? 上述故事,对于我们理解加分等补偿制度的合理性有何启示?

9

康德主义

本章我们将介绍和讨论伊曼努尔·康德（Immanuel Kant，1724—1804）的公正理论与思想。

康德是德国的哲学家、作家，是启蒙运动时期最后一位主要哲学家。作为德国思想界的代表人物，他被认为是继苏格拉底、柏拉图和亚里士多德之后，西方最具影响力的思想家之一。作为德国古典哲学的创始人，康德的学说对近代西方哲学影响深远，并开启了德国古典哲学和康德主义等诸多流派。

从1781年开始，康德先后完成了《纯粹理性批判》《实践理性批判》和《判断力批判》三部著作。这标志着他的批判哲学体系的诞生，并带来了一场哲学上的革命。1793年他因一些观点而被告蔑视基督教教义，遇到一些麻烦，但他仍不断探索和写作，直到1804年2月12日病逝。①

康德的公正思想极其丰富，这不仅体现在他所支持的政治理论中，更是体现在他的道德理论方面。1785年，康德出版了著名的《道德形而上学原理》。在该书中，康德试图探究道德的最高原则。在此基础上，在1797年，康德又完成《道

① 有关康德生平的介绍，参见百度百科“康德”词条。

德形而上学》。在他看来,“一个道德形而上学是完全必要的……如果找不到主导的线索,找不到正确评价的最高标准,那么道德自身就会受到各式各样的败坏”[1]。本章所介绍和讨论的康德的公正理论主要与此等著作所表达的思想有关。具体包括道德动机论、道德的普遍性原则、人是目的而不是手段等原则及其有关义务论的方法论等等。

9.1 为私利而举报:这道德吗?

崔永元老师的举报

崔永元是央视著名主持人,曾经主持的《实话实说》节目备受观众推崇,而冯小刚则是家喻户晓的大导演,两人私底下曾经是好友关系。

2003 年,冯小刚导演拍摄了电影《手机》。剧情大概是这样的:主持人严守一,有一天手机被遗忘在家里了,被妻子知道了他出轨的秘密。后面发生了一系列的事情,导致严守一失去了节目主持人的位置,被情人取而代之。

《手机》的拍摄严重伤害了崔永元老师的心,使他的生活受到了很大的影响。因为,《手机》的情节正好同现实中崔永元不干了与和晶接班的事实对上了。崔老师认为:《手机》中《有一说一》的主持人严守一这一人物的刻画严重“影射”了他,是在影射他的私生活,给他的形象造成了很大的负面影响。但事实上,当初崔永元老师退位只是因为自己的抑郁症加重,无法继续担任主持人这个职务而已。

崔永元老师想要冯小刚导演为此而向他道歉,但遭到拒绝。

2018 年《手机 2》开始拍摄。这将多年的积怨点燃了,崔永元老师对此耿耿于怀,并举报冯小刚、范冰冰与华谊公司等个人和单位的偷漏税行为。举报称:相关单位和个人通过阴阳合同进行偷税漏税。并声称:如果《手机 2》上映,将会

---

① 康德.道德形而上学原理[M].上海:上海世纪出版集团,2012:前言 3.

有更多的举报。

本来崔老师开始是和冯小刚导演互撕的，范冰冰却成了“躺枪”的。因为，范冰冰在《手机 2》中饰演武月的角色，她晒出：“电影《手机 2》拍摄现场！武月很开心！”的微博，从而引“火”上身！

范冰冰晒完微博后，崔永元老师发微博揭露范冰冰签订了一份 1+5 的“阴阳合同”，即一千万的明面合同和五千万的背地合同，只有明面合同需要缴税！

在崔永元老师公开举报之后，江苏省无锡市滨湖区地税局介入调查取证。2018 年 10 月 3 日，税务部门依法查处范冰冰偷逃税问题，最后追缴税款、加收滞纳金和罚款共计 8.84 亿元！[①] 这是一条微博引发的一场血案！“武月很开心”真可谓一字千金！

对于崔永元老师的举报行为，很多人表示支持和赞赏：王旭明（曾任教育部办公厅副主任、新闻办公室主任、教育部新闻发言人）说：小崔顶住，我们都顶住，会好的。著名政论家邱毅认为：“崔永元效应”将形成巨大的正能量。有的网友甚至将崔永元老师看作正义的化身，是新时代民族的脊梁。

之所以如此，这在于：崔永元老师举报的影响是巨大的，特别是对影视行业。举报动了很多人的奶酪，断了他们的财路，对他咬牙切齿的大有人在。崔永元老师就曾直言，他收到了十多次死亡威胁。在如此压力的背景下依旧公开举报，这需要很大的胆量和勇气。主持人梁宏达就说：批评是件极困难的事，何况是动了整个行业的蛋糕，小崔将会面临什么，不难想象。

对于上述赞赏性、肯定性的评价，也有一些评论者认为：崔永元老师的举报行为是基于自己的私利基础上的，这称不上道德行为。[②]

对于评论者所说的为私利而举报的问题，崔永元老师本人也不否定。他接受某知名视频网站的采访时表示：“国家也出手管了，大快人心，影视圈这些烂事，我觉得国家要管，也是可以管的，如果有人说这也算维护公共利益，谢谢你……说心里话，我就是为了维护自己的利益和尊严，不可以吗？”

问题是，崔永元老师为私利而举报，行为道德吗？

---

① 8.84 亿元罚款，范爷彻底“冰”了！范冰冰事件始末[EB/OL]. 荨话娱乐，2018-10-04.

② 崔永元再遭死亡恐吓，邱毅盛赞崔永元效应！[EB/OL]. 网易，2018-10-11.

康德的动机论

上述问题的分析和讨论与本章所讨论的康德的道德动机论相关。因此，在就问题做出分析之前，我们先介绍康德的道德动机论。

在讨论个体行为的道德性问题时，康德强调了个体动机的作用。在他看来，个体行为的道德性取决于个体行为背后动机的性质。同样的行为，如果动机不同，那两者在性质上依旧存在天壤之别。

康德认为，个体的动机有两种不同的类型：义务性动机和倾向性动机。其中，对于义务性动机，个体的行为是一种义务、责任，而没有其他的目的；相反，对于倾向性动机，个体的行为不是出于其本身，不是出于责任和义务，而是出于其他方面的目的，行为只是实现其他目的的一种手段、一种工具或途径。

比如诚实守信问题。小卖部的商家在出售商品时童叟无欺，这有两种可能：一是对诚信的无条件地遵守，认为诚信是一种义务，包括白发老人与黄口小儿在内的所有顾客，都应该去诚信对待，不能有歧视和欺诈；二是出于目的的考虑，比如出于维护自己声誉以及为财富增值方面的考虑。如果是前者，那卖主的行为动机就是义务性的；而如果是后者，其行为动机就是倾向性的。

类似地，某考生考试时诚实、不作弊。他可能是无条件的坚持，认为作弊是不对的，不管是否有老师监考，也不管考场是否有探头方面的监控，自己都不作弊；他也可能是出于其他方面的考虑，比如说害怕作弊被抓、学位被取消并影响自己未来的工作，等等。对于这两种情况，第一种对应着义务性动机，而后者则是倾向性动机。

再比如，助人为乐问题。助人者可以是无条件的行为，认为扶贫济困是应该的，是个体自己应有的责任，这是义务性动机。当然，这也可能是有其他目的的行为，比如是出于个体同情的考虑，或者是助人能够给自己带来“快乐”，这就是倾向性动机。

对于两种不同的动机，在康德看来，义务动机是唯一能够赋予一个人行为以道德价值的动机：做正确的事，出发点必须是这件事本来就该做，而不是别的原因。一种行为，只有出于责任、以责任为动机，才有道德价值。结果仅仅合乎责任的行为，如果它是以爱好或其他的个人目的为基础，哪怕结果与责任戒律相符合，也没有道德价值。

就诚实守信的问题来说，康德就认为：在为了诚实而诚实（出于责任）与为了其他目的而诚实（合乎责任）这两者之间有重要的道德区别。

对于互助问题，康德认为，“尽自己之能对人做好事，是每个人的责任”。[①]但做好事如果不是出于责任而是出于同情或者是出于自己的快乐、满足或成就感，“这样的行为不论怎样合乎责任，不论多么值得称赞，都不具有真正的道德价值”。[②] 尽管康德不会认为那种在帮助他人中获得快乐的人不好，但他还是就这种帮助他人的动机——为自己带来快乐而做好事——与义务性动机做出了严格的区分，并坚持认为，只有义务性的动机才能赋予一个行为以道德价值。在他看来：“许多人很富有同情之心，他们全无虚荣和利己的动机，对在周围撒播快乐感到愉快，对别人因他们的工作而感到欣慰”，这样的行为值得我们称赞和鼓励，但不值得尊敬。[③]

类似地，按照康德的理论，选修《公正》课的A同学，如果他上课积极回答问题、认真撰写期末考核的论文是为了拿高绩点，拿高绩点是为了评奖学金，评奖学金是为了自己将来的求职简历好看，求职简历好看是为了找好工作，那他的行为就不是道德的行为。但如果他上《公正》课积极回答问题是为了回答问题本身，认真写论文是为了论文本身，学习是为了学习本身，工作是为了工作本身，那他的行为就是道德的。

就崔永元老师举报范冰冰和冯小刚导演的事情来说，按照康德的道德动机论，如果崔老师真的是为私利而举报，举报仅仅是为了打击报复，那行为就不是道德的行为。

---

① 康德．道德形而上学原理[M]．上海：上海世纪出版集团，2012：10.

② 康德．道德形而上学原理[M]．上海：上海世纪出版集团，2012：10.

③ 康德．道德形而上学原理[M]．上海：上海世纪出版集团，2012：10.

9.2 道德必须要出于义务动机?

问题是,康德道德动机论本身的合理性如何呢?个体行为的道德性只能出于责任、出于义务性动机而不能出于倾向性动机吗?

毋庸置疑,康德的道德动机论有其合理性。这可以从两个层面来理解:

动机关乎道德、正当

首先,在动机方面,将个体行为的道德性与行为动机联系在一起,这有其合理性。

一方面,对于同样的行为,比如某种不正当的、影响他人和社会利益的行为,行为动机不同,其性质往往存在很大的差别:有目的的主观故意的犯错和无意的不小心冒犯,往往有本质上的不同。一个没有受过教育的农村男孩上树掏鸟蛋,结果掏到了国家保护动物,但由于他没有受过教育,并不知道国家保护动物,他是否应该受到法律的惩罚姑且不论,但其受惩罚的力度一定要低于故意捕杀受国家保护的野生动物的行为。

动画《辛普森一家》讲过这样一个故事:为了参加糖果展览会,主人公侯默请了临时保姆阿舍莉照顾孩子,和妻子一起去参加展览,最后载着一车的糖果满载而归,可最贵重最好吃的那一个却无论如何也找不到了,但当时他必须先开车送阿舍莉回家,阿舍莉下车时,他看到那颗糖就粘在她的裤子上,作为嗜糖如命之人,侯默已经止不住流下口水,连忙伸手把糖果扯下来。于是,阿舍莉回头时只看到侯默双眼迷离流着口水盯着她的屁股看,阿舍莉大叫一声后逃走。第二天,侯默的家就被女权主义者和阿舍莉的同情者们包围了,他们认为侯默是“色狼”“变态”,举着牌子大喊抵抗“性骚扰”的口号,当然,他们也不肯听他的解释。侯默以为过几天事情就会好转,却没想到反而愈演愈烈,示威人群不仅在他家门口搭起了帐篷,并跟随他到其公司抗议示威,甚至连媒体也报道了这事,原本相信他的家人和朋友也逐渐产生怀疑,于是,他十分消沉、几近崩溃。当然,作为一部喜剧动画，这事最后有一个完美的结局。①

另一方面，个体的行为选择都受个体的动机和意志所驱使，道德的行为往往都需要以善良的意志、动机为基础。如果缺乏善良意志及其动机的支配，诸多被人们所称赞的人类品质——理解、理智、判断力、勇敢、果断与忍耐——都可能是极大的恶而不是善：

“理解、明智、判断力等，或者说那些精神上的才能勇敢、果断、忍耐等，或者说那些性格上的素质，毫无疑问，从很多方面看是善的并且令人称美。然而，它们也可能是极大的恶，非常有害，如使用这些自然禀赋，其固有属性称为品质的意志不是善良的话。”②

除了人类品质的问题之外，对于个体幸运所致的东西，比如财富和权力等，如果没有善良意志的支配，道理同样适用：

“财富、权力、荣誉甚至健康和全部生活美好、境遇如意，也就是那名为幸福的东西，就使人自满，并由此使人傲慢，如若没有一个善良意志去正确指导它们对心灵的影响，使行动原则和普遍目的相符合的话。”③

义务性动机的相对价值

其次，在义务性动机方面，康德的道德动机论就动机的性质进行区分，强调义务性动机的价值也有其合理性：

一方面，出于义务性动机的行为与出于倾向性动机的行为，这两者确实存在不同的道德感召力：一种行为本身如果是正当合理的，那基于义务的行动无疑相比基于其他目的而行动更有道德上的价值和意义。在此方面，《环球人物》曾刊载了一篇题为《真正的清廉》的短文，其中讲述了一个有关西晋时期胡质、胡威父

① 如何看待清华大学美术学院女生唐某因怀疑被骚扰声称要让学弟“社会性死亡”？［EB/OL］. 知乎，2020-11-20.

② 康德. 道德形而上学原理［M］. 上海：上海世纪出版集团，2012：6.

③ 康德. 道德形而上学原理［M］. 上海：上海世纪出版集团，2012：6.

子俩的故事：①

> 西晋的胡质、胡威父子同在朝中为官，都十分清廉。一次，胡威到荆州探望过父亲后，准备回京城。荆州刺史帐下一名都督听说他要离开，连忙请假回家，拿了粮食和肉，追随而至。都督谎称也去京城办事，二人结伴同行。
>
> 一路上，都督尽心尽力，送饭送肉，很是殷勤。过了几日，胡威察觉出问题，一问才知都督是想让他给父亲递句话，好帮其晋升。随即，胡威将父亲给他的一匹绢赠予都督，谢过后打发他回去了。
>
> 回到京城后，胡威写信给父亲，建议革除这个都督的职位，以警示官员要严守清廉。胡质却回信说，此人虽是行贿，但情节并不严重，革除的惩罚偏重，影响也过大，等于向外人宣传自己的清廉。父亲还说已对其进行了诫勉谈话，这样影响小，于人于己都是妥当的。胡威对父亲的处事周到佩服不已。
>
> 后来，胡威入朝，晋世祖问他："大家都说你们父子二人清廉，那到底谁更清廉呢？"胡威沉吟一下，说："我远不及我父亲。"晋世祖一听，笑笑说："你这么说有什么理由吗？"胡威答道："我清廉，担心别人不知道；而我父亲清廉，却生怕别人知道。这就是我远远不及我父亲的地方。"

就胡质、胡威父子的故事来说，为了清廉而清廉，与为了名声而清廉，前者确实更有道德的感召力。也正因为如此，在《真正的清廉》一文的结尾，作者感慨道："越是德行高尚的人，越是谦卑低调。对于他们来说，低调本身已成为一种德行。"

另一方面，道德要完全从"应该"变为"现实"，义务性动机是不可或缺的。道德关系的是"应该"、那"应该"的东西怎样才能变成现实呢？我们如何才有可能将道德戒律的"应该"转化为实实在在的行动呢？现实中，恰如康德所言，有限理性的个体，作为一个同时受到个体爱好、偏好驱使与受道德戒律、责任支配的个体，在他的生活中一直进行着一场场旷日持久的"搏斗"，一场场介于爱好与戒律、偏好与责任之间的搏斗：爱好不时地挑战责任规律的权威性和严肃性，使人

① 梅荣.真正的清廉[J].环球人物，2014(24).

们屈从于欲望和偏好，不时地侵蚀责任的道德基础，损毁责任的尊严。反过来，要避免爱好和欲望的干扰，就必须化服从为责任、义务。

倾向性动机的道德性

但是，在肯定康德道德动机论合理性的同时，其局限性也是客观存在的。

首先，是对倾向性动机道德性的彻底否定。如果真如康德的理论所言，道德行为只能是出于责任、出于义务性的动机，这意味着出于倾向性动机的行为完全不具有道德性。实际上，基于义务动机的行为尽管相比更具有道德性，但这并不意味着出于倾向性动机的行为就完全没有道德性。因为，不管其行为的动机如何，正当的行为至少较之不正当的行为具有相对的道德性。就官员的廉洁问题来说，清廉的人不管其清廉的动机究竟如何，不管他们是害怕贪腐被查出，还是出于维护自己利益与名声的长远考虑，他们至少比贪腐成性的人更有道德性。类似地，诚实守信、考试不作弊、生意上童叟不欺与关爱他人，这相比说谎成性、弄假舞弊、偷斤减两与对人冷漠等行为要道德。

其次，在某种意义上这可能会否定人类行为的道德性：义务论不仅否定了倾向性行为的道德性，同时也可能否定出于义务的行为的道德性。

一方面，从某种意义上来说，出于责任和义务的行为本身也可能受某种倾向性动机的支配：个体的行为选择可能这样或那样地受个体利益的影响。在此方面，《老友记》[①]中菲比和乔伊曾有过类似的争执：菲比认为世界上有完全无私的行为，而这种无私的行为在康德的理论中似乎就可以称之为是“道德的”；而乔伊则认为任何行为多多少少都会存在着利己的成分，因此在康德的理论中就不能称之为“道德的”。而在电视剧中，菲比刻意做的任何看似“无私的”事情最后都导致了自己的获益。虽然这只是剧情本身的设计，但这似乎说明，任何无私的事情多多少少都会带来对自己的益处。进而，在道德伦理层面，否定倾向性行为的道德性在很大程度上就否决了包括义务性动机在内的人类所有行为的道德性。

另一方面，出于责任和义务的行为，我们也可以赋予它们出于某种合理的倾

---

① 《老友记》是一部美国电视情景喜剧，由大卫·克莱恩和玛塔·卡芙曼创作。故事以生活在纽约曼哈顿的六个老友为中心，描述他们携手走过的十年风雨历程。

向性动机的解释。比如，在新冠疫情中，捐出自己全部存款的大爷、捐献自家种植蔬菜并运到疫区的热心叔叔、为警察局送去自己积攒几百个口罩的好心叔叔，他们的行为是出于对疫情防控的关心、对国家防疫工作的支持，做出以上举动，他们的动机是出于自身的责任感、对国家民族的认同感，是出于职责的动机。但对于上述行为，我们也完全可以认为，在进行行为决策时，相关个体之所以这么做，可能是此种行为模式符合他们自己所追求的价值观，相关的行为会给自己带来自豪感和使命感。进而，按照康德的道德理论，即便是出于义务动机的行为，其道德性也可能因此而得以否定。

道德关乎行为本身

另外，只考虑动机而不考虑行为本身，这会促使我们将道德和动机的性质联系在一起甚至是相等同，而完全忽视行为本身的正当性。但实际上，对于道德，尽管动机是重要的，但行为本身及其结果也非常重要：

其一，行为本身的正当性是行为道德性的具体保障：如果行为本身不正当，那不管其动机如何，其道德性都是缺乏的。对于极端宗教主义与纳粹主义，尽管他们的行为可能是出于义务的，出于极端宗教主义者与纳粹主义者所理解的义务，但他们的诸多行为是反人类的不道德行为。同时，出于某种善意的动机，个体行为也可能会不经意或无意识地侵犯其他个体的权利。现在，如果行为的道德性完全由动机和意志决定，那是否意味着只要动机正当，而不需要考虑行为的性质及其后果呢？对于不经意甚或是出于良好的动机而侵犯他人权力和利益的行为，我们是否可以因此免于自责，不需要承担责任，不需要向相关当事人道歉或补偿呢？

其二，如果行为是正当的，行为本身往往就决定了其道德性，而不管其动机如何，比如福勒拒绝点球的事情。

1997 年在海布里，福勒（利物浦球星）接队友后场长传形成单刀，当他带球试图盘过阿森纳门将大卫·希曼时倒地，当值主裁阿什比的哨声响了，他判罚希曼犯规，给了利物浦队一个点球。但是，利物浦的“上帝”福勒起身后拼命摇手指，示意这球不是点球，希曼根本就没有与他有过身体接触。但当值主裁阿什比没有听到福勒的上诉，坚持原判。

福勒亲自主罚点球，在主罚之前他走过去跟希曼说了几句，然后故意踢出了一记软弱无力的推射，但希曼或许是过于紧张了，扑救时竟然脱手。利物浦球员麦卡蒂尔不解风情冲上去补射破门，将比分扩大为 2∶0，最终客场作战的利物浦 2∶1 击败了主队阿森纳。[1]

就此而论，我们不管福勒拒绝点球的动机如何，不管他是出于义务性的动机还是为赢得他人好感的倾向性动机，其行为本身就具有道德性，闪耀着公平竞争、公平比赛精神的光辉。

其三，在实践层面，由于动机往往难以识别，个体行为道德与否，往往需要依赖于行为本身及其结果来加以判断。在此方面，康德就曾指出，“卖主不向无经验的买主索取过高的价钱，而是对每个人都保持价格的一致。在交易场上，明智的商人不索取过高的价钱，而是对每个人都保持价格的一致，所以一个孩子也和别人一样，从他那里买到东西。买卖确实是诚实的，这却远远不能使人相信，商人之所以这样做是出于责任和诚实的原则。”因为，他之所以这样做，这也完全有可能是这有利于他。[2] 在动机难以识别的情况下，哪怕是出于义务的动机，也可能会遭到人家的怀疑。比如，在新冠疫情席卷全球之际，除了捐助湖北武汉，马云还为多国送去了上百万物资，众人夸赞他的同时，也有人说马云这是在为阿里巴巴赢得国际市场、扩大知名度。而对于中国的善意，有一些人不怀好意地认为中国为其他国家提供医疗救助的动机是试图增加中国在国际上的政治影响力和话语权。

就崔永元老师举报范冰冰偷逃税的事情来说，行为是否道德，我们首先要考虑的不是动机，还是要考虑其举报行为本身：哪怕他确实是出于自己的私利而举报的，如果他的行为本身是正当的，那举报行为依旧有其道德性。事实上，也正是因为行为本身的重要性，除了动机以外，康德的道德理论更是进一步提出了有

① 绿茵场上的“公平竞争”典范：福勒 · 克洛泽[EB/OL]. 中国网，2013-11-21.

② 康德. 道德形而上学原理[M]. 上海：上海世纪出版集团，2012：10.

关行为道德与否的一般原则。问题是，在何种意义上，我们可以说个体的行为是道德的？判断个体行为道德与否的基本原则是什么？

9.3 道德的最高原则究竟为何？

关于道德的最高原则，这是康德写作《道德形而上学基础》的目的。康德认为：

“要使一件事情成为善的，只是合乎道德规律还不够，而必须同时也是为了道德而作出的；若不然，那种相合就很偶然并且是靠不住的。因为，有时候并非出于道德的理由，也可以产生合乎道德的行为，而在更多情况下却是和道德相违反。”①

而要使“为了道德”而行动成为可能，首先需要把握判断行为道德与否的基本原则。那康德有关道德的最高原则是什么呢？如何去评价其道德原则？关于康德所给出的道德的最高原则，在就问题做出理论分析之前，为了便于理解，我们先看两个现实问题：善意的谎言和安乐死。

善意的谎言：道德吗？

2020年2月3日，武汉协和医院医生林鸣曾分享了如下一则故事：②

徐美武老人90岁高龄，64岁的儿子确诊新冠肺炎后，为了不让家庭其他成员感染，她一个人在医院照顾。老人说，自己已经90岁，无所畏惧了。

当时因为没有空余的病床，她的儿子先被安排在发热门诊。

她在儿子的病床前摆放着痰盂、整箱泡面、散装鸡蛋和杯碗勺等生活必需品。饿了，就吃方便面，累了困了，就在病床的栏杆上趴一会。

---

① 康德. 道德形而上学原理[M]. 上海：上海世纪出版集团，2012：3.

② 90岁“硬核奶奶”陪护的64岁儿子去世，医生发文：《对不起，我撒了个谎》[N]. 扬子晚报，2020-03-11.

在发热门诊的五天时间里，老人家没睡过一个囫囵觉，她始终坐在抢救室的病床前，紧紧握着躺在病床上、戴着呼吸机的儿子的手，感受儿子的体温，向儿子传递坚持的信念。直至儿子被送进隔离病房。

在离开病院前，老人家自己排了一个通宵去检查CT，让人高兴的是，检查结果是肺部没有异常。

查完身体后，老人家又跑去隔离病房，向护士借了笔和纸，给儿子写了封信，并委托医护转交给儿子。

老人家在信中写道："儿子，要挺住，要坚强，战胜病魔。要配合医生治疗，呼吸器不舒服，要忍一忍。忘记给现金，托医生带上了五百元，可托人买日常用品。"

3月10日凌晨，林鸣医生又在微博上发了一篇文章，题为《对不起，我撒了个谎》。原来，就在徐美武老人写信的那天下午(2月4日)，她的儿子已经离世了。由于担心老人家接受不了这个残酷的现实，林鸣和他的同事们一直瞒着她。

那封信，永远无法抵达……

在这个故事中，徐美武老人的儿子因病去世了，由于担心老人家难以接受这个现实，林鸣医生和他的同事向她撒谎了，未能向她告知事实的真相。

由此引出的问题是，我们如何评价林鸣医生和他同事的行为？道德吗？他们应该及时向徐美武老人如实告知她儿子去世的真相吗？

关于信息隐瞒、不如实告知的问题，在一般意义上，诚实是一种美德，而撒谎则是一种恶行，诺贝尔甚至将撒谎视为"万恶之首"。而"《圣经》记下的恶借以来到世间的第一次犯罪不是(该隐的)谋杀兄弟，而是第一次说谎(因为本性毕竟是反对谋杀的)，并且把它当作一切恶的始作俑者，称为原始的说谎者和谎言之父。"[①]但问题是，善意的谎言呢？比如医生担心老人家难以接受儿子去世的现实而向其隐瞒真相的行为。

就康德而言，他不仅反对恶意的、欺诈性的撒谎，也反对善意的谎言，不支持医生向病人家属善意隐瞒病人去世真相的做法：在阐释其道德原则时，康德并没

① 康德.康德著作全集：第6卷[M].北京：中国人民大学出版社，2007：441.

有对恶意的、欺诈性的撒谎和善意的谎言做出区分。在《道德形而上学原理》一书中，康德将撒谎作为不道德行为的一个主要例子。在他看来，“就人对纯然作为道德存在者来看（其人格中的人性）的自己的义务来说，最严重的侵犯就是诚实的对立面：说谎。”①康德认为：

“不需要对别人有害才能被宣布为卑鄙的。因为那样的话，它就会是对他人法权的侵犯。说谎的原因，也可能只是轻率，或者完全是好心，甚至可能是旨在一个真正善的目的。但是，致力于这一目的的方式却由于纯然的形式而是人对他自己人格的一种犯罪，而且是一种必定使人在他自己的眼中变得可鄙的无耻行径。”②

康德之所以坚决反对说谎，这与康德所给出的有关行为道德与否的普遍性原则有关：③

其一，在康德看来，道德的最高原则是他自己所提出的普遍性原则：“除非我愿意自己的准则也变为普遍规律，我不应行动”。④ 因为，道德是有关内在意志的规律（区分于外在的自然规律），是人类理性为自己立法，而意志又完全不具备由于遵循某一特殊规律而来的动力，进而，“只有行为对规律自身的普遍符合性，只有这种符合性才应该充当意志的原则”：“如若想使责任不变成一个空洞的幻想和虚构的概念，那么，这样单纯的与规律相符合性就一般地充当意志的原则，不须任何一个适用于某些特殊行为的规律为前提，而且必须充当这样的原则。”⑤

其二，康德认为，说谎的不诚信准则永远也不可能成为一条普遍的原则：“如果一个人认为自己在困难的时候，可以把随便作不负责任的诺言变成一条普遍规律，那就会使人们所有的一切诺言和保证成为不可能，人们再也不会相信他所

---

① 康德．康德著作全集：第 6 卷[M]．北京：中国人民大学出版社，2007：438.

② 康德．康德著作全集：第 6 卷[M]．北京：中国人民大学出版社，2007：439.

③ 当然，除了从他所给出的道德的第一原则——普遍性原则——的角度来进行解释之外，康德也从他所提出的道德的第二原则——人是目的而不是手段——的角度进行了诠释。相关的诠释可以参见本章第 5 节的内容。

④ 康德．道德形而上学原理[M]．上海：上海世纪出版集团，2012：13.

⑤ 康德．道德形而上学原理[M]．上海：上海世纪出版集团，2012：13.

做的保证,而把所有这样的表白看成欺人之谈而作为笑柄。”[①]

安乐死:道德吗?

比如,本书导言中所提到的澳洲科学家古德尔赴瑞士安乐死的事情,这应该得到法律和道德的支持吗?

关于个体轻生的问题,在一般意义上,恰如康德所言,作为一种动物性的存在者,个体有自保的义务(其对立面是任意的肉体死亡)。包括:(1)整体的死亡,即自戕、自杀。(2)局部的死亡。包括质料性的自残(剥夺器官的有机部分)与形式上的自残(剥夺器官的能力)两种形式。[②] 如果因暂时失意、挫折而选择轻生,这是懦弱、不负责任的表现。自杀不仅违背了自己对他人的义务(夫妻之间的义务、父母对孩子的义务、臣民对其政府或者共同国公民的义务以及对上帝的义务,因为这意味着人没有被召回就放弃上帝托付给我们在尘世的职位),也存在对自己义务的伤害。[③]

问题是,对于上述问题,是否有特殊和例外呢?面对一般的挫折,我们应鼓起勇气,不能被生活打倒,更不能因此而放弃自己的生命。但在特殊的情况下,比如在疼痛难忍、而生命延续又完全无望的情况下,个体是否又应该坚持维系自己的生命?

在此方面,康德不仅反对因偶然挫折而引致的逃避责任的懦弱性自杀,他同时也不支持绝症患者为避免疼痛而拔掉输液管的轻生行为,不支持安乐死与协助自杀等有损个体生命的方式和手段。而康德之所以反对自戕、自杀、自残,同样是因为此等行为并不能成为一条普遍的规律。在康德看来,在生命期限的延长只会给“我”带来更多痛苦而不是更多满足时,如果“我”把缩短生命当作对“我”最有利的原则,那我们就会发现此等准则与责任的最高原则不相容,进而它就不可能成为普遍的自然规律,不能成为个体的道德法则。因为,当个体因各种无可逃脱的邪恶实践而心灰意冷、厌倦生活并试图自杀、自戕或自残时,自杀等

① 康德.道德形而上学原理[M].上海:上海世纪出版集团,2012:31.

② 康德.康德著作全集:第6卷[M].北京:中国人民大学出版社,2007:430.

③ 康德.康德著作全集:第6卷[M].北京:中国人民大学出版社,2007:430.

毁灭生命的行为与通过情感而提高生命的职责相冲突。[①]

关于道德，或者说关于个体的义务和责任，康德认为，基于义务和责任所针对的对象来划分，个体的责任有两种：对自己的责任与对他人的责任；而基于责任对于个体的约束程度来划分，个体的责任又有两种类型：完全的责任和不完全的责任。进而，两两交叉进行排列组合，个体的责任有四种基本类型：(1)对自己的完全责任；(2)对他人的完全责任；(3)对自己的不完全责任；(4)对他人的不完全责任。[②] 其中，保护自己的身体、生命，拒绝自杀、自戕与自残，这关乎的是个体对于自己的完全责任；遵守诺言，不隐瞒、不撒谎，所涉及是个体对他人的完全责任。至于如发展个体的才能、济困扶危则分别是个人对于自己、对于他人的不完全责任。

自杀、自戕、自残与隐瞒真相、撒谎等事关个体完全责任的行为因违背普遍性原则而丧失其道德性，同样，在康德看来，未能承担非完全责任的行为同样缺乏道德基础：

其一，在个体对于自己的非完全责任方面，康德认为，个体有不断完善自己的责任和义务。如果个体只是去过闲暇、享乐、繁殖的生活而让自己的才能在那里白白生锈，那理性的个体总不会让它变成一条普遍的自然规律，因为理性的个体必然愿意从各个方面把自己的才能彻底地发挥出来。[③]

其二，在对于他人的非完全责任方面，康德伦理学解释这一概念的一个著名实例叫作“糟糕的撒玛利亚人论点”。在其他人（比如邻居、路人）遭受巨大痛苦时，“我”可能会遵守“听天由命、自己管自己”的原则。但在康德看来，此等原则无法通过普遍性检验：尽管将此等方式作为普遍的规律，人类可以持续下去，而此等行为要胜似偶尔表现一点热心但一有机会却不断侵犯他人权利的做法，但它依旧不能成为一个普遍的规律：因为这意味着在我们自己遭遇极端痛苦时，也得不到帮助。

---

① 康德. 道德形而上学原理[M]. 上海：上海世纪出版集团，2012：31.

② 参见康德. 道德形而上学原理[M]. 上海：上海世纪出版集团，2012：代序 38.

③ 康德. 道德形而上学原理[M]. 上海：上海世纪出版集团，2012：32.

普遍性原则是最高原则吗?

既然康德将普遍性原则界定为个体行为选择的最高道德原则,那是否意味着:崔永元老师的举报行为是否道德,这取决于举报行为能否通过普遍性原则的检验呢?显然,问题的关键在于普遍性原则本身:普遍性原则是否真是检验个体行为道德与否的最高原则?

对于普遍性原则,康德对此颇为自信和欣赏,他认为该原则为个体的行为选择提供了一个基本的标准和指针。在他看来,基于这一原则,用不着多大的聪明,我们就会知道做什么事情,知道我们的意志在道德上是否成为善的:

> "手里有了这一指针,在一切所面临的事件中,人们会怎样善于辨别什么是善、什么是恶,哪个合乎责任、哪个违反责任。即使不教给他们新的东西,只需像苏格拉底那样,让他们注意自己的原则,那么既不需要科学,也不需要哲学,人们就知道怎样做是诚实和善良的,甚至是智慧和高尚的。"①

问题是,实际的情况到底如何呢?康德的普遍性原则是检验个体行为道德与否的基本标准吗?

应该说,一种道德原则,如果它真的是最高的原则,普遍性是必不可少的特征:不具有普遍性的原则必然会面临难以解决的矛盾和冲突(如多元主义)。而作为"标准的标准",普遍性是公平正义原则的一个基本标准(融贯性和延展性结合在一起就意味着普遍性)。② 也正因为如此,不管是功利主义还是罗尔斯主义,他们都试图去确定有关公平正义的普遍性原则。但是,康德将普遍性作为道德的最高原则存在局限性:

一方面,与原则的绝对性等方面的要求相同,普遍性只是道德原则的形式特征而非实质性的要求:鉴于普遍性原则无法就个体行为道德与否给出一个具体的标准,普遍性原则只是一个形式的原则而非实质性的原则。而真正的道德原则不仅需要满足普遍性、绝对性等形式上的特征,同时还需要具有实质性的判断

---

① 康德.道德形而上学原理[M].上海:上海世纪出版集团,2012:15.

② 请参见本书第2章方法论部分就这一问题的讨论。

行为道德与否的基本标准:单纯的形式性特征本身并不能作为一个独立的道德标准。否则,对于诸多行为,其道德与否,我们无法判断。比如崔永元老师举报范冰冰偷逃税的问题,根据康德的理论,坚持纳税应该能够通过康德的普遍性检验,但对于举报问题,究竟是举报的行为能够通过普适性检验呢,还是视而不见呢?情况似乎不是很明朗。

另一方面,对于实质性的道德原则,其普遍性应该是基本理念的普遍性,而不应该是具体行为方式的普遍性:道德行为的具体方式往往都依赖于行为选择的特定环境和条件。① 也正因为如此,当康德将普遍性原则应用于具体的行为模式时,往往会面临行为模式难以普遍化的困境:

其一,具体行为模式本身不具有普遍性的问题。比如康德所提到的个体对自己负有完全责任的个体自保问题。在康德的道德义务理论体系中,自保是满足普遍性原则的、是道德的,而自杀、自戕与自残则恰好相反。但关键的问题是,是否所有与自保相背离的行为都不道德呢?事实上,康德本人明确意识到在伤害自我这一问题上存有诸多悬而未决的问题(康德称之为"决疑论"问题)。包括:(1)为了拯救祖国而陷入某种死亡,是自我谋杀吗?(2)军人在被俘之前抢先自杀,以免受辱,是犯罪吗?(3)为了不给其他人造成不幸,狂犬病人自杀(他自己已经感到它发作了),此种行为正当吗?(4)疫苗注射呢?毕竟,尽管注射疫苗是为了保护自己的生命,但自己也招致了把他带入死亡危险的疾病。② 同样地,对于撒谎的问题,康德自己也提出:"出于纯然的客套的不真实(例如写在一封信末尾的'最顺从的仆人')可以被视为说谎吗?"③

其二,将不同行为模式普遍化所引致的矛盾和冲突。如果我们将自保与诚实这两方面的问题结合起来,在自保和诚实完全冲突而无法兼顾的情况下,不知康德本人会如何决策?比如在战争年代,如果我诚实给侵略者带路,我和我的同胞都面临被敌人消灭的危险,而如果我将敌人带入我军的包围圈,则能够挽救我

① 具有普遍性的批评意见认为:现世世界中,人们的行为手段根本不可能做到如出一辙,若想从人们的行为中总结出原则并成为普遍的立法准则,那世界上的成文法有万万亿条了。此等批评对于具体的行为是对的,但不能针对基本的原则和理念。

② 康德.康德著作全集:第6卷[M].北京:中国人民大学出版社,2007:432—433.

③ 康德.康德著作全集:第6卷[M].北京:中国人民大学出版社,2007:441.

自己和同胞的生命，面对这种情况，康德的普遍性原则会如何处理呢？对此问题，在某些时候，尽管可以采用某种误导性的真话来避免这一困境，但问题并没有根本解决。因为，如果侵略者是如此的清醒，使得我的误导性真话无法起作用时，问题就会存在。

9.4 人是目的而不只是手段呢？

指出康德最高道德原则的非实质性特征，这绝不是说康德没有提出具有实质性特征的道德原则。事实上，除了最高的第一原则——普遍性原则——之外，康德还提出了有关“人是目的而不是手段”的第二道德原则：“你的行动，要把你自己人身中的人性，和其他人身中的人性，在任何时候都同样看作是目的，永远不能只看作是手段。”[①]由于涉及具体的道德规范要求，第二道德原则是一个具有实质性特征的原则。

第二原则的理由

康德之所以提出道德的第二原则，这与他对规律，尤其是道德规律性质的理解有关。

在康德看来，世界的规律有自然律和道德律两种不同类型。其中，自然规律的命题是有关“是”的命题：“地球是圆的”，“光的速度大约是每秒 30 万公里”等等。而道德规律或道德原则则是有关“应该”的命题：“你不应该撒谎”，“制度应该给予每一个体应有的自由”等等。

对于有关“应该”的道德律，是人类有关行为选择的理性命令。根据行为选择是否有前提条件来划分，康德认为道德的理性命令可以分为假言命令和定言命令两种类型。其中，“假言命令把一个可能行为的实践必然性，看作是达到人之所愿望的、至少是可能愿望的另一种目的的手段”。[②] 比如，如果你想要有一

① 康德. 道德形而上学原理[M]. 上海：上海世纪出版集团，2012：37.

② 康德. 道德形而上学原理[M]. 上海：上海世纪出版集团，2012：24.

个良好的声誉，那你就不要撒谎，需要诚信地对待你的每一位顾客。而定言命令，又称绝对命令、无条件命令或无上命令，“则把行为本身看作是自为地客观必然的，和另外目的无关”。①

康德认为：只有绝对命令才有资格作为一种道德命令。因为，对于假言命令，由于它是有条件的，它所要求的目的都是相对的，都相对其他的目的而存在。而定言命令，由于它是无条件的，它所追求的目的本身是绝对的，其目的就在于它自身。

既然如此，什么样的目的才具有绝对的价值呢？在康德看来，基于冲动的主观目的始终都是相对的，是被一个有理性的东西所随意选为行为的结果，道德的行为不能来自主观的冲动，作为定言道德命令依据的目的只能是人：

“人，一般来说，每个有理性的东西，都自在地作为目的而实存着，他不单纯是这个或那个意志所随意使用的工具。在他的一切行为中，不论对于自己还是对其他有理性的东西，任何时候都必须被当作目的。”②

进而，每个人，每个有理性的东西都必须服从“人是目的而不只是手段”的规律。

以“人是目的而不只是手段”为道德判准，康德对有关个体道德责任的现实问题做出了进一步分析。在他看来，自杀、自戕、自残、撒谎等行为都与“人是目的而不只是手段”的道德原则相冲突。打算自戕的人“如果为了逃避一时的困难处境，他毁灭自己，那么他就是把自己的人身看作一个把过得去的境况维持到生命终结的工具”。③ 但“人并不是物件，不是一个仅仅作为工具使用的东西，在任何时候都必须在他的一切行动中，把他当作自在目的看待”。④ 同样地，一个人在打算对别人作不兑现的诺言时，“他这是把别人仅仅当作自己的工具，而不同时把他当作自在的目的”。⑤

① 康德. 道德形而上学原理[M]. 上海：上海世纪出版集团，2012：24.
② 康德. 道德形而上学原理[M]. 上海：上海世纪出版集团，2012：36.
③ 康德. 道德形而上学原理[M]. 上海：上海世纪出版集团，2012：37.
④ 康德. 道德形而上学原理[M]. 上海：上海世纪出版集团，2012：37.
⑤ 康德. 道德形而上学原理[M]. 上海：上海世纪出版集团，2012：37.

第二原则的价值

“人是目的而不只是手段”的道德原则有其特有的价值和意义：

一方面，在人和物关系的处理上，该原则认为人具有内在价值，不应被当作一个终结手段使用或对待，这充分体现了启蒙时代以来人们所尊崇的“以人为本”的价值理念，显示了人的地位、价值和尊严。

另一方面，在人和人关系的处理上，此等原则对尊重人提出了要求，我们不能将同胞物化，不能将他们当作工具，而应该将他们看作具有尊严的人。

当然，这一理论在今天来看似乎很明显，但从历史的角度来看，这在充斥奴隶制、少数民族压制和谨慎对待妇女权利的世界则是一个革命性概念。

但是，原则本身是否具有其价值和合理性是一回事，原则是否可以作为最终的判别标准又是另外一回事。“人是目的而不只是手段”虽然有其历史和现实的价值，但它还是存在一些悬而未决的问题，不管是在原则的理论诠释上，还是在原则的现实应用方面，都是如此。

首先，对“人是目的”及其相关的有关尊重个体、维护个体尊严的理解，究竟在何种意义上我们是在把人当作目的？究竟在何种意义上，我们是在尊重个体，在维护个体的尊严？比如，在个体的生命和幸福有冲突的极端情境下（比如身患绝症、疼痛难忍的时候），“以人作为目的”，究竟是追求功利主义所强调的幸福还是康德所主张的生命？康德单纯以“人是目的而不只是手段”并不能为他所支持的论点进行辩护。因为，功利主义可以将“人是目的”解释为“幸福的最大化”。同时，在维护个体尊严方面，据报道，曾经有一个病人去世，医生从病人身上拔了十九条管子，光拔管子就用了两个多小时，因为每拔一条管子，病人就会大面积流血。十九条管子不仅没有能挽救他的生命，反而让他在去世之前一直都被冰冷的机器和管子围绕，吃尽苦头。此等做法是否真是在维护个体的尊严呢？维护个体的尊严是否就是等同于生命的维系呢？

其次，在“人是目的而不是手段”的具体应用上，特别是在人际关系的处理上，究竟在何种意义上，我们是将人作为目的，在何种意义上，我们是将人作为手段？比如，“我”的自行车坏了，张师傅帮我修好了，“我”是把他当作手段了吗？

“我”是在利用张师傅吗？新冠疫情期间，国家在武汉建设火神山医院。施工公司开出日薪1 500元招募建设者，有的工人迫于生计前来。这等于施工公司在利用工人吗？判断将人当作目的还是手段的标准是什么？康德的道德原则缺乏一个明确的标准。

9.5 究竟是义务论还是后果论？

除了为行为选择确定基本的道德原则之外，康德也提出了独具特色的、有关行为与制度判别的义务论的方法论，这和以功利主义为代表的后果论的方法论相区分。在康德看来，行为的道德性不在于其预期的后果，而在于行为本身：

“行为的道德价值并不在于它所预期的效果，也不在于以这种预期效果为动机的任何行为原则。因为，这些效果，处境的舒适，以至他人幸福的提高，都可以通过另外的原因产生，而并不须有理性的东西的意志，而最高的、无条件的善却只能在这样的意志中找到。只有为有理性的东西所独具的，对规律表象自身才能构成，我们称之为道德的，超乎其他善的善。因为，正是这种表象，而不是预期的后果，作为根据规定了意志。”①

那么，如何评价康德的义务论？在方法论层面，对行为与制度的合理性进行评价，究竟是采用康德的义务论还是以功利主义为代表的后果论？为了便于讨论，我们基于死刑的存废问题来加以讨论。

死刑存废之争背后的方法论

留美女学生章莹颖被害案于美国时间2019年6月3日开庭，该案引起了广泛的社会关注，被告将面临死刑或者终身监禁。而在此之前的2018年1月19日，美国司法部部长批准了对犯罪嫌疑人克里斯滕森寻求死刑判决的申请。同

① 康德. 道德形而上学原理[M]. 上海：上海世纪出版集团，2012：13.

年 8 月，辩方律师提出动议要求取消死刑审判，不过该动议被主审法官驳回。开庭期间所披露的犯罪细节令人发指，不少中国网民纷纷在公众媒体上愤慨表示理应判处凶手死刑，这又引发了是否应该废除死刑的争论。

从古至今，“血债血偿”“杀人偿命”“一命抵一命”等同态复仇的朴素正义观在公众心目中根深蒂固，这是死刑的基础，具有强大的社会认同感。权利被侵犯，公众内心的愤怒和正义感也会集体喷发，被害人、被害人家属与社会公众会愤怒，会仇恨，这是人类情感的自然流露与宣泄。与同态复仇的朴素正义观不同，刑事古典学派的代表人物贝卡利亚(Beccaria)在其 1764 年出版的《论犯罪与刑罚》一文中，抨击了封建残酷的刑罚制度，提出了限制死刑、废除死刑的主张。

由于涉及支持和反对死刑的依据，从某种意义上来说，死刑存废之争，这是义务论和后果论的方法论之争：

反对死刑者之所以认为死刑应该废除，这在很大程度上与他们所遵循的方法论有关，他们往往将论证的依据建立在死刑存废所产生的效果上。具体包括：(1)在预防犯罪方面，死刑不一定最有效。因为死刑只让犯人产生短暂的惶遽，而终身监禁则是终身的折磨与痛苦。(2)在物质方面，死刑不能产生明显的效益，而终身监禁中的劳役则能产生社会效益。(3)死刑有激发罪犯逆反心理的作用，其效果可能会适得其反。譬如贩卖人口者一旦被判处死刑，犯罪分子就会为了消灭证据、逃脱法网而残忍撕票。(4)死刑杜绝了罪犯自新之路，使罪犯失去了教育改造回归社会创造价值的机会。(5)死刑是彻底性、毁灭性的刑罚。

与之相反，主张死刑的论者则反对基于死刑存废的效果来为废除死刑进行论证：我们将一个人判处死刑，是因为他犯了死罪，因而应该被处死，而并非为了某种好处，如社会福利、稳定、和谐之类的功利目的，其方法论是义务论意义上的。在此方面，康德明确反对把死刑的实施建立在功利的考虑之上，在他看来，死刑代表着对死罪的正义的惩罚。犯什么样的罪，就应该受什么样的罚：“司法的惩罚永远不能仅仅作为促进另一种善的手段而为了罪犯本人或者为了公民社会来实行的，而是在任何时候都必须仅仅是因为罪犯犯了罪而施加于他的。”①

① 康德. 康德著作全集：第 6 卷[M]. 北京：中国人民大学出版社，2007：343.

那么，在对个体行为与制度合理性、正当性的评价方面，理论上所要遵循的方法究竟是后果论意义上的还是义务论意义上的？

基于"关联结果"的义务论

在一般的方法论层面，决策合理与否，需要考虑决策带来的影响并基于决策的影响抑或说结果来进行选择，这不管是对纯粹的个体选择，还是规则选择等方面的社会选择，都是如此。对于罗尔斯来说，尽管他将自己的理论归为义务论的理论——"一种不脱离正当来指定善的理论"抑或"不用最大量地增加善来解释正当的理论"——而非目的论的理论，但他又明确指出："我们在此把义务论理论定义为非目的论的理论，而不是定义为把制度和行为的正当看作是独立于它们的结果的性质的观点，所有值得我们注意的伦理学理论都须在判断正当时考虑结果，不这样做的伦理学理论是奇怪的和不可理喻的。"①

逻辑上，既然决策的合理性需要以决策的结果作为评判的依据，有关制度规则与个体行为公平性、正当性的判别，其方法必然也是后果论意义上的，考虑运行的结果，这一方面是公平规则等得以确定的客观需要：离开了结果，公平规则等方面的确定就丧失了评价其公平与否的依据，另一方面，基于结果来就规则等方面做出确定，这也是保证规则等方面正当性的必然要求：公平规则必然要以其结果的公平性为保障前提。

由于强调以一致同意作为规则公平与否的判别标准，布坎南的主观主义——契约主义论点——将公平规则的选择标准与特定的程序联系在一起。当我们基于程序性的方法来就规则的公平与否进行判断时，表面上看，有关规则公平与否的判断可以脱离规则运行的结果，但实际上并非如此：一致同意规则之所以得以采纳，这是以一致同意规则运行的结果为依据的，比如，克服布坎南等非常关心的民主决策规则中的"多数暴政"抑或说"多数歧视"等现象与行为。理论上，我们很难想象，决策者不考虑结果而去进行决策的情形。也正因为如此，在就诺奇克的思路——将收入分配问题从寻找一个"好"的社会福利函数转移到寻

① 罗尔斯. 正义论[M]. 北京：中国社会科学出版社，2003：29.

找一个决定政府运作的“好”的规则集——进行评论时，哈维·罗森(Harvey S. Rosen)就批判性指出：“如果离开了过程所产生的结果，而去判断这个过程是否合理，这便是困难的。如果一个所谓‘好’的规则集一贯地产生出不必要的结果来，能说这些规则是好的吗？”①

方法上，既然规则公平性的判别依赖于规则运行的结果，这是否意味着康德的义务论不可取呢？

问题的回答和讨论需要回到第 5 章有关公平正义实体形态问题的讨论上来。性质上，由于公平正义所涉及的都是公平的“关联结构”，而“关联结构”又是由决定结果的规则所定义和体现的，公平正义所涉及的只能是公平的规则而不可能是单纯的结果。但另一方面，规则的公平性判断又需要依赖于规则运行的结果，规则对于结果的依赖性是否意味着作为目标导向的分配规范其是本质上还是单纯结果意义上的呢？

事实上并非如此：强调规则公平性对于规则运行结果的依赖性，这并不等于分配公平就是纯粹结果意义上的。因为，用于评价规则公平性的结果，理论上有两种看似相同、但实际上却存在本质差异的类型：其一，是与决定因素完全无关的单纯的分配结果；其二，是将“决定”因素也考虑在内的“关联结构”意义上的结果，即对应关系意义上的结果。在就公平的规则进行选择时，规则的确定不应看单纯的分配结果，而是要看给定规则下个体所得与“决定”所得相关因素的“关联结构”的合理性。比如，在足球等体育比赛规则的确定上，公平规则所考虑的结果不应该是具体的比分(对应收入分配的单纯的结果)，而应该是踢球方式等得分模式，即“关联结构”意义上的结果。既然评价规则的依据是“关联结构”意义上的结果，在方法论上，以结果来评价规则并不否定公平正义实体形态的“规则”性。

其实，也正因为评价规则公平与否的依据是“关联结构”意义上的结果，康德的义务论相比以功利主义为代表的后果论有其理论的优势。因为，康德所讲的义务其实就是一种“关联结构”，一种行为、一种制度规则合理，就是它所对应的

① 罗森. 财政学[M]. 北京：中国人民大学出版社，2000：148.

“关联结构”合理。就死刑的问题来说，康德认为，废除死刑，就取消了诸如杀人者必须偿命这样的正义原则或公理。“即便是公民社会以所有成员的赞同要解体（例如，住在一个岛屿上的人民决定分手并分散到世界各地），也必须把监狱里的最后一名杀人犯处决掉，以便每个人都亲历他的行为所应得的，并且不使血债铭记在人民心头，人民并不坚决要求这种惩罚：因为人民可以被看作对正义的这种公开侵犯的同谋。”[①]这里，死刑的目的不是达到某种后果论意义上的结果，而是要确定一种公正的对应关系，即他所说的“行为所应得的”。

9.6 康德主义：评价及其含义

康德对于伦理学的贡献巨大。一方面，康德极大程度地提高了伦理学的地位。康德把伦理学和物理学等量齐观，认为两者都是以普遍必然规律为对象的科学，这使得伦理学在科学上和当时以牛顿为代表的物理学有相同地位。[②] 两者的差异在于：物理学是自然学说，它是关于自然规律的学问，而伦理学是道德学说，是关于自由规律的学问：“自然规律是万物循以产生的规律，道德规律是万物应该循以产生的规律。”[③]另一方面，康德极大程度地丰富了伦理学的内容。它所提出的道德动机论、普遍性原则、人是目的而不只是手段等原则及其义务论的方法论，从根本上改变了人们对于道德的理解。与此同时，康德对于道德戒律的严格要求，最大限度地提升了道德戒律的纯洁性与神圣性。

当然，在肯定康德道德理论贡献的同时，其局限性也是客观存在的。他的道德动机论过分强调了动机而忽视了行为本身及其效果。普遍性法则关注于道德原则的形式而相对忽略其实质性内容。以“人是目的而不只是手段”来表达的第二道德原则则未能为人际利益的冲突提供一个终极的判别标准。也正因为如此，对于道德原则的探索需要在坚持康德道德原则、道德理论合理性的基础上克

① 康德. 康德著作全集：第 6 卷[M]. 北京：中国人民大学出版社，2007：345.

② 参见康德. 道德形而上学原理[M]. 上海：上海世纪出版集团，2012：代序 11－12.

③ 康德. 道德形而上学原理[M]. 上海：上海世纪出版集团，2012：1.

服其所存在的局限性，需要去寻求具有普遍性特征的能够对个体行为进行具体判别的一般道德原则。

至于举报行为，在历史上，确实有诸多不道德的举报行为，反映了人性的阴暗面。举报者毫无底线，不分青红皂白，不管被举报的对象是否真的有错，也不管被举报的对象具体是谁，自己的好友、邻居、老师、甚至是自己的亲属，都可能成为他们的举报对象。比如纳粹德国。纳粹德国时代，违反人类良知的法律有很多，其中最著名的要数“告密权”，这项法律导致大批犹太人和正直人士被无端告密、揭发从而死于纳粹的屠刀之下。其中有一个著名的判例，被告是一名妇女，为陷害其正在部队服役的丈夫，向纳粹当局告密其休假在家时曾发表有损希特勒的言论。根据1934年纳粹政府的一项规定“凡发表不利于第三帝国的言论是非法的”，她的丈夫被判死刑。

但是，崔永元老师的举报行为与上述举报完全不同。其一，作为举报行为的引子，《手机》以崔永元老师为原型，不仅伤害了崔永元老师本人，更对其家人造成了极大的影响，如果《手机2》再次上映，对崔永元老师妻女的打击将重蹈覆辙，崔永元老师对《手机》的反对不是无理取闹，从某种意义上来说是一种被逼无奈的反抗，从这个方面来说，为自己及其家人的正当权利而抗争，这完全可以理解。其二，对于偷税漏税的举报来说，由于缴纳税收是每一个公民所必须承担的责任，如实向相关机构和部门反映情况，这完全在道德的范畴之内。它对于规范税收法治、规范娱乐圈，都具有重要的价值和意义。其三，举报要承担巨大压力，需要很大的勇气。偷漏税行为在娱乐圈并不罕见，崔永元老师不畏触及整个娱乐圈的利益而选择举报，这需要很大的勇气。

当然，如果崔永远老师的举报是基于义务性动机的，其道德性会更高。

思考题

(1)汉娜·阿伦特将罪恶分为两种类型，一种是极权主义统治者本身的“极端之恶”，第二种是被统治者或参与者的“平庸之恶”。对于显而易见的恶行却不加限制，或是直接参与的行为，就是平庸之恶。纳粹集中营中的军人以自己出于职责而杀人来为自己的罪行开脱，试图达成无责任犯罪。请问这种“出于职责的动机”真的符合人类理性存在的身份吗？当崇高的人性与职责相冲突时，我们究竟该如何看待人们被迫或自动做出的选择呢？

(2)2018年，青岛有一位幼儿园教师因转发带有“同志”字样的文章被一位家长发现此位教师是男同性恋，家长进而找到幼儿园园长进行举报。幼儿园园长找到这位教师，并与他商议，希望他可以隐瞒自己的性取向，但是却遭到了这位教师的拒绝，于是园长开除了这位教师。后来，这位教师向青岛劳动人事争议仲裁庭递交申请书。他在庭外无奈地手举标牌：“我教导孩子要诚实，所以我无法说谎。我是同性恋。”在这里，这位老师不想隐瞒自己的性取向，学校可以要挟或者强迫他加以隐瞒吗？

(3)现实中有人出于不好的目的办了一件好事(比如有小偷偷了贪官贪得的财物，知道真相后把财物转交给有关部门来处理)。从功利主义角度来看，结果是好的，应该奖励这个小偷；但从康德的角度看，尽管结果是好的，但其目的动机是偷窃他人财物，是应该受到惩罚的。类似的还有好心办坏事，对于这种目的和结果不对应的情况，应该怎么看待？

(4)现行的品德考核方法多从外显的行为表现来评判学生的品德发展状况。在此情况下，一些学生把做好事、讲道德作为自己竞选学校干部、获得老师好评的手段，这如何评价？

(5)如果每个人都相互冷漠，既不侵犯他人的权利，也不期望得到他人的帮助，按照普遍性法则是可以推广的，这种“不帮助他人”的准则是否应当真正实施？

(6)国家设立诚信黑名单和信用档案，其初衷是为了整个社会能够更好地运转，在诚信体系下塑造人们的道德观念。但是，在此制度下，人们是因为害怕诚信档案或黑名单制度影响自己的声誉而去遵守，这是否与康德所宣扬的观念相违背了呢？

(7)想着“我要回报他曾经的救命之恩”而舍己救人，这种行为在康德看来是符合道德的吗？把报恩当作目的，算不算尊重了他人或者自己？

(8)南京彭宇案判决结束后，“老人倒了你扶不扶”的问题又引起社会的广泛讨论。在不少力挺“老人倒地了要扶”的理由中，有一个理由认为：今天我扶起别人的父母，是为了如果有一天我的父母跌倒，也会有人去扶他们。对此我们如何评价？这样属于纯粹的道德动机吗？

(9)记者恪尽职守还原报道的真实性，导演为披露社会不公持续跟进案件后续，有许多受害者因为曝光引来非议而自杀。康德认为“高尚的行为不看效果，因为它本身就是高尚的”。现在，当记者和导演为了职责而造成无辜者的悲剧时，他们的行为是否仍具道德？

(10)一老人好心送给五岁小孩香蕉吃，小孩却因吃香蕉被噎死，小孩父母将老人告上法庭，索要巨额赔偿。老人赠送香蕉的动机是善意的，但事情的结果却令人悲痛，那老人有过错吗？

(11)2006 年，为了帮助身患绝症的 8 岁失明小女孩小欣月实现她去北京天安门看升旗仪式的愿望，2 000 人组织起来编造出善意的谎言，在长春模拟天安门升旗让小欣月感到她真的来到北京了。如果有人拆穿真相而告知小欣月以残酷的现实，这道德吗？

(12)康德说：尊重人的尊严，就意味着将人当作目的本身来看待，所以我们要尊重人本身。那在日常的工作中，当我们把人看作劳动力、人力资源、人脉时，我们是否是把人当作工具了呢？在康德的道德观下，怎么样才能做到对看似被利用的人的尊重？尤其是直接为他人提供服务的行业。

(13)我们常说“好人有好报”。但从康德的角度出发，这不是一个高尚的动机，那么，持有这样的思想所做的善行是否全都被否定了？

(14)佛教认为，人们学习佛法和修行是为了六根清净，是为了无欲无求。可是“为了无欲无求”便是自己最大的欲与求，怀揣此种想法修行的人终无法修习成功，因此佛法修习讲究契机，讲究缘，心中不可有任何杂念。类比康德的说法，当我们做事的动机变成了为了遵守道德准则时，该行为仍然是具有道德价值的，因为这表达了对道德的崇敬。那么可不可以认为：无欲无求是对成佛的追求，表达了崇敬，因此可以打破悖论？

(15)有人认为，王阳明的“良知”学说兼有本体意义与普遍道德意义，这可以与康德那种普遍化的道德哲学相接。康德的道德哲学是一种主体的“自我立法”，仅在此意义上说，阳明学也是从本心良知之中推出道德。阳明学甚至能够缝合康德哲学中的某种断裂，因为良知本体本身就包含了道德行动(知行合一)。对于上述说法，你是否认同？

(16)康德认为动机要出于职责、义务，那是不是一切的激励政策都没有存在的必要？因为激励政策是典型地利用了人们“想要 x，才做 y”的心理。

(17)康德认为，从道德上来说，自杀与谋杀一样。当我们拿走了自己的生命，就是在把一个理性的人当作手段来使用，我们没有尊重人，没有把人看作目的，侵犯了尊严。但如果这个人处于极端的痛苦之中，比如处于癌症晚期的病人，他们若想为了尊严，体面地离开(如安乐死，在《理想国》中，柏拉图赞成把自杀作为解除无法治疗的痛苦的一种办法)，是否还应该出于职责仍在痛苦和绝望中活着呢？

(18)康德的理性学说与“存天理、灭人欲”有什么相同或不同之处？

10

其他公正观

在就功利主义、自由主义、均等主义、自由至上主义、契约主义(包括罗尔斯主义)、自由平等主义与康德主义等具有代表性的公平正义原则做出介绍和分析之后,本章将介绍和分析其他的公正观,包括:

(1)应得之说。认为公正就是每一个人得到他所应得的。在此方面,米勒认为:“依照查士丁尼的经典定义,作为一种一般意义上的德性的正义乃是‘给予每个人应有的部分这种坚定而恒久的愿望’。”①

(2)亚里士多德的目的论、天性论。其中,在目的论方面,亚里士多德认为,事务的分配要考虑其目的,比如,长笛该如何分配,这应该考虑长笛的目的——演奏音乐,需要将长笛分配给最会演奏的人;而在天性论方面,亚里士多德认为职业的分配需要考虑个体的天性。

(3)规则论。认为公正就是按照规则办事,规则可以是给定的法律、伦理,也可以是基于某种规则而确定的上级指令。

(4)女权主义。女权主义是公平正义在性别平等方面的具体应用,它强调在

① 米勒.社会正义原则[M].南京:江苏人民出版社,2001:34—35.

性别领域实现男女平等，消除妇女的屈从地位，消除性别的歧视，实现性别的平等。

那么，对于上述各种类型的公正观，其合理性又如何呢？本章将就上述公正观及其相关的现实问题做出分析和思考。

10.1 应得之说：公正就是应得？

应得问题

现实中总是面临着各种应得的问题：

其一，范冰冰应该得国家精神造就奖吗？2018 年 5 月 24 日，崔永元发微博："一个真敢发，一个真敢领"，"炮轰"范冰冰。因为在此前不久范冰冰获得国家精神造就奖。

其二，宋鸿兵该不该打？2015 年 12 月 12 日，《货币战争》的作者宋鸿兵受邀前往山西太原万达文华酒店举行讲座。演讲过程中，宋鸿兵遭到许多自称是被他忽悠的投资者的围殴，这疑与其受昆明泛亚有色金属交易所邀请进行经济形势分析讲座、为泛亚站台有关。号称全球最大的稀有金属交易所——昆明泛亚有色金属交易所，此前将 22 万投资者 400 多亿元血汗钱席卷一空。①

其三，高空坠物，无辜者该不该"被连坐"？2014 年 11 月 20 日 15 时许，出生 46 天的女婴何欣怡在汉阳世纪龙城小区 11 栋 2 号楼下南侧晒太阳，被高空抛掷的水泥块砸伤。小欣怡后被法医鉴定为七级残疾。2015 年 11 月 10 日，汉阳区法院一审判决，89 户业主被认定需承担赔偿责任，共赔偿小欣怡医疗费、护理费、伤残赔偿金、精神损害抚慰金等经济损失 36 万余元。②

其四，抢劫犯该被判刑吗？20 世纪 80 年代在比利时的布鲁塞尔发生了一起案件：一名女子在半夜不慎掉下露台受重伤，一名男子在路过的时候发现了伤

① 货币战争作者宋鸿兵太原被围攻，或因为泛亚站台[EB/OL]. 搜狐财经，2015-12-14.

② 高空抛物导致女婴伤残，武汉 80 名业主集体赔偿！[EB/OL]. 搜狐网，2015-11-20.

者。这名男子洗劫了毫无反抗能力的受伤女子，然后又不忍女子伤重而亡，于是报了警后离开。但事件的经过被附近的监控摄像头拍摄下来，于是警察成功抓获了这名男子，并予以起诉。①

应得之说

在公平正义理论中，自古以来，就有所谓的应得之说，认为公正就是每一个人得到他所应得的部分：

(1)麦金泰尔："正义是给每个人——包括给予者本人——应得的本分，并且是用与他们的应得不相容的方式来对待任何人的一种品质(disposition)。"②

(2)科恩："正义是给每个人以其应有这一古老的格言。"③

公平正义最直观、最朴素的意义就是应该给每个人其所应得的：应得之善，或者应得之恶。反过来，当我们把某政策或事态当作社会不公予以攻击时，我们是在断言，一个人，或者更经常是一类人，与该社会其他成员的状况相比，他(们)所享有的利益比他(们)应该享有的要少(或者说承受了比应当承受的负担要多)。

也正是应得与公正之间的等价性，基于应得来理解公正有其合理性。在此方面，米尔恩就认为："公正如果表现为'给每一个人他所应得的'这种基本的形式，那么，它在任何社会共同体中都是一项必不可少的道德原则。"④

但问题是，应得的标准是什么？对于特定的收益与负担，个体是否应得？应得多少？应得之说并不能为现实问题的解决提供一个具体的标准：

其一，对于范冰冰来说，国家精神造就奖是否是应得的？在此方面，有的人(比如该奖项的颁发方)认为范冰冰是应得的，因为范冰冰在演艺方面有其贡献和影响力；而有的人(比如批评者崔永元)则认为是不应得的，因为国家精神造就奖应该颁发给与"国家精神"更紧密的人。在各方面的应得标准有矛盾和冲突的

① 布鲁塞尔判决[J].读者，2014(23).
② 麦金太尔.谁之正义性？何种合理性？[M].北京：当代中国出版社，1996：56.
③ Cohen G A. Rescuing Justice and Equality[M]. Harvard Press，2008：7.
④ 米尔恩.人的权利与人的多样性——人权哲学[M].北京：中国大百科全书出版社，1995：58.

情况下，我们如何来裁决呢？显然，应得之说本身并没有为问题的解决提供一个明确的答案。

其二，宋鸿兵先生是否该打的问题，有人认为挨揍是宋先生所应得的，因为他为泛亚站台而使得很多投资者血本无归。也有人认为：投资者有损失，应该自己承担责任，责任不在宋先生，打人侵犯了人身自由权。另外，还有人认为，宋先生是有一定的责任，但责任并不意味着挨揍，他最多只是承担道德的责任，比如谴责。那对于挨揍、谴责与无责等各种可能的应得，宋先生的应得究竟是其中的哪一种情形呢？同样，应得之说并没有为责任承担提供一个明确的判别标准。

其三，无辜者到底该不该承担高空坠物的责任。有人认为，此等赔偿责任不是无辜者所应得的，这侵犯了无辜者的权益。可能你在家里什么事情都没做，因为你的邻居从楼上丢下一个垃圾砸到行人，你就应该为他的行为承担部分责任，这很不公平。也有人认为，承担责任是应该的，这样有助于防范工作的展开。如果不承担责任，很多人心底都会有着事不关己高高挂起的想法；相反，如果是存在"连坐"，住在一起的居民肯定就会为了不让自己被连坐而督促周围的人不要从高处往下扔东西，同时小区的安保设施也一定会更加完善起来，比如在必要的位置安装摄像头，这对高空抛物等事件起到了预防的作用。既然如此，那对无辜者来说，赔偿责任究竟是应得还是不应得呢？

其四，抢劫犯是否应该判刑？有人认为，抢劫是重罪，判刑不可避免，哪怕他对于女子的救助起到了决定性的作用，但功过不能抵消。与此相反，也有人主张基于其人性中的良知而免除惩罚。在现实的法庭判决中，经过长达四周的激烈辩论和商讨后，法庭就做出了该男子无罪释放的判决。当时法官给予的判决宣言是这样的：每个人的内心深处都有脆弱和阴暗的一面，对于拯救生命而言，抢劫财物不值一提。虽然单纯从法律上说，我们不应该为了一个人的善行而赦免其犯下的罪，但是，如果判决他有罪，将会对整个社会秩序产生极度负面的影响。我宁愿看到下一个抢劫犯拯救了一个生命，也不愿看见遵纪守法的无罪者对于他人所受的苦难视而不见。[①] 那何种情形才是该男子所应得的？是有罪还是无

① 布鲁塞尔判决[J].读者，2014(23).

罪？同样，应得之说无法告知我们该男子究竟应得什么。

也正因为如此，以应得来界定公平正义存在很大的局限性：应得之说具有原则的一般性但不具有原则的具体性。有关公平正义的理论探讨需要我们超越应得之说的局限，去探究具有具体性的一般公正原则。

10.2 服从事物的目的、天性吗？

亚里士多德的目的论

2017 年 5 月 31 日，一群年轻人在河南王城公园篮球场打球。打了一会，突然出现了一伙大爷大妈，他们来到球场二话不说，打开设备就开始跳广场舞了。好好的一个篮球场，怎么就变成了广场舞场地了呢？小伙子们自然不肯答应。

大爷大妈们据理力争，他们几年来一直在这跳，篮球场自然就该让他们跳了。小伙子们则说，之前几年他们都是打球打到晚上 7 点主动让出来，但是最近天气逐渐变热，他们也想晚点出来打球，晚点结束。但是大爷大妈们每天晚上 7 点准时出现在球场，一直跳到晚上 8 点半，而那个时候天已经黑了，球场没有照明设施，没法再打了。双方争执不休，甚至招来了民警。[①]

那么，篮球场究竟该归谁使用？归年轻人打球？供老年人跳舞？还是两者共同使用？

在就问题做出分析之前，我们先看一下亚里士多德的目的论，看看该理论所给出的公正原则是什么。亚里士多德的政治哲学有两个核心理念：

(1)公正是目的论的。对于权利的界定要求我们弄明白所讨论的社会行为的目的(telos，意图、目标或本性)；

(2)公正是荣誉性的。为了推理一种行为的目的——或讨论之，就至少要部

① 王城公园打篮球与跳广场舞之争[EB/OL]. 搜狐网，2017-06-02.

分地推理或讨论它应当尊敬或奖励什么样的德性。①

比如，城邦政治权力、荣誉的分配，这需要考虑城邦的目的。特别地，鉴于政治生活的目的是塑造好的品格，进而，在亚里士多德看来，政治权力与荣誉的分配需要考虑个体的品格、德性，基于品格、德性来分配："各城邦如果立有君主政体，王位总不宜采取斯巴达现行的世袭方式，每一新王都应该凭他生平的品行，经人民的推戴而后才得继承王位。"②

类似地，同性恋婚姻是否应该被允许？高考数学是否可以使用计算器？这也需要考虑婚姻和高考数学的目的。比如，婚姻的目的是否是繁衍后代？计算能力是否也是高考数学考核的一部分？有人认为，数学的目的就是计算，倘若依靠计算器，就失去了数学的本质。但是也有人认为，数学是一门实践性的学科，目的只在于得出结果，使用计算器能节约更多的时间去思考逻辑的问题。

照此逻辑，篮球场究竟应该归谁使用，需要考虑篮球场的目的。特别地，在有的论者看来，所谓篮球场，就是用来打篮球的，其目的就在于打篮球。进而，在他们看来，篮球场应该归年轻人打篮球，老年人在此跳广场舞违背了篮球场的目的：

@发大水了：篮球场当然是打篮球的啊，你看见过年轻人去老年活动中心抢地盘吗？有定性的场地就应该好好使用，年轻人锻炼身体当然很重要啊。

@三人行：篮球场，顾名思义就是打篮球的地方啊，广场舞大爷大妈可真是霸道，要没人打篮球你占也就算了，人家要打篮球还不让，我觉得这样不应该啊。

确实，权利的分配必须要考虑事物的目的，在很多时候，事物的目的是首先需要考虑的因素。进而，基于事物的目的来进行权利的分配，这无疑是有其合理性的。但问题是，事物的目的究竟是什么呢？就篮球场而言，年轻人可以说其目的是打篮球，但老人却可以说其目的是用来跳广场舞，那特定事物（如篮球场）的目的究竟是什么呢？

---

① 桑德尔. 公正：该如何做是好？[M]. 北京：中信出版社，2012：213.

② 亚里士多德. 政治学[M]. 北京：商务印书馆，1997：90.

对于这一问题，正如支持年轻人打篮球的论者所言，既然是篮球场，其目的自然是打篮球，否则怎么叫篮球场呢？对于这一说法，应该说是有其道理的：将篮球场用于年轻人打篮球，老年活动中心用于老年人的娱乐活动，这在绝大多数时候都是天经地义的，因为篮球场和老年人活动中心都有它的专用功能。就像公厕分男女一样，男人上男厕所，女人上女厕所，不能乱来。

但问题是，对于诸多事物而言，其目的往往不是唯一的。就篮球场来说，它可以用于打篮球，也完全可以用于跳广场舞等其他的目的。在此情况下，认为篮球场的目的就只在于打篮球就存在局限。特别是在场地有限、老年人没有地方跳广场舞的情况下，更是如此。

与此同时，事物的目的往往也不是绝对的，哪怕是公共厕所这一“目的”性、专用性很强的事物：如果有一方的厕所因故不能使用，而另一方的厕所又是闲置的，对于紧急需要厕所但又找不到其他公厕的个体，是否可以突破性别专用的限制呢？此时的公厕是否可以像火车、飞机上的公厕那样不分性别而使用呢？

也正是因为事物目的的多样性与相对性，对于篮球场该谁使用的问题，社会上也有诸多支持或部分支持老年人的一些声音：

某网友：广场舞没固定场地，大爷是不是也委屈？

梁宏达：活动场地紧张，老人与年轻人应该互相体谅，比如对使用时间进行分配(一三五，二四六)。少打一次篮球，少跳一次舞死不了人。

韩乔生：公园的篮球场是公共场地，任何人都可以使用。抢篮球场这件事，应遵循如下原则。第一这是公共场地，任何人均可使用。第二，公共场地遵循利用率为上原则，就是人数多的活动有优先使用权。第三，中华民族向来有尊老爱幼的美德，希望发扬。

事实上，基于目的来进行权利的分配，这不仅存在事物本身目的的含混性及其所引致的具体目的的选择问题，其实还存在更进一步的它只考虑目的而不考虑事物来源的问题：基于目的来进行分配这意味着对事物来源的忽视。

我们假设：篮球场不是公共的，而是老人私人出资建造的。现在年轻人在上面打篮球，老年人过来了，准备开始他们的广场舞，那此时年轻人是否可以基于篮球场的目的而禁止老年人跳广场舞呢?

从这个意义上来说,亚里士多德主张基于目的来进行权利分配的目的论虽然有一定的合理性,但鉴于目的本身的多元性、相对性以及基于事物来源进行权利分配的必要性,单纯的目的论无法就权利的分配提供一个明确可靠的公正原则。

亚里士多德的天性论

一方面,亚里士多德主张基于事物的目的来分配权利,另一方面,亚里士多德认为,应该按照天性来安排个体的职业,使得工作和职业符合每一个体的本性。特别地,在亚里士多德看来,奴隶之所以是奴隶,是因为他们的天性:奴隶生来就比常人低劣,他们没有理性,他们不能统治自己而必须由他们的主人来统治,对他们来说,被一个主人统治更好。正如有些人天生就是自由的,有些人天生就是奴隶。对于后者而言,奴隶制的境况不仅仅是有益的,而且是公正的。

那么,如何看待亚里士多德的天性论?

关于天性论,从个体理性选择的角度来说,它有其价值和意义:由于每一个体都有其独特的潜能及其比较优势,职业的选择应该尽可能选择能够发挥自己比较优势的方面,使得职业符合自己的天性。

但是,如果将天性论作为一个社会的职业分配原则,那这存在局限:其一,这可能形成对于个体自由的侵犯。比如,"我"有做守门人的潜质,能够成为世界上最好的守门人,但我自己并不愿意做守门人,社会应该强制我做守门人吗?其二,个体的天性,有良性的、对社会有益的天性,也有恶性的、对社会有害的天性,如果某一个体有不良的天性,比如有成为小偷和海盗的潜质,那天性论是否意味着个体要去发展个体潜在的恶,去做世上最大的坏蛋呢?

至于亚里士多德基于天性论而就奴隶制所做的伦理辩护,则完全站不住脚。奴隶之所以是奴隶,这完全是人为的,而不是自然的、天然的。对此,欧里庇特在其剧本上写道:"只有一件东西给奴隶带来耻辱,那就是'奴隶'这个名字;在所有其他方面,奴隶并不劣于自由人,所以他也有个公正的灵魂。"相似地,柏拉图对话集中的《高尔吉亚篇》也有关于"奴隶是强力造成的结果"的论证:"假如一个人具有充分的自然力量，……把我们成文的法令、欺骗和鬼话，以及违背自然的法律，都一概摒弃，并且置诸脚下，那么，这个人不但不能做我们的奴隶，而且还要超乎我们之上，做我们的主人。”①

10.3 公正：就是按规则办事吗？

故事发生在柏林墙倒塌之后的德国。1991 年 9 月，统一后的柏林法庭上，举世瞩目的柏林围墙守卫案开庭宣判。这次接受审判的是 4 个年轻人，30 岁都不到，他们曾经是柏林墙的东德守卫。

两年前的一个冬夜里，刚满 20 岁的克利斯和一个名叫高定的好朋友一起偷偷攀爬柏林墙企图逃向西德。几声枪声响，一颗子弹由克利斯前胸穿入，高定的脚踝则被另一颗子弹击中。克利斯很快就断了气，他不知道，他是这堵墙下最后一个遇难者。那个射杀他的东德卫兵叫英格·亨里奇。他也绝没想到，短短九个月之后，围墙被柏林人推倒，而自己会因为杀人罪而站在法庭上接受审判。②

那么，如何评价英格·亨里奇枪杀克利斯的行为？英格·亨里奇能够为自己的行为进行辩护吗？

没有选择的权力？

亨里奇的律师辩称，亨里奇仅仅是执行命令的人，根本没有选择的权力，罪不在己。应该说，基于执行命令、个体没有选择的权力来进行辩护，这有一定的道理：其一，如果个体完全没有选择的权力，个体对于所发生的事情完全无能为力，那么，相关的责任不能由该个体来承担。其二，自己的主观作恶行为与被迫服从某种强制命令而作恶，这两者在性质上有一定的差异。

但问题是，亨里奇执行命令是否意味着亨里奇完全没有选择的权力呢？如果亨里奇本身是有其选择权力的，那被迫强制执行命令是否能够完全为其行为

① 参见吴恩裕．论亚里士多德的《政治学》[A]//载亚里士多德．政治学[M]．北京：商务印书馆，1997．

② 对柏林墙守卫的审判[EB/OL]．新浪博客，2011-08-22．

做无罪辩护呢？事实上，尽管亨里奇是在执行命令，尽管他必须根据命令对翻墙者进行射击，但究竟如何射击，亨里奇还是有一定的权力：究竟是瞄准翻墙者还是把枪口抬高一厘米，这完全在亨里奇自身的权力范围之内。而在个体有决策权力的情况下，被迫强制执行命令就难以作为无罪辩护的充分理由，因为，此等行为存在着阿伦特所说的"平庸之恶"(Evil of Banality)。

第二次世界大战期间，纳粹德国的高官阿道夫·艾希曼，是对犹太人大屠杀"最终方案"的主要负责者，被称为"死刑执行者"。1961 年，艾希曼在耶路撒冷受审，他以人道罪名等十五条罪名被起诉；1962 年 6 月 1 日，艾希曼被处以绞刑。在这个过程中，犹太裔著名政治思想家汉娜·阿伦特以《纽约客》特约撰稿人的身份现场报道了这场审判，并在 1963 年出版了一本书，书名叫《艾希曼在耶路撒冷——关于艾希曼审判的报告》，报告中这样描述审判席上的这位纳粹党徒艾希曼，"不阴险，也不凶狠"，完全不像一个恶贯满盈的刽子手，他坐在审判席上，彬彬有礼。他宣称作为一名德国公民，他相信自己所做的都是当时的国家法律所允许的；作为一名军人，他只是在服从和执行上级的命令。①

何为平庸之恶？汉娜·阿伦特认为罪恶有两种：一种是集权主义者本身的极端之恶，另一种是被统治者或者参与者的平庸之恶。这两种恶之间最大的区别在于前者具有明确的动机，而后者却只有无意识的空洞性，他们对于突破道德底线的恶行无动于衷，甚至是不假思索地服从和参与，比如艾希曼参与执行纳粹德国的行为。

按规则、命令办事？

对于亨里奇枪杀克利斯的行为，除了从个体没有决策权力角度进行辩护之外，还有一种更具有代表性的辩护：作为柏林墙的守卫，亨里奇是在按规则、法律和命令办事。在辩护者看来，亨里奇只是在执行上级的命令，服从命令的军人是无罪的。东德刑法典第 258 条第 1 款就规定军事人员对执行命令的行为不负刑

① 说出真相的代价若是众叛亲离，她也不沉默[EB/OL]. 搜狐网，2016-11-24.

事责任，除非该命令明显违反国际法承认的规范或触犯刑法。联邦德国军事刑法第 5 条第 1 款则规定：下级奉命而为的行为如果符合刑法的客观要件，只有在他知道或依具体情形明显表明该命令违法时，才负有罪责。那么，按照规则、命令办事，能否成为亨里奇对其行为进行辩护的恰当理由呢？

作为"个体应该得到其所应得"这一抽象公正原则的一个变种，规则论意义上的公正观在很大程度上将个体的应得与对规则的遵从联系在一起。比如苏格拉底等人所提出的"合乎规矩"与"合法"之类的公正观：

(1)苏格拉底："为规矩所认可的行动，即叫作合乎公正的行动。""凡是做规矩所认可的事情的人，所做的，是合乎公正的。"[①]

(2)帕斯卡尔(B. Pascal)："正义就是已经确立的东西；因而所有我们确立的法律都必然要被视作是正义的而无须检验，因为它们是已经确立的。"[②]

对于"合规"意义上的应得与公正，与"个体应该得到其所应得"的应得原则一样，它有其合理性：其一，公平正义所涉及的是分配的规则；其二，公平正义确实需要按规则来进行分配；其三，规则如果本身是公平合理的，那么，公平正义直接就体现对于规则的遵从：

"如果假定制度确实是正义的，那么执政者应当公正不阿，在他们处理特殊事件中不受个人、金钱或别的无关因素的影响就是十分重要的事情。在法律制度中的形式正义正是那种支持和保障合法预期的法律规范本身的一个方面。"[③]

也正是从这个意义上说，将行为的辩护建立在对规则和法律的遵从上，这是有其合理性的。

但问题是，规则有多种可能的类型，那何种规则才是公平合理的规则呢？形式上的公平原则——同样的情况同样对待——"并未告诉我们，在这些事上如何确定平等性或比例性，所以它作为行为的具体指导仍然缺少实用性。"[④]也就是

---

① 转引自周辅成. 西方伦理学名著选辑：上卷[M]. 北京：商务印书馆，1987：65.

② 转引自米勒. 社会正义原则[M]. 南京：江苏人民出版社，2001：24.

③ 罗尔斯. 正义论[M]. 北京：中国社会科学出版社，2003：59.

④ 彼彻姆. 哲学的伦理学[M]. 北京：中国社会科学出版社，1990：330－334.

说，简单的合规合法等原则无法为分配规则的理性选择提供具有操作性的指导。

当然，对于特定的规则，由于其有关权利和义务的分配方式往往是具体的，合规较之“个体应该得到其所应得”相对具体。但问题是，规则、法律本身也可能不公平，此时遵从规则是否还意味着公平正义呢？比如英格·亨里奇枪杀克利斯的行为。毕竟，英格·亨里奇之所以开枪射击，这是根据东德的相关命令、法律而做出的。

规则是否应该得到遵从、执行，这是一个有关形式正义的问题。实际上，也正是因为涉及形式正义，即便规则、法律是不公正的，遵照规则、法律仍然有其依据。因为，即便是不公正的规则，也相比无规则、反复无常要好，在此方面，罗尔斯指出：

“即使在法律和制度不正义的情况下，前后一致地实行它们也还是要比反复无常好一些。这样，那些受制于它们的人至少知道它们所要求的是什么，因而可以尝试着保护自己，相反，如果那些已经受害的人们在某些规范可能给予他们某种保障的特殊情况下，还要受到任意专横的对待，那就是一种甚至更大的不正义了。”①

但是，遵从规则、法律有其依据和理由，这不等于遵从行为就能够得到彻底的辩护：

其一，法律之上还有良知，良知才是最高的行为准则。有悖良知的行为就是犯罪，尽管这些罪不一定导致被审判入狱，也正因为如此，执行命令不足以让守卫开脱罪责。在此方面，康德就曾明确指出：当你意识到教会或者其他组织的命令和要求已经违背了良知，而且，执行命令就意味着违背良知时，你就应该辞职。道德、良知，是最说不清楚的东西，同时，也是最真实最可靠的存在。

其二，自然法优先于社会法。和任何一部写在纸张上的法律不同，自然法存在于任何一个心智健全的人心中。而现存的法律，即社会法，它们其实是自然法的外在表达。政策、制度、法律的前提是存于人心中固有的善。人心中的善，或

---

① 罗尔斯.正义论[M].北京：中国社会科学出版社，2003:59.

者说良知和道德，才是唯一可以依靠和指望的。

其三，法律的目的在于公正，而不在于法律本身。进而，当法律不能实现公正时，公平正义要求超越规则、法律而不是简单的遵从。在此方面，《西窗法雨》中有这样一段：一般来说，许多人都认为法律是公正的化身。法律就像一架天平，对什么样的纠纷都能给出一个公正的说法。所以，从古到今，人们对法律有时几乎到了狂热崇拜的地步。但是，法律有时却颇为令人失望，严格按照它来办事，就会造成不公正，甚至是助纣为虐。于是，细心的人会发现，洋人在必要时会将法律规定放在一边，运用更高的"公正"原则来判案。类似地，著名法学家拉德布鲁赫就说过："法本身相对于无法无天是好的，因此必须重视法的安定性，尊重实在法，但是当实在法与正义和人性的基本思想存在无法忍受的冲突时，也即当实在法违反国际社会共同的关于人之尊严与价值的法律观念时，法就成为一种不法，法律就需要被超越。"

就柏林墙守卫案而言，克利斯是一个不携带任何武器、不会伤害其他人、除了想要逃出民主德国之外没有任何其他目的的逃亡者，虽然守卫是在执行命令阻止逃亡，但将手无寸铁的逃亡者射杀显然是违反道德伦理的。也正因为如此，柏林法庭最终的判决是：判处开枪射杀克利斯的亨里奇三年半徒刑，不予假释。法官则当庭指出："东德的法律要你杀人，可是你明明知道这些逃亡的人是无辜的，明知他无辜而杀他，就是有罪。"①

10.4 女权主义：性别如何平等？

女权主义（Feminism）又被称为女权、女性主义。是指为结束性别主义（Sexism）、性剥削（Sexual Exploitation）、性歧视和性压迫（Sexual Oppression），促进性阶层平等而创立和发展起来的社会理论与政治运动。具体涉及家庭暴力、产假、薪资平等、代表权、性骚扰与性别歧视等问题。②

① 你有把枪口抬高一厘米的权力！[EB/OL]. 搜狐网，2017-04-15.

② 参见百度百科"女权主义"词条。

作为社会理论的特定类型，女权主义是公平正义在性别平等方面的具体应用。其理论有多样性，包括自由主义的女权主义、马克思主义的女权主义、甚至是自由至上主义的女权主义。但是，相关理论的任务基本上是一致的，它们都旨在消除妇女的屈从地位，消除性别的歧视，实现性别的平等。①

在政治实践方面，西方女权主义起源于法国资产阶级革命和启蒙运动以后，最初的诉求是妇女在受教育、立法与经济上应当与男性平等。特别地，作为政治实践的重要部分，为庆祝妇女在经济、政治和社会等领域做出的重要贡献和取得的巨大成就，国际上专门设立了国际劳动妇女节。它的存在，提醒人们性别平等远未到来。

那么，何谓性别平等？如何才能做到性别平等？

实证层面的性别平等

近两年来女性专属停车位越来越多地出现在了祖国各地：大连某商场的大门前就设置了粉红色标识的“女士尊享”车位，车位更加宽敞明亮也更容易停放。上海一家商务楼的地下车库设置了四个女性专用停车位，均靠近出入口，刷成亮粉色，比起普通车位，长宽各增加 20 厘米，还增加了灯光以及紧急呼叫设备。

女性专属停车位创造者的本意是为女性带来方便，更宽敞的停车位减少了把车开进停车位的困难，从而减少了剐蹭等意外事故的发生，这对于停车有困难的车主和其他车主来说都是一件好事，体现了对女性驾驶员的人性关怀。

但是，也有不少人认为特意为女性司机增加这种停车位，这会给女司机产生自己倒车技术不如男性司机的潜意识，造成性别歧视。在批评者看来，把相比普通停车位更加宽敞的停车位冠上“女性”这两个字，女性专属停车位预设了“女性——开车技术差——需要专用车位”的偏见，就是在同意“女司机不如男司机”这个错误的观点。

在生活中，许多人对女司机的印象都是“车技不娴熟”，在行驶的道路上遇见女司机的时候往往会避开。当我们在百度搜索引擎上搜索“女司机”时，搜索引

① 金里卡. 当代政治哲学[M]. 上海：上海译文出版社，2015：475.

擎自动跳出“女司机搞笑视频”“女司机撞人”“女司机撞装甲车”“女司机高速逆行连撞 4 车”等相似的词条。而搜索“男司机”时，则没有出现这种情况。由此可见，在大多数人的心里都是默认“女司机不如男司机”这一观点的。

毋庸置疑，男女天生有差异，擅长方面确实有不同。但男性和女性天生在体力、思维等方面的差异对驾车技术并无影响。甚至有很多数据显示，男司机的肇事率要高于女司机。毕竟，我们也可以相信大多数女性天生的细心比起大多数男性天生的冲动来说，后者更容易肇事：

根据交警部门的统计，2014 年东莞全年发生交通事故 4 214 宗，其中涉及女司机的有 447 宗，而再细分下来，被网友称为“神一般的存在”的新手女司机（驾龄 2 年以内），发生事故率其实并不是很高，仅仅为 90 宗，只占到女司机事故量的 20.36%而已。[①]

在发达国家，男司机占了总驾驶量的 65%左右，女司机为 35%，但女司机要为交通事故中的死亡负责的比例仅在 25%左右。而平均来说，同样里程的驾驶，男性驾驶员发生致死事故的可能性要比女性多 46%。[②]

也正因为如此，在批评者看来，一个大的停车位应该服务于有需求的、车技不够娴熟的人，而不是单纯的女性。如果商场设置了一个较大的停车位在出口附近，我们会觉得商场很贴心，但若是叫女性停车位，好像用它的人必须得先承认我弱才可以享受这份便利。如果让我承认我弱就可以取得一个便利，好似没什么坏处，但是这不叫“×××专属车位”，而是叫“女性专属车位”，不仅要承认自己弱，而是整个群体都弱。

也正是从这个意义上讲，要实现性别平等，首先需要在事实层面对男女差异进行理性认知，认识到男女天性上的平等。

规范层面的性别平等

既然男女在先天上就处于平等地位，性别平等就需要保障妇女在就业、教育与政治等领域的平等机会。在很长的一段时间里，有诸多男性理论家主张对妇

① 东莞统计为女司机正名，9 成交通事故由男司机造成[EB/OL]. 搜狐网，2015-05-07.

② 男司机 VS 女司机，究竟谁才是真正的马路杀手？[EB/OL]. 搜狐网，2017-03-13.

女的公民和政治权利进行限制，认为妇女天生就不适合于家庭之外的政治和经济活动。直到20世纪，理论家才逐渐抛弃女性天生不如男性的假定，并采取了反歧视的法律来保障妇女在受教育、工作和从政等方面的平等机会。[①]

保障妇女教育、工作和从政平等机会的法律法规为实现性别平等提供了可能，但这并非性别平等的充分条件，因为，在赋予职位、地位抑或给予利益时，如果把性别作为一个考量的因素，这依旧可能存在性别歧视和不平等。也正是从这个意义上来说，正如消除种族歧视需要杜绝以种族作为支配经济和政治相关利益分配的因素那样，性别的平等需要消除单纯以性别作为决定个体职位、地位和利益的做法：男女在职位、地位和利益分配上的差异只能来自能力而不能来自性别。

问题是，排除性别作为决定职位、地位和利益分配的决定因素，这是否意味着：只要妇女能够在性别中立的规则下根据自己的能力去与男性竞争，性别平等就得以实现了呢？问题并非如此简单。因为，如果社会及其职位是根据男性的状况、为男性的利益而构建的，那性别并没有真正实现平等。就像消防员、警察和军人等工作，它们往往对身高、力气都提出了要求，这在职位设定上就把很多妇女排除在这些职位之外。但实际上，此等岗位的设定并非不可改变，因为完全可能为较为矮小的人制造同样的设备。

10.5 其他公正观：总结性评价

到目前为止，本章就应得之说、亚里士多德的目的——天性论、规则论与女权主义等公正观进行了介绍和分析。毋庸置疑，与功利主义等公正原则一样，相关的公正观都有其合理性，公正就是每个人得到其所应得的，权利的分配需要考虑事物的目的与人的天性，公正涉及规则及其遵从，而公正也需要克服性别的偏见与歧视，实现性别的平等。

---

① 参见金里卡. 当代政治哲学[M]. 上海：上海译文出版社，2015：476.

但是,相关的公正原则同样存在局限性。应得原则只具有原则的一般性而缺乏原则的具体性,而目的——天性论——则不具有原则的一般性。至于规则论与女权主义,它们都未给出公平正义的一般原则。也正因为如此,对于公平正义的探索,需要我们克服已有理论的局限去寻求同时具有一般性和具体性的公平正义原则。

思考题

(1)中央电视台科教频道的《百家讲坛》开播伊始,节目一直不温不火,但随着阎崇年开讲"清十二帝疑案"、刘心武揭秘《红楼梦》、易中天品"三国"、于丹说《论语》……《百家讲坛》的收视率也随之一路飙升,"红学风""三国风"等吹入了寻常百姓家,明星学者受到普遍关注,追捧者甚多。但当这股热潮席卷全国之后,部分打造出来的学者明星忙于"走穴",签售新书,甚至走向哗众取宠的道路。有关学者明星化的争端也就此达到高潮,学者明星化,该如何评价?

(2)成都市民邓江湖于2015年2月12日乘坐D5115次动车从遂宁返回成都,花了45元全价买到了一张站票,后因不服成都铁路局收取了自己座票的价格却供站票的服务而向成都铁路运输法院起诉,请求判决成都铁路局的站票价格按半价收取,返还另外一半票价22.5元。座票与站票所提供的服务显然不同,但要收取同样的价格,这合理吗?请说出自己的观点和理由。

(3)"中国警察网"的官方微博曾因一条"欢迎报考山东警察学院"的校招微博而在互联网上引起了热议。主要引起争论的点在于录取规则的第二十四条:"女生录取比例不得超过15%"。一部分女性提出了质疑:为什么要对女性的录取数量加以限制。在她们看来,既然已经有了一套完整的考核标准,又凭什么再加一条限制呢?假如招生数量不可能达到15%,那么这个上限便没有意义。又假如有总招生量达到了15%,这对于这些达到了考核录取标准的女性来说,是否算是一种不公平呢?

(4)从2016年4月26日开始,郑州市公交三公司三车队906路公交车首次推出夏季女性专车。每天早上7时30分和下午4时30分的交通高峰时段,分别发一趟女性专车。该趟专车只让女乘客上车,男乘客可乘坐跟随其后的另一辆906路公交车。女性公交车是对男性的歧视吗?

(5)美国有一部关于“二战”的电影,原型故事关于几个白人士兵。但改编成电影之后,主人公特意换成黑人。还有美人鱼童话真人电影,美人鱼在人们心目中一直是白人,但电影里却换成黑人。此等做法让很多人感觉不适。为了种族平等而推翻了人物的原型,我们该如何评价?

(6)某学校有一间舞蹈房,平时舞蹈社团或者学校大型活动需要的时候允许用。但很多学生觉得这间舞蹈房应该对全部热爱跳舞的学生开放使用,或者可以预约使用。但学校只允许学校活动时用,而其他学生不被允许课余时间用那间房间练舞。到底谁应得这间舞蹈房呢?舞蹈房的使用权该如何分配?

11

公正新论

关于公平正义，关于是非标准，人们一直存在争议，未有共识。对此，约翰·斯图亚特·穆勒(密尔)在他的著作中总结道：

“人类知识发展至今，像‘是非’标准这样令人争论不休、始终无法给出满意定论的话题可谓寥寥可数。……自哲学问世以来，何为‘至善’这一根本的道德问题，便成了推论思想的主题，困扰着诸多天才的哲学家；并因此造就了五花八门的学术流派，相互之间不断发生口诛笔伐。当年轻的苏格拉底听年长的普罗塔哥拉教诲时，他并不苟同这位诡辩学者所宣扬的那种风行一时的道义，而坚持自己的功利主义思想(倘若柏拉图的《会话篇》真实可信的话)。两千多年过去了，‘是非’争论依旧，哲学家仍在各自为营进行着唇枪舌剑；无论是智者抑或是芸芸众生，似乎都无法达成共识。”①

前面有关公平正义的讨论和分析再次验证了穆勒(密尔)的观点：功利主义、自由(至上)主义、均等主义、契约主义(包括罗尔斯主义)、自由平等主义、康德主

① 穆勒.功利主义[M].北京：中国社会科学出版社，2009：1.

义与其他的公正观都有着自己对公平正义的理解。

对于公平正义的讨论，一方面，是不同学派、不同论者对于公平正义的不同诠释和理解；另一方面，则是各种理论有关公平正义的表述所存在的局限。就方方面面的公正观而言，尽管它们所表达的公正原则都不乏其理论的合理性，但它们都存在这样或那样的局限和问题：功利主义的公正原则未能给个体的自由留下应有的空间；而作为功利原则的替代，不管是自由主义的“自由选择、自我决策”原则，还是均等主义的“同一、平均”原则、契约主义的“同意”原则、罗尔斯的差别原则、康德的相关道德原则以及亚里士多德的目的论原则，它们就公平正义的表述并未取得彻底的成功，有关“何谓公平、何谓正义”的是非标准问题依旧悬而未决。

理论界有关公平正义所存在的观点分歧及其对于公平正义探索所存在的理论局限引发了人们对于探索统一公正原则可能性的质疑。有几种代表性的观点：其一，相对论，认为公平正义是相对的，没有绝对的公平正义。其二，特殊论，认为公平正义是随时间和地点的变化而变化，并不存在普适性的公平正义：“关于正义的‘信念’纯粹是习俗性的，它反映的是特定社会的习惯和实践；当社会的安排改变，人们对这些安排的正义性的信念也会相应地改变”。[①] 其三，主观论，认为公平正义所表达的是作为这种断言的人的主观情感，是人们有关道德价值的个人信念。既然是主观情感与个人信念，从社会科学的科学主义视角看，它没有对错之分，理论上不可能对它进行合乎理性的评判。[②]

事实上，理论界有关公平正义理解所存在的分歧和局限，这只是意味着我们需要突破已有理论认知的不足，而并不意味着我们应该放弃探索一般公正原则的努力。一方面，为了就方方面面的利益冲突做出裁决，确定一个统一的伦理原则和是非标准是完全必要的：没有基本的标准，我们无法就行为与制度进行判断和选择。另一方面，确定一个一般性的公正标准是完全可能的，套用保罗·萨缪

---

① 参见米勒. 社会正义原则[M]. 南京：江苏人民出版社，2001：23—24.

② 参见金里卡. 当代政治哲学[M]. 上海：上海译文出版社，2015：8.

尔森有关经济学一般理论的存在性观点[①]来说，不同公正问题“共性”的存在，意味着一般公平正义原则——它是各种具体公正原则的基础并将各种特殊公正原则的主要特征统一起来——的存在。

至于怀疑论者从相对论、特殊论和主观论角度所给出的质疑，它们在逻辑上其实存在明显的局限：其一，关于公平正义的相对性观点，如果公平正义没有绝对的价值尺度，那相对又是从何而来的呢？公平正义的相对性究竟是相对什么呢？假如价值标准都是相对的，那就行为与制度的合理性进行判断是否还有可能呢？其二，关于公平正义的普适性问题，如果不存在普适性的价值尺度和标准，那各种特殊的公平正义又是如何得以确定的呢？理论上，为了就不同情境下的不同公正进行具体界定，这是否还是要以某种一般性的公正原则作为前提呢？其三，至于公正的主观性问题，毋庸置疑，公平正义具有主观性，但关键的问题其实并不在于公正是否具有主观性，而在于我们能否就这种主观信念给出客观的、符合实际的表达。

也正因为如此，在就具有代表性的公正观做出介绍和分析的基础上，本章就公平正义的原则做出我们自己的分析和思考。

11.1 究竟何谓公平、何谓正义呢？

在实体形态上，公平正义所涉及的都是体现分配结果与决定结果相关因素（如选择与努力等）之间关系的“关联结构”，是规则而不是具体的结果。尽管公平正义总是通过具体的分配结果来加以体现，但规则有公平的规则，也有不公平的规则。那规则在何种意义上是公平的？判别规则公平与否的一般原则是什么？

---

① 萨缪尔森指出：“各种不同理论的主要特征之间的相似性的存在，意味着一般理论——它是各种特殊理论的基础，并且将各种特殊理论的主要特征统一起来——的存在。”萨缪尔森. 经济分析基础[M]. 北京：北京经济学院出版社，1990：1.

利益基础

如果说效率问题是一个反映人与自然关系的资源配置问题，那公平正义所涉及的就是反映人际关系的利益分配问题。因此，作为社会价值尺度的公平正义必然和利益及其分配冲突联系在一起，不存在独立于利益之外的虚幻的公平和正义。在这一点上，传统中国哲学中众多阐释公平正义（尤其是个体道义）的论点是有其局限性的。孟子所述的“王何必曰利？亦有仁义而已矣”[①]与董仲舒所提倡的“正其谊（义）不谋其利，明其道不计其功”将义与利对立起来，而荀子所提出的“义与利者，人之所两有也”[②]将义与利并列，这都有其局限性。

其实，作为基本前提之一，对公平正义的正确理解和界定必须要将它们和“利”及其分配联系起来，“言义必及利”[③]：一方面，离开了利，义就丧失了其赖以存在的物质基础，就成了没有肉体的虚幻的幽灵！另一方面，如果没有利益分配及其所产生的人际冲突，也就无所谓“义”。比如在萨图尔努斯统治的黄金时代，恰如休谟所言，由于物质的充裕，个体间不存在由资源稀缺性所导致的冲突，“正义是完全无用的，它会成为一种虚设的礼仪，而绝不可能出现在德性的目录中”。[④]

公平正义需要以利益及其冲突为基础。当然，至于作为价值客体的“利”的类型，这倒没有什么特别的限定。它可以泛指一切人们所欲的、因而会产生冲突的东西：罗尔斯的首要商品（如机会、权力和尊严）、丁伯根所讲的景况（比如职位、收入、健康与教育机会）以及诺奇克所关注和强调的土地等自然资源均包括在这一范围内。

相应地，利益及其分配冲突所涉及的具体领域也没有限制：在市场交易过程中，短斤缺两、以次充好以及哄抬物价是不公道的，这里的公平正义所涉及的是交易过程中个体间经济利益的分配。在选举和被选举担任国家公职的权利安排

---

① 出自《孟子·梁惠王章句下》。

② 出自《荀子·大略》。

③ 出自《国语·周语下》。

④ 休谟. 道德原则研究[M]. 北京：商务印书馆，2004：36.

方面搞种族歧视、性别歧视是非正义的，此等歧视所涉及的非正义性是政治权力的分配。至于尊重他人，不诬陷和诽谤，所涉及的其实就是社会价值方面的公道。

可以说，哪里存在利益冲突，哪里就有公平正义问题，我们不能如许多经济学家所做的那样，将公平简单地局限于收入和财富的分配领域。对此，马斯格雷夫曾明确指出："存在着许多不同方面的公平，经济学研究的大部分公平是收入和财富的公平。……对待种族、性和性偏爱的态度等，这些方面的问题不属于收入分配的问题，但对这些问题的某些方面也需要判断什么是正当的，什么是公平的。"①

价值关系

在社会哲学领域，国家、社会有机论者经常坚持形式的整体论与被波普尔称之为"乌托邦社会工程"的政治观，认为在社会范围内存在一个超越于个体之上的整体。受这样一种思维及其他有机论观点的影响，有许多社会哲学家在对公平正义做出界定时不由自主地将公平正义理解为整体的"公"的利益，以与个体的私利相区分。比如，在论及义利问题时，程伊川说："义与利，只是个公与私也。"冯友兰也认为：求自己的私利，是求利；求公利，求别人的利，是行义。②

上述表述有一定的道理，但严格来说是欠妥的，因为在社会范围内并不存在一个凌驾于个体之上、与个体的"私"完全相独立的"公"，"私"与"公"的关系，或者说我们通常所讲的个体和集体的关系，其实是个体与其他个体、是自己的"私"与其他个体的"私"之间的关系。③ 进而，公平正义所涉及的只是个体的"私"与"私"之间的关系，而不是追求所谓的完全超越个体的整体的利益。

当然，至于利益关系的规范诉求，由于原则所涉及的是个体间的利益分配，公平正义所体现的价值关系就不是效率原则所关注的以整体福利最大化为取向

---

① 布坎南，马斯格雷夫. 公共财政与公共选择：两种截然不同的国家观[M]. 北京：中国财政经济出版社，2000：43.

② 冯友兰. 贞元六书[M]. 上海：华东师范大学出版社，1996：718.

③ 曾军平. 集体利益：一种理论解说[J]. 财经研究，2006(9).

的资源配置的适当性(功利主义与罗尔斯的差别原则在很大程度上就未能就公平和效率的差异做出应有的区分),而是个体间利益分配的合理性。因为,在资源存在稀缺性的前提约束下,利益分配总是存在一个"你多我少"的问题,公平的分配绝对不是、也不可能使得相关个体利益都实现所谓的最大化,分配的理想形式只能是合理兼顾冲突各方的利益。

价值原则

至于利益究竟如何兼顾才公平正义,墨子说:"义正者何若?曰:大不攻小也,强不侮弱也,众不贼寡也,诈不欺愚也,贵不傲贱也,富不骄贫也,壮不夺老也。"①而针对雅典贵族与平民间的政治斗争,梭伦曾经说,公平是不偏不倚,"我拿着一只大盾,保护双方,不让任何一方不公正地占优势"。② 墨子和梭伦就公平和正义所做的表述隐约地告诉我们:无论公平和正义所关注的具体问题为何,也无论是作为社会制度规则的价值评价标准还是作为个体的道德伦理准则,公平都要求平等地考虑所有个体的利益,而不公平则往往意指某些利益相关者没有得到平等地对待。基于公平正义所体现的平等地考虑相关当事人利益的性质,正如经济学家将静态效率一般地表述为资源配置的帕累托效率那样,我们可以将公平通俗地表述为利益分配的平等待人。

关于平等待人,在其基本意义上,它是一种个体的道德行为准则。就是个体在对待自己的利益与其他人的利益方面抱一视同仁的态度:"我"所想要和要求得到的,必须根据完全相同的思想允许他人想要和要求得到;无论何时"我"的利益牵涉到了他人的利益,"我"就被触动对自我的要求和他人的要求以同样的看待。③ 福音书上的那条戒律——"你们愿意别人怎样对待你们,你们也要怎样对待人",以及传统的东方哲学中推己及人的"忠"(如"己欲立而立人、己欲达而达

① 出自《墨子·天下志》。
② 参见郁建兴.公平原则:一个历史考察[J].浙江大学学报,1995(9).
③ 罗斯.社会控制[M].北京:华夏出版社,1989:18.

人”[1]与“老吾老以及人之老，幼吾幼以及人之幼”[2])、“恕”(如“己所不欲，勿施于人”[3])等规范性的伦理原则乃作为个体道德行为准则的、平等待人概念的具体诠释。

其实，平等待人不仅是一种规范性的道德哲学，也是一种规范性的政治哲学、经济哲学和法哲学，是对政治、道德、法律与经济诸领域的公平原则做出统一表述的规范性的社会哲学：对于社会领域的任何一个冲突问题，如果它是公平正义的，那它必然含有平等地兼顾所有当事人利益的意思，比如说梭伦的“盾”不偏不倚、不让任何一方占优势；而对于不公道的行为和制度，那必然是对平等待人的否定和背离，从社会歧视、市场交换中的短斤缺两到政治领域的独裁，概莫能外。

判别标准

公平正义可以一般地表述为利益分配的平等待人。那在怎样的情况下我们可以说利益分配是平等待人的呢？在经济学中，资源配置是否实现帕累托效率，这是通过“帕累托改进是否存在”这一检验方法来进行判别的。同样，公平原则的严格定义需要给出一个判别利益分配是否公平的检验标准。

首先定义一个概念：可逆性检验。所谓可逆性检验，就是我们通常所讲的换位思考，即在利益冲突解决过程中，当事者同时将自己置于与之产生利益冲突的另一方的情景中，来看特定的分配方式是否合理。一般地，对于特定的利益分配，如果个体所要寻求解决相互冲突的是一种可逆性的调节，即如果把它颠倒过来，把其中的“你”和“我”的角色进行调换，这种调节仍然不会改变，那我们就可以称分配方式通过了相关个体所进行的可逆性检验。

理论上，如同“帕累托改进是否存在”给出了资源配置是否实现帕累托最优的检验尺度一样，“能否一致通过所有利益相关者的可逆性检验”则给出了利益分配是否平等待人的判别标准：如果分配规则是公平的，那么，“我”是我，“你”是

① 出自《论语·雍也》。
② 出自《孟子·梁惠王下》。
③ 出自《论语·卫灵公下》。

你时，“我”会认为它是公平的；同样地，“我”是你，“你”是我时，“我”依旧认为它是公平合理的。反过来，只是站在自己利益角度考虑而提出的公平，不是真正意义上的公平，因为它过多地考虑自己而未能平等地兼顾其他个体的利益。

比如，是否应该将富人的收入和财富转移给穷人？转移多少？不管是哪一个问题，都需要考虑自己既是穷人又是富人的情形。只是站在富人的角度去考虑问题是不合理的，同时，完全从穷人利益角度出发而主张的转移也很难保证其公平性。从这个意义上来说，罗尔斯基于“无知的面纱”来讨论正义问题是完全正确的，因为“无知的面纱”能够克服个体利益对于公平正义的干扰而能保障利益分配上的平等待人。

11.2 可逆性检验有效均衡存在吗？

一旦我们以换位思考意义上的可逆性检验有效来定义公平正义，人们可能会想：社会中每个人对于公平正义不是都有自己的感受吗？彼此一致的公平分配规则存在吗？也就是说，可逆性检验有效的公平正义存在一个一致性的问题：在进行换位思考时，个体所选择的规则可能不一致。如果是不一致的，那此时该怎么办？公平正义是否还存在？

确实，在某些问题的解决上，基于可逆性检验有效来进行利益的裁决可能存在不一致的情况，但这并不否定公平正义的客观存在。因为，如果参与决策的主体确实都按照公平正义的原则来进行利益的裁决，最终他们还是会就公平的分配规则达成一致。也就是说，公平正义不仅需要个体就分配规则达成一致，同时个体也必然会达成一致：

直接达成一致

如果决策主体都认可了公平正义的必要性，那理性的个体都会认为公平正义需要平等待人，需要经得起换位思考意义上的可逆性的检验。而在基本价值原则达成一致的基础上，对于绝大多数问题，理性个体会直接就公平的规则达成一致。现实中，人们之所以在公平分配规则的选择上存在观点的分歧，这往往不是因为个体所认可的公平分配模式有差异，而在于个体所给出的利益分配方案本来就未能通过他们自己的可逆性检验，不是个体真正所认可的公平分配规则。

关于个体直接就公平分配达成一致的问题，我们考虑一个长笛究竟该谁拥有的问题。有三个小孩，他们分别是安妮、鲍勃与卡拉。他们对一根长笛的所有权存在争议：

安妮说，她应该得到长笛，因为三个人中只有她会吹（其他人并不否认）。在她看来，唯一会吹的人得不到长笛是非常不公正的。

而鲍勃则认为：他是三人中最贫穷的，没有自己的玩具，而长笛恰能成为他玩的东西（其他两位承认自己更富裕且有很多好玩的东西）。

对于安妮与鲍勃的观点，卡拉争辩说：自己一个人辛苦了好几个月才制作了这支长笛（其他两个人都承认这一点），她刚刚制作完就抱怨道："我刚做好，这些掠夺者就要从我手里抢走它。"①

在这里，安妮、鲍勃与卡拉对于笛子的所有权存在分歧，此等分歧一方面是他们三人在利益上存在冲突，另一方面则是他们有关财产分配的基本原则存在分歧，他们之间的矛盾和冲突其实是功利主义、亚里士多德的目的论、均等主义及自由至上主义有关财产公平分配所存在的冲突的一个缩影：对于长笛，功利主义者与亚里士多德可能根据笛子的作用与目的而认为长笛应该归会吹笛的安妮所有；均等主义者则会基于玩具平等分配的考虑而主张将长笛分配给最贫穷的鲍勃；而自由至上主义则会基于劳动的所有权而认为卡拉对于长笛具有资格和权利。

但是，个体在利益分配具体方式及相关分配原则方面存在冲突，这并不意味着公平正义不存在。就长笛所有权问题而言，当安妮、鲍勃与卡拉分别就长笛所有权发表看法时，其公正性要以他们自己所提出的原则和方案能够通过自己的可逆性检验为前提。如果个体所提出的原则和方案无法通过可逆性检验，那以

---

① 森. 正义的理念[M]. 北京：中国人民大学出版社，2012：10—11.

个体在利益分配上存在冲突而反对公平正义的客观实在性就不可取。就长笛所有权问题而言,当相关个体在就长笛所有权发表见解时,他们主要还是站在自己利益的角度出发的,不同个体所存在的观点分歧并不能作为反对公平正义客观实在性的恰当依据。

长笛所有权问题是如此,其他问题同样是如此。比如,土地分配问题,封建帝王认为"普天之下,莫非王土;率土之滨,莫非王臣"是天经地义的,是公平的,而王小波与李自成等农民起义领袖则认为"均田赋""均田免粮"才算得上公道。① 理论上,封建帝王与农民起义领袖在土地分配上有不一样的看法,这同样不能推出土地分配正义不存在的结论,毕竟,撇开社会的土地是否需要平均分配不谈,主张由一个人或(和)一个家族占有世界上所有土地的方式无疑是不公平的,无法通过可逆性检验,此等意义上的公平只是自我利益辩护的公平而不是伦理标准意义上的公平。

类似地,对于财产继承权,穷人认为否定遗产继承权才是公平的。在他们看来,富人从其父母那里继承丰厚的遗产是不公平的:因为人们希望生活应当是一种竞赛,但当一些人必须奔跑而其他人无须奔跑就获得奖赏时,这又将是一种怎样的竞赛呢?而对于富人,他们则认为保护遗产继承权是天经地义的。在他们看来,每一个人都有庇护子孙避免为生存而斗争的权利。如果胜利者不能同他们自己的骨肉一起分享奖赏,那是什么样的胜利呢?社会的公平应该保护个体的遗产继承权。② 在这里,虽然穷人和富人都强调公平,但他们所讲的公平主要是从自我利益的角度进行的,他们对于财产继承方式所存在的观点分歧同样不能否定公平财产继承规则的存在。

事实上,在社会交往过程中,如果利益的分配是同时站在冲突双方——富人和穷人、买者和卖者、雇主和雇员、正常人和残疾人、资本家和工人、受害人和罪犯、男人和女人——的角度来加以确定的,在诸多时候,相关个体可以直接就相关的利益分配达成一致。比如是否可以随便打人的问题,当打人者自己是无故被打的对象时,他们都会选择不可以随便打人的规则。类似地,对于长笛究竟该

① 李凤圣.论公平[J].哲学研究,1995(11).
② 罗斯.社会控制[M].北京:华夏出版社,1989:41—42.

谁所有的问题，只要我们设身处地去考虑制作者、贫困者和会吹者的利益，个体就会就长笛的分配规则达成一致。在此方面，我们只要看看日常生活中一起玩耍的小朋友在有关玩具使用权存在冲突时家长和小朋友解决问题的方法就清楚了。

间接达成一致

对于绝大多数问题，在个体的角色和身份进行换位之后，个体可以直接就分配的方式达成一致。但也有一些问题，在进行换位思考后，由于价值观念等方面的差异，个体还是有可能有一些分歧，但可逆性检验有效的公平正义最终都会使得个体就公平分配规则达成一致：在个体有分歧的情况下，平等待人要求大家需要进一步换位思考，我们可以在更高层面的利益协调上达成一致。

一个炎热的下午，两个农民在一棵大树下乘凉。其中一个叫拉姆，另一个叫希亚。两个人都带了美味的面包充当午饭。拉姆带了 3 个，希亚带了 5 个。正当他们准备吃午饭的时候，一个商人路过此地。

"下午好，两位先生。"商人问候拉姆和希亚。商人看起来又累又饿，所以拉姆和希亚邀请他和他们一起吃午饭。

"但是，我们有三个人，怎么分这 8 个面包呢？"拉姆为难了。

"我们把面包放在一起，再把每个面包切成均等的三块。"希亚建议道。

把面包切开后，他们把面包平均分成三份，每个人都不多也不少。吃完面包后，商人给了拉姆和希亚 8 个金币后离开了。

"8 个金币，两个人。我们每人 4 个金币。"拉姆说道。

"这不公平！"希亚大声反对："我有 5 个面包，你只有 3 个。所以我应拿 5 个金币，你只能拿 3 个。"拉姆不想争吵，但他也不想给希亚 5 个金币。

"我们去找村长裁决。他是个公正的人。"拉姆说。

他们来到村长毛尔维的家，把整个事情的经过告诉了他。毛尔维想了很久，最后说："分配这笔钱的公平办法就是希亚拿 7 个金币，拉姆拿 1 个。"

"什么？"拉姆惊叫道。

“我为什么该得 7 个?”希亚也觉得很奇怪。[①]

在这里,当拉姆和希亚就金币的分配方案存在冲突时,他们首先就解决问题的程序达成了一致:一致同意去找村长,由村长来进行利益的裁决。由村长来进行裁决,一方面,这可以保障裁决的利益独立性,另一方面,这也能够充分应用公正裁决者所需的知识(在上述情形中,拉姆和希亚之所以未能就金币的公平分配方案达成一致,与他们的知识局限有关),并促使他们最终就决定结果的分配方案达成一致。因为,只要个体都是理性的,不胡搅蛮缠,都试图公正地解决问题,他们最终都会同意:(1)每一个人所能分配的金币取决于商人对于拉姆和希亚两人面包的消费总量及其相对比例;(2)商人对于他自己所消费的每一单位的面包所要补偿的金额是相同的。以此为依据,他们最终都会理性认可村长所给出的金币分配方案。

也正因为如此,对于利益的矛盾和冲突,一致性是必然的:没有这样的一致性,稳定和谐的社会就不可能出现。马斯格雷夫就曾说:“对于社会的运转来说,不得不有足够的内聚性以便达到某种程度的一致同意。”[②]也正因为如此,公平正义原则的完整表述是:可逆性检验一致有效意义上的平等待人。

11.3 可逆性检验一致有效合理吗?

理论上,可逆性检验一致有效的均衡是客观存在的。但是,此等均衡本身的合理性如何呢?如果我们以可逆性检验一致有效意义上的平等待人来定义公平正义,我们能够为此种界定的合理性做出理性辩护吗?

符合“标准的标准”吗?

作为评判行为与制度是否合理的标准,公平正义原则本身是否合理,需要看

① 公平的分配[J].讽刺与幽默,2009-10-16.

② 布坎南,马斯格雷夫.公共财政与公共选择:两种截然不同的国家观[M].北京:中国财政经济出版社,2000:43.

它们是否满足如下四个标准:(1)一致性标准,即公平正义原则应该与人类理性的直觉一致;(2)融贯性标准,即公平正义原则应该能够将不同的理性直觉彼此融贯起来;(3)延展性标准,即可以将给定的公正原则拓展到其他未知的领域和方面;(4)操作性标准,即原则具有可操作性,能够用于解决具体的问题。就功利主义等公正原则来说,由于它们并不完全满足上述标准,所以它们有关公平正义的表述是有局限的。与之不同,作为功利主义等公正原则的替代,可逆性检验一致有效意义上的公平正义则完全符合相关的判别标准。从这个意义上讲,以可逆性检验一致有效来界定的公平正义是合理的。

首先,关于一致性标准,可逆性检验一致有效意义上的平等待人与人类有关公平正义的理性直觉相吻合。一方面,在基本理念方面,鉴于公平正义需要平等对待每一个人的直观理念,从利益分配平等待人的角度来理解公平正义是自然而然的。从某种意义上说,将人当作平等者是一种普遍的共识:把人"当作平等者"的"理念不仅出现在诺奇克的自由至上主义中,也出现在马克思的共产主义中。不同的只是左派人士相信平等的收入和财富是平等待人的前提,而右派人士却相信对于劳动和财产的平等权利是平等待人的前提"。① 另一方面,在检验方法方面,公平正义也确实需要换位思考,应该经得起可逆性的检验:仅仅考虑自己利益的公正是苍白无力的,缺乏理论的说服力与伦理的感召力。

其实,可逆性检验一致有效意义上的公平正义不仅与人类理性的直觉相一致,同时也能使得不同的理性直觉彼此相融贯,并能够将其拓展到其他的范围和领域,具有伦理原则所应具有的延展性。在此方面,德沃金就认为,尽管现代社会存在多元的价值冲突,但当代各种政治理论并没有诉求根本不同的价值:当代政治哲学文献中的大多数公正理论都可以被理解为对抽象意义上的平等的解释或认识。用这里的理解来说,就是利益分配的平等待人:一方面,在应用领域方面,不管是收入分配问题还是价格水平问题,也不管是经济领域的物质利益的分配问题,还是政治领域的权力分配问题,公平正义都要求平等对待每一个人;另一方面,在具体形态方面,对于不同领域、不同时候的公平正义,尽管它们的形态

① 金里卡.当代政治哲学[M].上海:上海三联书店,2015:4.

可能会存在差异,但不同形态的公平都可以用可逆性检验一致有效意义上的平等待人来做统一的表述。

最后,公道自在人心,鉴于可逆性检验一致有效均衡的存在,在技术操作层面,可逆性检验一致有效意义上的平等待人原则具有操作性:对于方方面面的利益矛盾和冲突,尽管不同个体对于利益分配的公正方式可能有自己的想法,但可逆性检验能够把各方面的想法都考虑进去,将各方面意见的合理因素综合在一起,并进而确定一个平等兼顾各方面利益的公平分配方案。相比而言,由于需要以社会各方面的偏好信息为基础,功利主义原则与罗尔斯差别原则等公正原则在现实应用上倒是面临困扰。同样地,经济学的帕累托最优效率原则也难以直接加以应用。

相比其他原则如何?

可逆性检验一致有效意义上的公平正义原则的合理性,不仅体现在原则与相关标准的一致性方面,也体现在此等公正原则相比其他公正原则所存在的相对优势方面:在吸收已有公正原则合理性的同时,此等公正原则避免了它们所存在的问题。

功利主义。功利主义以社会幸福最大化为原则有其合理性。基于可逆性检验一致有效来就制度与规则做出选择时,作为个体理性的自然拓展和延伸,理性个体会选择一种对于整体利益最大化的制度规则,比如,允许个体在公正规则的边界约束下自由实现自己的目标,追求自己的幸福。但是,选择整体利益最大化,并不意味着要选择加总个体福利的最大化,并不意味着需要将所有个体的状况"捆绑"在一起(类似于连体婴儿的情形),因为这样未能给个体自由留下应有的空间:出于维护个体自由的考虑,可逆性检验一致有效意义上的公平正义会拒绝在社会整体层面就个体目标进行"加总"的最大化行为,会选择一种拒绝人际比较和加总的自由选择制度。

自由主义。自由主义包括个体层面的自由选择和人与人之间的自由交往等。自由主义的公正观有其内在的合理性,基于换位思考和可逆性检验来进行选择的个体会充分保护个体的自由,不管是个体层面的还是人际交往层面的,都是如此。但是,自由主义有关公平正义的表述是不完整的,因为个体的自由选择总是以一定的限制和约束为前提。而相关的限制和约束无法通过自由选择原则本身来做出表达,也无法基于自由主义原则而直接推导出来。与之不同,可逆性检验一致有效的公平正义在强调个体自由选择的同时,也会对个体的自由选择范围和方式施加限制和约束。也就是说,不管是自由选择本身还是对自由选择进行约束的限制条件,都可以基于可逆性检验一致有效的平等待人原则而推导出来。

均等主义。对于公平、平等,通常有两种不同的理解:平等待人与使人平等。平等待人所强调的是作为主体的"人"的平等,而使人平等所强调的是作为客体的"物"的一样,强调的是个体占有相同的"物",比如收入和财富的均等。在某些场合,公平正义需要分配均等,使人平等意义上的均等主义有其合理性,但在绝大多数场合,公平正义并不需要个体一样,而是要有所差异,此时的使人平等违背了公平正义的要义。与此不同,可逆性检验一致有效意义上的平等待人则能够同时兼顾同一与差异的要求。

自由至上主义。在收入分配方面,自由至上主义强调了收入形成过程及其中的个体自由选择对于收入分配结果的决定性作用,这有其充分的合理性。与自由至上主义一样,可逆性检验一致有效意义上的公平正义也必然要将收入的公平分配与产生结果的过程、规则及其中的个体的自由选择联系在一起。但是,自由至上主义完全反对收入的再分配,这其实是削弱了其论点的力量。与之不同,受自然与社会各种偶然性因素的影响,每一个体都可能存在不幸,可逆性检验有效意义上的平等待人会主张在制度上去克服偶然性因素对于个体命运的影响:在制度上进行立宪分配,这不会和自由至上主义资格理论的基本纲领相违背,而是对资格理论的发展和完善。

契约主义。契约主义将公正与个体的同意联系在一起。基于同意来理解公正,这无疑是有其合理性的:诸多问题的公正解决都离不开个体的同意,比如,商品的买卖。但是,在公正与同意这两者间画等号并不可取:同意并非公正的充分条件(如网络欺诈),也非公正的必要条件(自然义务不需要个体同意)。可逆性检验一致有效的平等待人会坚持同意在利益公平协调中的基础性、决定性作用,但与此同时，也会给个体同意——作为个体自由选择的一部分——施加限制和约束，使得同意在公正的规则和制度约束下进行，以充分保证其公平性。而认可约束同意的规则和制度（如食堂买饭自觉排队的规则），则成为个体行为选择所必须要承担的自然义务，不管这是否获得了个体的同意。

罗尔斯主义。作为契约主义的特殊类型与最新形式，罗尔斯的正义论涉及两个主要部分：(1)一种最初状态的解释和一种可用于其间的选择的各种原则的概述；(2)一种对实际上要采用哪个原则的论证。[①] 与此相对应，罗尔斯的正义论主要有两个方面：一是对"无知之幕"决策环境的描述；二是基于"无知之幕"而就所选择的正义原则的哲学论证。为公平正义计，罗尔斯主张在"无知之幕"背后去决策，此种理论思路完全可取，"无知之幕"的特定环境有助于克服个体私利对于决策的影响而保证决策结果的公正性。但是，罗尔斯主张在"无知之幕"背后来选择公正原则并将公正原则定义为他所主张的两个正义原则，这存在局限。一方面，在"无知之幕"背后去选择具体的制度更为可取，至于公平正义原则，它其实已经包含在"无知之幕"的环境设定之中；另一方面，罗尔斯的两个正义原则，尤其是差别原则，这其实并非真正的公正原则：与功利主义原则一样，差别原则未能给个体自由留下应有的空间。以可逆性检验一致有效来定义公平正义，这同样有利于保证决策的公正性，但又能够克服罗尔斯差别原则未能给个体自由留下应有空间的局限。

自由平等主义。以德沃金为代表的自由平等主义正确地将起点公平与自由选择结合在一起。与自由平等主义一样，可逆性检验一致有效的平等待人一方面要求给每一个体提供实质性的公平竞争起点，另一方面则在起点公平的基础上强调发挥个体自由选择对于结果的决定性作用。但是，起点公平并不等于个体具有完全相同的起跑线，与均等主义具有类似性，自由平等主义对于起点公平的理解存在偏差。与此不同，可逆性检验一致有效意义上的平等待人将起点公平与个体潜能发展的公平机会联系在一起，这不仅克服了自由平等主义的认识论偏差，也使得此等公正原则的操作性更可取。

---

① 罗尔斯. 正义论[M]. 北京：中国社会科学出版社，2003：54.

康德主义。与康德主义的道德原则具有相似性，可逆性检验一致有效意义上的公平正义原则同样强调动机的价值。同时，由于公平正义都包含平等对待每一个个体的价值理念，此等原则是一个普遍性的规范原则。特别地，由于平等待人需要建立在可逆性检验一致有效的基础上，此等公正原则自然要求我们把每一个个体都视为一个平等的人，而不是把他们视为低人一等的工具。但是，与康德的道德原则存在不同，可逆性检验一致有效的平等待人原则不仅关注个体的动机，同时也关注行为本身。与此同时，平等待人原则是一个具有实质性内容的原则：可逆性检验一致有效意义上的均衡能够确定道德规范的具体形式，并为人际利益冲突的公平解决提供一个具有实质性内容的规范标准。

其他公正观。应得之说，它未能提出应得什么、应得多少的基本标准；而亚里士多德的目的论，当有多个目标且目标存在矛盾和冲突时，此等理论不存在一个就目标进行选择的原则；女权主义同样缺乏一个明确的公正原则来指导社会实践去促进性别之间的平等。相比而言，可逆性检验一致有效的平等待人原则则克服了相关公正观所存在的局限：男人和女人之间的利益该如何协调，要以此作为基本的标准。与此同时，应得什么？应得多少？目标如何确定？都需要经过可逆性检验一致有效的方法来确定。

11.4 公正是相对、特殊、主观的吗？

由于认可了公平正义的相对性、特殊性与主观性，怀疑论者在很大程度上否定了就公正问题进行科学理性探讨的可能性。反过来，一旦公平正义原则得以界定，理论上就有必要就公平正义的性质做出澄清，就怀疑论者所做的批评给出回应。

绝对性与相对性

作为一种规范判准，在原则和基本理念方面，可逆性检验一致有效的公平正义应该是绝对的：对于特定的利益分配，如果它是公平正义的，它都必须是平等待人的,能够经得起换位思考意义上的可逆性检验。未能做到平等待人、无法通过可逆性检验的所谓公平正义,都不是伦理标准意义上的公平正义。

当然,在现实中,公平正义究竟能够做到何种程度,往往受到很多限制:其一,受利益的影响和支配,强权者可能利用其暴力潜能去维护一个对他或他所属集团、阶级有利的分配规则;其二,受知识的影响,理性个体所选择的分配规则不是真正公平的规则。从这个意义上说,公平正义具有相对性。

也就是说,作为规范的伦理标准,公平正义的标准应该是绝对的,没有绝对的标准,就无所谓公平正义。当然,公平正义得以实现的程度则往往具有相对性。也正因为如此,怀疑论者的批评如果具有合理性的话,应该局限在公平正义的实现程度上。但是,实现程度的相对性并不能否定原则本身的绝对性,不能否定我们就具有绝对性的公正原则做出界定。

普遍性与特殊性

作为检验个体行为与社会制度好坏与否的标准,公平正义原则是普遍的、永恒的。不管是什么问题,也不管是什么人参与的分配以及在何种情形下进行的分配,公平的分配都应该是可逆性检验一致有效的,可逆性检验一致有效意义上的平等待人,不会随时空的变化而发生变化 。

但另一方面,公平正义的外在形态是多样化的、往往具有特殊性:对于不同的问题,换位思考所确定的公平分配方式及其规则往往存在不同,而对于相同问题,如果其所处的场合不同,其协调利益的公正方式也可能会存在差异。比如,财产所有权问题。一般来说,恰如自由至上主义所言,个体对于他所获得的收入具有资格和所有权,但是,正如阿奎那所指出的,在紧急情况下,人们可根据需要突破财产权的限制,而将财产归为最需要的人,而不是通常意义上的财产的主人:

私有财产神圣不可侵犯,因为在通常情况下这是好方法,让每个人都能满足自己需要又能帮助救济穷人。但是,当一种需要"非常紧迫和明显……以至于这种迫切需要必须立刻得到满足,逮着什么是什么"时,财产的根本目的就优先于平常情况下的管理财产的原则。

人们可能把任何需要的东西视为自己的财产，如果不能得到它，就会面临即刻死亡的危险。一个快要饿死的人可以从附近的一棵树上摘果子，或者在碰巧发现的井边喝水，不管树或井的主人是谁，她需要的食物和水在她需要的这个时刻是属于她的，而不属于通常情况下的主人。同样的，一个人可以使用药品，如果不用这种药就可能会马上死掉，或者一个人在突遭暴风雨时临时躲避，或者在面临生存威胁时所需要的任何别的东西。①

也就是说，公平正义的价值原则是普遍的：公平正义遵守相同的原则；但公平正义的外在形态则是特殊的：不同问题具有不同的形态。怀疑论者强调公平正义的特殊性并不能说是完全错误的，但是，他们并不能否定公平正义原则本身所具有的普遍性、一般性。

主观性与客观性

公平正义是一种价值判准，是人们有关个体行为与社会制度合理性评价的价值尺度，公平正义无疑具有主观性：行为是否公道？制度规则是否公平？它们最终都需要个体做出主观的判断和评价。

但是，不能基于公平正义的主观性而否定就公平正义做出客观、理性探索的可能性。因为，个体主观观念本身就是一种客观实在，将主观与客观绝对对立是不可取的：由于公平正义的观念本身具有客观性，问题的关键不在于观念本身的主观性，而在于我们能否就主观观念做出客观的表达。

事实上，也正因为公平正义基本理念和原则的客观实在性，同时，也是可逆性检验均衡的客观存在性，就公平正义做出理性探讨是可能的，而有关公平正义的理性实践也是完全可行的。特别地，鉴于公平正义对于社会良性运行所具有的价值和意义，不管是在规范领域还是实证方面，包括经济学在内的社会科学研究的使命就在于去发现和确定公平正义的一般原则，并在此基础上去发现满足一般公正原则的基本规则条款。

---

① 弗莱施哈克尔.分配正义简史[M].南京：译林出版社，2010：39－40.

11.5 公正与其他价值的关系如何?

在社会哲学领域,除了公平正义,还有诸多其他的、也是社会所追求和向往的价值,比较有代表性的有自由、平等、博爱、民主、忠、孝、节、义等。那么,作为个体行为与社会制度规范判准的公平正义与其他相关社会价值的关系如何呢?

在发展其正义理论时,罗尔斯认为正义是社会制度的首要价值。这意味着:在罗尔斯看来,在诸多的社会性价值中,正义相比是最重要的、排位最前的抑或是权重最大的价值。

但事实上,一旦将公平正义界定为可逆性检验一致有效意义上的平等待人,公平正义不仅仅是价值排位最前的,更是价值位置最高的:正义是元价值,是统帅和支配其他所有社会性价值的最高价值。之所以如此,有三个方面的依据:

对可欲社会性价值的优先性

公平正义之所以是最高的社会价值,首先体现在平等待人意义上的公平正义相比其他可欲的社会性原则具有价值优先性:对于其他可欲的社会性价值,比如民主、自由,其合理性都应该以公平正义作为元标准,超出此标准或与元标准相背离的社会价值就可能丧失其合理性。

比如,自由、平等、博爱与民主等原则,实践中就不能超出平等待人的规范要求:个体的自由不能以侵犯其他个体应有的自由为边界;个体之间的平等,比如均等主义所强调的同一和平均,在诸多时候就因违背了平等待人的要义而丧失其合理性;博爱也存在合理边界范围和程度的问题,对暴君的博爱就是对普通公众的残忍;而民主,比如现代社会基于多数原则而运作的民主,则因存在少数权利被肆意侵犯的“多数暴政”而受到批评。

同样地,忠、孝等也应该以公平正义为基本原则。在公平正义的范围内,对国家、对人民、对事业和职业的忠诚,是一种美德。而对暴君、独裁统治的忠,自古以来就有愚忠之说。至于孝,也应该以符合公平正义为前提。假如父母贪人钱财，做儿女的什么都听父母的，不仅不劝谏，反而沾沾自喜，助纣为虐，是孝吗？《孝经》写得明明白白：

“父有争子，则身不陷于不义。故当不义，则子不可以不争于父，臣不可以不争于君；故当不义，则争之。从父之令，又焉得为孝乎！”

其实，不仅忠孝需要以公平正义为前提，即便是爱国，作为一种极重要的价值规范，爱国主义不能极端化，不能与公平正义相冲突，否则就会沦为爱国沙文主义与爱国侵略主义等极端的民族主义。事实上，不管是国内人、自己人关系的处理还是对于他人，都要以公平正义为依据：如果人们在自己人之间，处理内部事情的权威总要求以正义为依据，而对于他人（如异族异邦的人），往往采取在自己人之间认为不义或不宜的手段而不以为可耻的问题，亚里士多德批判性地指出：这样的行径是荒谬的。[①]

对不可欲社会问题的参照性

公平正义之所以是最高的社会价值，第二个方面的依据在于：非可欲的社会问题，比如剥削和暴政，它们之所以是问题，不在于其他，而在于它们违背了平等待人的价值要求。

我们以剥削为例来对此加以说明。假设甲请乙为他做事，支付乙的工资为x，甲此时是否存在对乙的剥削呢？其实这依赖于公正工资的具体水平。我们假设可逆性检验一致有效的工资水平为y。如果x和y恰好相等，那么，则不存在剥削。如果x小于y，即甲实际的支付与公正的支付存在差异，此时存在甲对乙的剥削，剥削的数量为y与x之间的差额。反过来，如果y小于x，那此时不是甲剥削乙，而是乙剥削甲。

对于非社会性价值的兼容性

规范性的价值有反映人与人之间关系的社会性价值，也有反映人与自然关

① 亚里士多德.政治学[M].北京：商务印书馆，1997：347.

系的非社会性价值，如效率与发展，可逆性检验一致有效的公平正义之所以是最高的价值，第三个方面的依据在于：此等公平正义是资源有效配置和社会和谐稳定发展的基础，与效率和发展相兼容。因为，当个体通过换位思考去进行利益裁决时，恰如短文《文明是设计出来的》所表明的那样，理性个体所选择的规则也往往是最有效的规则：

我经常乘坐飞机出行，机票是经济舱。每次登机，我都看见经济舱乘客排着长队；进入机舱之后，通道上经常拥堵，因为走到座位的乘客要站立着将大的行李搁置到行李架上，需要一定时间。此时，站立的乘客必然挡住后面登机乘客的道。这不仅占用别人的时间，也可能彼此发生纠纷。这时的机舱内比较混乱。

最近去夏威夷旅游，看见檀香山机场经济舱的登机方式合情合理：机场按登机卡的排号座序，被叫到号的乘客才能登机。他们从最后一排的乘客叫起，依次往前。这样一来，最后一排的乘客优先登机入舱，他们放好行李安静落座。后面的乘客按照座位顺序再入舱。期间无论哪一排的乘客入舱，留给乘客面前的通道一律都畅通无阻……这个登机过程有点像商务舱。

这样登机还产生另一个好处，乘客搁置在行李架上的物品也是有序的，而不是“见缝插针”地塞进附近行李架。这样一来，乘客下飞机取行李时十分方便，更不会忙中取错。我问过前年去过檀香山旅游的朋友，那时经济舱是否这样登机？他回答：不是的，那时登机与其他机场一样。

有句“先小人后君子”的老话，这用在措施设计上颇为需要。设计者务必像“小人”一样换位思考，甚至斤斤计较，只有这样，才能达到动机效果的统一。人的文明是从必然王国走向自由王国的。有关措施的设计，直接关系到文明的质量与抵达的进程。[①]

在登机规则的选择上，当我们综合考虑各种情况时，当我们考虑自己既可能是座位靠前也可能是座位靠后的乘客时，当我们站在罗尔斯的“无知之幕”背后去设计和选择登机的规则时，人类的理性自然会选择最有效的规则，人类文明将

① 文明是设计出来的[J]. 读者，2014(21).

从必然王国走向自由原则。而现实中,之所以尚存在诸多低效的制度规则,这在很大程度上与规则制定者并不是基于公正的立场去设计规则有关:规则的设计者可能是自己根本不想,或者是自己不能。

11.6 公正所适用的主体范围如何?

可逆性检验一致有效意义上的公平正义所强调的是人的平等,但是,不管是在现实实践层面还是在理论讨论当中,人们有时也将公平正义拓展到动物和自然的方面。比如,"类人猿项目"(Great Ape Project)把某些基本"人"权推广到类人猿的国际运动。[①] 进而,有关公平正义所适用的主体范围问题值得特别提出:其一,应该将公平正义原则的适用范围拓展到自然和动物方面吗?其二,对于人,究竟何谓"人"?未出生的胎儿是人吗?去世的人是否还是人?还有智能机器人呢?公平正义所适用的"人"的范围如何?

公正适用于自然和动物吗?

在理论层面,有论者主张将公平正义的适用范围延伸至自然和动物方面:比如关于扩展道德共同体并使之包含非人动物的一般问题与关于环境的道德地位的论辩。[②] 在此方面,针对人与自然、生态和环境之间所存在的日益紧张的冲突关系,有学者就曾试图将处理人际关系的正义伦理原则扩展到人与自然方面,提出了以"不毁灭生物,礼遇生态,保持人与自然和谐发展"为中心要义的、摄取的、同构守恒的、互养循环的正义观点。[③]

相应地,在现实实践方面,公平正义的应用范围似乎也不局限于人际关系方面。在此方面,清华大学学生硫酸泼熊事件曾引起了舆论的谴责和批评,而欧盟则明确对于化妆品相关的动物实验加以禁止:

---

① 金里卡. 当代政治哲学[M]. 上海:上海译文出版社,2015:第二版序 3.

② 金里卡 . 当代政治哲学[M]. 上海:上海译文出版社,2015:第二版序 3.

③ 江山. 再说正义[J]. 中国社会科学,2001(4).

2003 年,欧盟制定并施行了力争在 2013 年前废止化妆品相关动物实验的"欧盟化妆品指令"。2004 年,首先在成品领域禁止进行动物实验。2009 年,原料领域也开始禁止动物实验,同时还禁止销售及进口进行过动物实验的化妆品及原料。仅有尚未确立代替方法的 3 种动物例外,宽限到 2013 年 3 月。面对这种形势,2013 年 2 月底,日本国内最大的化妆品企业资生堂公司宣布,4 月以后着手进行开发的化妆品及疗效化妆品,原则上废止动物实验。在欧盟全面禁止动物实验的影响下,以色列和印度也做出了同样的决定。①

既然如此,自然和动物是否真是公平正义的适用主体呢?反过来,如果自然和动物并非公平正义的适用对象,那是否意味着:对于自然和动物,我们可以为所欲为?对于虐待动物的事件,舆论对施虐人的谴责是不当的?禁止化妆品相关的动物实验没有必要?

实际上,尽管人与自然的和谐相处是必要的,但认为自然也是公平正义价值主体的论点显然是不恰当的,因为人同自然之间的关系属于资源配置的效率范畴而不是公平正义原则所涉及的生产关系方面。退一步来说,即便我们要讲与生态等问题相关的公平正义问题,那也只是人与人方面的:环境污染所带来的外部性牵涉的是排污者和被污染者之间的关系,而与生态结构恶化有关的公正则是作为破坏者的"我们"同"我们"的子孙后代在自然环境利用方面的冲突。

公平正义不仅不适合自然,同样也不适合动物:对虐待动物者进行谴责、禁止化妆品相关的动物实验,这并不意味着动物具有权利。在此方面,卡尔·科亨指出,"我们需要保护动物的福利,但动物不具有权利"。在科亨看来,权利产生于人类的道德领域,只适用于道德代理人,只有人才是道德代理人。至于动物,它们的生活是非道德的,在它们的世界中不存在道德。动物权利者之所以认为动物拥有权利,是因为他们犯了一个根本性错误,即他们"把一个在某种环境中非常有意义的概念(即道德权利概念)运用到另一个在其中这一概念毫无意义的环境中"。②

① 欧盟全面禁止进口和销售进行过动物实验的化妆品原料[EB/OL].诗茗化工网,2013-4-26.

② 雷根,科亨.动物权利论争[M].北京:中国政法大学出版社,2005:213.

动物之所以没有权利，一方面，是因为动物本身的非道德性，另一方面，也是尤为重要的方面，是因为赋予动物权利给人类所带来的困境：

其一，如果动物具有权利，法律就应该禁止食肉，全部采用素食。进一步讲，由于植物也是生命，假如吃动物会造成动物痛苦、侵犯动物的权利，那么，吃植物也会给它们造成痛苦并进而侵犯植物的权利，法律也应该禁止采摘植物、禁止开发和利用自然。在此情况下，人类就只能呼吸空气，只能喝西北风了。

其二，如果动物具有权利，所要禁止的动物实验不应该局限在与化妆品相关的方面，而是科学研究领域的所有方面。但事实上，对于人类的发展而言，动物实验在很大程度上是不可或缺的：100 年前，由于人类尚无安全检测的成熟体系，“FDA 之父”哈维・威利（Harvey Wiley）直接用人来验证食品添加成分的安全性，广受诟病；后来，经过几十年的发展，人类把动物实验作为安全检测的重要一步，这大大降低了人类所承担的风险。现在如果完全废除动物实验，我们就将回归到直接用人体试验的哈维时代；或者是回归到更久远的时代，根本不进行安全检测，直接供人类使用。①

当然，尽管动物无道德可言，也没有人类所具有的权利，公平正义的原则并不能约束人与动物之间的关系，但这样并不表明人类可以对动物为所欲为。一方面，保护动物及其多样性，正如保护自然一样，这是人类可持续发展之所必须；另一方面，尽量避免残忍，这是人类道德准则的一部分。也正因为如此，在现代科学研究和产品开发中，规范的动物实验需要遵循“3R 原则”：(1)减少（Reduction），即尽可能地减少实验中所用动物的数量，提高实验动物的利用率和实验的精确度；(2)优化（Refinement），即减少动物的精神紧张和痛苦，比如采用麻醉或其他适当的实验方法；(3)替代（Replacement），就是不再利用活体动物进行实验，而是以单细胞生物、微生物或细胞、组织、器官甚至电脑模拟来替代。②“3R 法则”在发达国家已经普遍采用并被许多国家列入了保护动物的法律及修正案中，今后对于动物实验的进行将会有更加严格的监管和制度规定。

---

① 云无心. 禁止动物实验，历史的进步还是倒退？[EB/OL]. 人民网，2014-03-31.

② 动物实验的“3R 原则”[EB/OL]. 中国实验动物信息网，2016-11-17.

公正所适用的人的范围如何？

公平正义适用的主体是人，但问题是，人的范围又如何呢？未出生的胎儿、逝者与情感机器人是否也属于人？他们是否属于公平正义的调节范围？

应该说，就公平正义所适用的"人"的范围进行探讨，这关乎现实中的诸多公共政策与法律制度的安排问题。比如，堕胎。堕胎又称中断怀孕或人工流产，是故意结束妊娠、取出胚胎或导致胎儿死亡的行为。在中国，在一胎制的背景下，虽然有很多人采取自愿堕胎或被有关部门实行强制堕胎，但人们较少对堕胎做生命伦理方面的讨论。但在其他许多国家（特别是西方国家），堕胎则是备受争议的一种行为。

堕胎行为是否道德？法律是否应该禁止？由于堕胎的原因多种多样，这里面所涉及的问题有很多：

其一，母亲的自由权利问题，如果堕胎是母亲自愿的结果，那母亲是否有支配胎儿生命的权利？

其二，母亲的责任义务问题，有的胎儿，他们属于意外怀孕，即女方在非自愿的或者是不合适的现实情况下怀孕，孕妇由于无法承担胎儿出生的现实后果从而选择终止妊娠。对于非自愿妊娠的孕妇，有很多的社会实例，如：被强奸、迷幻等手段控制或胁迫，在非自愿或者不清醒的情况下发生高危性行为，并导致怀孕。此等问题涉及母亲是否有责任和义务来承担非自愿怀孕带来的负担？

其三，生命的决定权问题，有一些胎儿，他们在妊娠期间检查发现有先天性疾病或畸形等，父母是否有权利结束胎儿的生命？

其四，生命的冲突问题，有的时候，胚胎会影响孕妇自身健康甚至是生命，为了保存母体的生命而结束胎儿的生命。

其五，其他机构的权力问题，由于重男轻女等关于性别歧视的思想导致堕胎，以及计划生育政策导致的强制堕胎。

但是，是否应该禁止堕胎的问题，关键与对人的界定有关：

其一，如果胎儿是人，那从某种意义上来说，堕胎就是谋杀。或许正是基于此等方面的考虑，2019 年 5 月 14 日，美国亚拉巴马州议会通过美国"史上最严反堕胎法案”。该法案禁止任何阶段的怀孕者堕胎，被性侵怀孕、乱伦怀孕者也不例外。当且仅当需要挽救孕妇的生命时，堕胎才能得到许可。

其二，如果胎儿不能算人，那堕胎的道德约束力就会下降很多。在此方面，有一种观点认为：“人的生命并非始于受精时刻，胎儿还不具备人的所有属性，只有当婴儿出生时，才获得做人的资格和权利，才构成所谓的人，所以说堕胎不算扼杀人的生命。”

而其他的问题，毫无疑问，它们也是需要考量的因素，但不是根本。当然，关于人的范围，除了胎儿的问题以外，还涉及：其一，逝者是否还是人的问题；其二，情感机器人、智能机器人是否是人的问题。有报道，某大学的硕士毕业生郑同学（研究方向是人工智能）在母亲与同学的见证下与他自己造的智能充气娃娃莹莹姑娘结婚了。那法律应该认可郑同学与莹莹之间的婚姻吗？

人的范围究竟有多大，相关的问题还需要我们进一步去探索。但是，这并不影响公平正义原则的现实应用：在给定的人的范围下，人际利益的公平协调需要我们以可逆性检验一致有效的公正原则为标准来进行裁决。但是，可逆性检验一致有效的公平正义具体如何？相关规则和制度的具体形态是什么？可逆性检验一致有效的公平正义如何才能实现？公平正义得以实现的条件和机制是什么？在对公平正义基本原则理解的基础上，公平正义的理论探索及其理性实践还需要我们去探究公平正义的具体形态及其实现机制。

理想不仅需要明确，同时也需要落实。

思考题

(1)我们每个人都按自己的准则做事，我们如何会有一个共同的道德标准呢？倘若基于所有人都遵从理性进而得到同样的道德价值，这是否意味着理性的思考其实是大家的共同思想，那这不就又回到了功利主义将整个社会利益最大化的思想了吗？

(2)孟德斯鸠说：“一个真正有道德的人会帮助最疏远的陌生人，就像帮助他的朋友一样。”这句话究竟该如何理解？

(3)康德认为,我们因为拥有无差别的理性,所以可以形成同一套道德准则,这一定成立吗?拿先秦诸子来说,有“老吾老以及人之老”、墨子的“偏爱”,也有杨朱的“拔一毛而利天下,不为也”,这不就体现了道德准则的分歧吗?

(4)在外交领域,美国前总统特朗普一直主张 America First:在墨西哥边境斥巨资修筑“墨西哥墙”来应对非法移民;限制外国(特别是中国)留学生签证入境;提倡购买美国产品、雇佣美国员工,退出巴黎协定、联合国教科文组织、全球移民协议等;一切以美国的利益为重,走上“逆全球化”的道路。特朗普总统的行为是出于责任的社群义务、爱国主义,还是一种出于偏见、出于利益的集体性自私?

(5)一个叫海琳的女孩患有软骨症,这是一种骨头脆弱、一碰就折的病。事实上,早在海琳还在妈妈肚子里的时候,就已经通过产检发现她有极高概率患有此病,因此医生建议流产,但是海琳的妈妈无论如何也不舍得。而每当海琳坐在儿童滑梯上开心地笑着,就让人无法想象她每时每刻都经历着骨头断掉的疼痛。在知晓海琳来到世上可能遭受如此的痛苦,父母生下她的决定合理吗?

(6)在电视剧《天龙八部》(黄日华版)的结尾部分,皇上(耶律洪基)怒斥乔峰(萧峰)道:“萧峰,朕没想到你是如此卑鄙无耻的小人,为了贪图宋人的繁华,竟然数典忘祖、欺君犯上,枉顾兄弟结义之情……你不配做我们契丹人的子孙……”那么,萧峰错了吗?不配做契丹人的子孙吗?

(7)从“二战”结束,日本向中国投降算起,已经过去了七十多年。日本官方至今仍不承认对南京大屠杀负责,并没有将国家过去的恶行从历史中剥离,而心安理得地说自己不需对过去负责。反观德国总理则在犹太人屠杀纪念碑前下跪道歉。那么,属于特定群体的人们,他们是否需要为自己的先辈在过去所犯下的错误和罪行负责?

(8)如果说堕胎是一种不尊重生命的行为,那么在很多电视剧的桥段中,妻子难产,在保大保小的问题上,丈夫的选择就决定了两条命的归属。这是否是一种谋杀呢?

(9)中国古代的观点认为“父债子偿”。但在现代,我国法律规定,父母生前对外所欠的债务,去世之后,子女没有继承父母遗产的,没有义务代为偿还。当然，子女如果继承了父母的遗产，他们则有义务代为偿还父母生前所欠的债务，但只要根据继承数额偿还就可以了，剩余的子女没有义务继续偿还。虽然如此，我们还是常常在新闻中看到“某某在父亲去世后替父还债，感动债主”的报道。那子女有偿还父母债务的责任吗？

12

公正:如何可能?

一般地,公平正义的理性实践涉及三个基本的理论议题:其一,公平正义原则的诠释与界定;其二,公平正义具体形态的确定;其三,公平正义实现机制的探索。其中,理论诠释与界定所要回答的是"何谓公平、何谓正义"的问题,而具体形态确定与实现机制探索所涉及的则是"如何才是公正、公正如何才有可能"的问题。其中,公平正义的具体形态所涉及的则是公平正义的行为与制度具体如何的问题,而实现机制问题关乎公平正义的理念与原则转化为现实实践的可能途径和基本条件。

公平正义的理性实践首先依赖于对公平正义的理性理解。在道德哲学领域,不理解评价个体行为好坏的最高准则,这虽然不意味着个体的行为必然会丧失道德性:人类的本性在诸多时候会驱使我们去选择那种符合一般道德标准的行为。但是,在最高道德标准不明确的情况下,个体的行为如果只是合乎道德规律而不是出于道德规律而做出的,"那种相合就很偶然并且是靠不住的"。[①] 同样地,在更一般的公平正义领域,就公平正义的一般价值原则进行界定,对于确

① 康德. 道德形而上学原理[M]. 上海:上海世纪出版集团,2012:前言 3.

保行为与制度选择的公正性极其重要。鉴于此，为了公平正义的理性实践，我们就“何谓公平、何谓正义”做出探讨。

一旦公平正义的基本原则及其价值理念在理论上得以界定，进一步的问题是，如何将基本原则、价值理念转化为实际的行动？在以可逆性检验一致有效意义上的平等待人来就公平正义做出界定之后，本章将探索公平正义的具体形态及其得以实现的可能机制。其中，公平正义的具体形态问题与公平正义的具体问题有关，这里仅仅讨论收入公平分配这一特殊问题：收入公平分配的目标是什么？至于公平正义的实现机制，主要讨论：在何种情境下，个体的行为选择与社会的制度安排才能够经得起可逆性检验？

12.1　收入如何分配才公平？

收入如何分配才公平？或者说，收入公平分配的规范目标究竟是什么？前面的相关分析表明：

公平的规则而非具体的结果

表面上看，收入的公平分配追求的是公平的分配结果，但实际上并非如此。一方面，对于公平分配的结果，在人类理性的范围内，它不可能得以确定：我们不可能去确定具体的收入分配格局。另一方面，出于维护个体自由的考虑，我们也不应该外生强制确定所谓的公平分配结果：外生给出公平收入分配结果的方式无法给个体自由选择留下应有的空间。

由于公平所涉及的是公平的“关联结构”，涉及的是制度规则，收入公平分配所追求的应该是公平的分配规则：如果规则是公平的，能够一致通过理性个体的可逆性检验，那由规则所产生的任何结果都是公平的（正如竞技比赛那样，规则的公平性能够充分保证结果的公平性）。

与追求公平的收入分配结果不同，确定公平的分配规则完全是可能的，这在人类理性的范围之内。与此同时，公平的收入分配规则给个体的自由选择留下了充分的空间：每一个体都可以在此规则下自由选择，为自己和家庭谋取自己所向往的生存空间。

平等待人而非使人平等的分配规则

公平是利益分配的平等待人，而不是使人平等意义上的个体占有物的同一与均等。进而，公平的收入分配规则不是均等主义所支持的、占有均等的规则，而是平等待人的规则，是经得起换位思考意义上的可逆性检验的收入分配规则类型。

但是，由于将收入的公平分配与收入差距缩小联系在一起，主流理论与观念中的公平分配规则是使人平等意义上的（因为差距缩小的极端情形就是平均分配）。实际上，差距缩小不仅在技术上无法操作（我们不仅无法确定整体的公平差距水平，更是无法确定具体的收入公平分配格局），同时，收入差距缩小目标在伦理上也不可取，因为收入差距缩小目标不恰当地限制了个体选择的自由（在允许个体自由选择的社会中，各种可能的差距都有可能存在）。另外，缩小收入差距也不会从维护社会稳定等角度而得以辩护。

市场对分配结果起决定性作用的规则

在整个社会范围内，可逆性检验有效意义上的公平收入分配规则究竟是何种类型的规则呢？在我们看来，应该是市场对收入分配结果起决定性作用的规则。这与市场机制本身所具有的特性有关：

其一，自由选择。在市场机制下，个体的收入是个体自由选择的结果，基于自由选择而确定的收入分配结果具有天然的公平性。因为，在社会范围内，决定收入的机制有两种基本类型，一是个体自由选择的市场机制，二是强制的计划指令机制。显然，在绝大多数时候，个体自由选择自己的收入相比在外在强制机制下获得收入更为公平，更能经得起可逆性的检验。因为，自由选择体现了对人的尊重。与此同时，自由选择意味着个体偏好的恰当显示，这也是资源配置效率的前提和基础。

其二，自己对自己负责。在市场机制下，每一个体对自己负责：自己获得收入，同时承担相应的成本和风险。无疑，在绝大多数场合，自己对自己负责的规则相比一个人对另外一个人负责的规则更公平、更合理，更能够经得起可逆性检验。与此同时，自己对自己负责，这对个体的行为给出了有效的约束，个体在行为选择时就会进行理性的权衡，就会尽可能做出有效的决策。相反，不需要对自己行为负责的决策往往是低效和浪费的根源。

其三，竞争决定价格。在竞争机制下，个体获得相应的收入：工资、利息、地租和商品价格等。竞争机制不会使得价格太高，也不会太低，能够兼顾各方面的利益。在绝大多数场合，市场机制是现有人类理性范围内最能公平有效进行利益协调的机制。

这也就是说，市场的利益协调机制具有天然的公平性。公平性是市场机制得以选择的伦理基础：市场的意义首先不在于有效配置资源，而在于利益的公平协调，在于收入的公平分配。与此不同，现代主流经济学则将收入分配不公视为市场失灵的重要类型，相关的理论分析并没有恰当地理解市场机制在收入公平分配中所具有的、不可或缺的作用。事实上，如果市场只是有效的而不公平、不正义，那市场机制并没有得以存在的理由。

对市场机制进行有限修正和调整的机制

强调市场对于收入分配结果的决定性作用，这并不是说市场机制是绝对公正的，并不意味着它的各个方面能够经得起可逆性检验。事实上，受自然偶然性等因素的影响，市场机制存在无法经得起可逆检验的方面。公平的收入分配规则需要对市场机制进行一定的修正和调整。依次包括起点修正、过程控制与结果调整三个方面：

首先，在结果调整方面，应该保障每一个体的基本生存。因为市场机制具有偶然性与不确定性，有个体可能无法给自己提供最基本的保障。个体无法获得最基本保障的制度规则无法通过可逆性检验，当我们自己沦为不幸者时就不会认同。反过来，公平的收入分配规则就需要在制度上保障每一个体的基本生存权利。其实，也正因为如此，当诺奇克的资格理论完全反对就市场分配的结果进行调整时，这削弱了资格理论的力量，尽管资格理论已经恰当地将收入分配的关注点从关注结果转到关注规则上来。

其次，在过程控制方面，为市场的公平竞争提供保障性条件。价格的决定需要依赖于市场的竞争，但市场公平竞争需要保障性的条件。也正因为如此，收入的公平分配需要依赖于政府为市场的公平竞争提供制度基础。相关的制度具体如何安排，需要以可逆性检验一致有效为基本原则。

最后，在起点修正方面，需要为每一个体提供基本教育和健康，保障每一个体潜能发展的机会。公平竞争需要一个公平的竞争起点，但起点公平并不需要个体具有完全相同的起跑线，而只需要保障每一个体潜能发展的机会。因为，一般来说，每一个体都有为自己创造美好生活的潜能，起点的不公在很大程度上不是潜能的差异，而是潜能发展机会的差异。

在公平收入分配规则得以确定的情况下，基于公平分配规则而得以形成的收入分配结果就是公平正义的，而不管收入分配的格局具体如何。

12.2 忒弥斯为何蒙住眼睛？

在古希腊神话里，忒弥斯(Themis)是主持正义和秩序的女神。在相关雕塑中，忒弥斯的造型是一位表情严肃的妇女，她一手拿剑，一手持天平。其中，宝剑表示“力量”，天平表示“公平”“正义”。造像的背面往往刻有古罗马的法谚：“为实现正义，哪怕天崩地裂(Fiat justitia ruat caelum)”。与其他诸多的雕塑不同，忒弥斯形象中最大的特点是被布蒙住了双眼。那么，忒弥斯蒙住眼睛的意义何在？

传说及其释义

这要从古希腊的传说开始说起。传说有一天，天庭众神失和，世界处于灾难的边缘。矛盾谁来调解？冲突谁来仲裁？天上地下都找遍了，也没有合适的人选：血气方刚的容易受仙女的勾引，老于世故的却不敢对权势直言。最后，天帝身旁站起一位白袍金冠的女神，她拿出一条手巾，绑在自己眼睛上，大声说道：

“我来!”众神一看,都点头同意:她既然蒙住了眼睛,那就看不见争纷者的面貌、身份,也就不会受到利诱,不会畏忌权势。而这个在危急关头挺身而出的女神就是被后世尊称为正义女神的忒弥斯。[①]

这也就是说,蒙眼不是失明,而是刻意选择的一种姿态,一种自我约束、一种排除干扰的姿态。因为,公平正义,要求我们平等对待每一个人,平等对待自己,平等对待他人。但正如18世纪社会哲学家——比较有代表性的有曼德维尔、斯密和休谟等——所强调的,个体往往具有“自爱”的倾向:“每个人生来首先和主要关心自己”。[②] 在蒙住双眼之后,决策者就只能是用自己的心灵而不是用眼睛去观察,决策完全听从自己的内心,听从自己的良心和理性,彻底撇开其他不相关因素对于决策公正性的影响,以实现社会的公平正义。

在现实实践中,与忒弥斯蒙住双眼的故事有类似性,在《中国好声音》[③]节目中,导师一开始是背对选手的,在此情况下,由于导师无法看到选手,他们对于选手的判断就完全凭借选手的“声音”,这样就能够克服容貌、身份等其他无关因素对评判的干扰和影响。

公正的中立性条件

忒弥斯蒙住双眼的故事与《中国好声音》的规则安排对于我们思考公平正义的实现条件具有重要的含义:公平正义需要我们能避免各种无关因素对于决策的干扰和影响,要求我们在社会冲突问题的解决上克服“自爱”的倾向而保持中立。包括:

其一,利益中立。所谓利益中立,就是个体在处理自己的利益与他人的利益时,不能有任何的偏袒或偏私,需要对自己的利益与他人的利益同等对待。其中,关于利益,它是广义的,不仅有物质上的利益,也涉及精神方面的利益,比如社会的荣誉;而利益关系,它不仅是直接的个体和他人的关系,也涉及间接的个

---

① 正义女神为什么要蒙眼、蒙嘴、天平、持剑?其典故来由是什么?[EB/OL].知乎,2014-05-20.

② 斯密.道德情操论[M].北京:商务印书馆,1997:101－102.

③ “中国好声音”是由浙江卫视联合星空传媒旗下灿星制作打造的大型励志专业音乐评论节目,其灵感来源于“荷兰之声”(The Voice of Holland)、“英国之声”(The Voice)、“美国之声”(The Voice)与“爱尔兰之声”(The Voice of Ireland)。

体和他人的关系，如对亲属和其他个体利益关系的处理。

其二，价值中立。中立性，一方面是利益本身的中立性，另一方面则是利益分配观念（有关利益分配的方式和标准）与价值理念的中立。因为：(1)对个体价值观念的尊重本身就是社会正义的重要组成部分；(2)在一个多元化的社会体系中，即便我们在利益上是保持中立的，但由于个体价值观念上的差异和分歧，个体对利益公平分配方式的理解还可能存在分歧；(3)在某些特殊的领域，个体甚至可能直接在价值观念上产生冲突：

> 在美国的新墨西哥州，Willock 和她的同性恋人请一家摄影店（Elane Photography LLC）为她们的婚礼提供摄影服务。这家摄影店由一对信仰基督教的夫妇（Elaine Huguenin 和 Jon）经营，摄影店夫妇二人认为为同性恋人拍摄婚礼与自己的宗教信仰相冲突，于是他们拒绝为这对恋人提供摄影服务，并向她们推荐了另一家摄影店。Willock 以歧视为由，将摄影店告上法庭。最后法院判决 Willock 胜诉，认为摄影店无权拒绝为 Willock 及其恋人提供服务，该行为是基于性取向的歧视。①

在这一案例中，Willock 与摄影店夫妇之间所存在的冲突是价值观念方面的，而不是利益上的，不是摄影收费高低方面的冲突。在国外，随着 LGBT（女同性恋、男同性恋、双性恋、跨性别者）平权运动的发展，许多被私人商家拒绝提供服务的同性恋人、跨性别者都选择诉诸法律，维护自己免于歧视的平等权利。而商家则以自由（包括宗教自由、契约自由与言论自由）作为抗辩理由，认为自己有权利选择缔结契约的对象、有权利按照自己的宗教信仰做出选择。在他们看来，假如自己"被迫"向某一个群体提供服务，"被迫"认同自己所不认同的价值观，那么这是对"同意"原则的违反，也是政府对个体自由的侵犯。在价值观念存在分歧的情况下，价值观念的中立就有其必要性。Elaine Huguenin 和 Jon 之所以败诉，就与其行为选择未能做到价值中立有关：他们的行为选择暗含着对同性恋的价值歧视。

---

① 摄影师拒为同性恋夫妇拍订婚照被判歧视[EB/OL]. 同爱天空网，2017-07-21.

12.3 为何要先把泥点晾干?

《讽刺与幽默》①曾刊载了这么一篇短文:

毕业后的一个雨天,我回系里探望一位名叫吉娜的教授。正赶上一名学生有急事要请教吉娜教授,教授让我在外面的小客厅等她一会。小客厅和教授的办公室只隔了薄薄一道装饰墙,屋里的对话不时传进我的耳朵。那位同学声音激动。原来其他实验室的另一名研究生出言不逊,当众讽刺他的理论过时,见解平庸,令他大为恼火。他不知道是直接找那个学生论个明白,还是应该找对方的教授评理。他这次来,就是要征求吉娜教授的意见。

"年轻人",我听见吉娜教授慢条斯理地说,"有时候,别人的言行是很难理解的。如果你不介意,让我给你一个建议。批评和侮辱,跟泥巴没什么两样。你看,我大衣上的泥点,就是今早过马路时溅上的。如果我当时立即去抹,一定会搞得一团糟。所以我把大衣挂到一边,专心干别的事,等泥巴干了再去处理它,就非常容易了。瞧,轻轻弹几下就没有了。"

好恰当的比喻!老教授的处世智慧令人叹服。那个学生也顿时醒悟,连连道谢。吉娜教授最后说:"我年轻时不善于控制情绪,深受其害。慢慢地我发现,最好的办法是先把让我恼火的事搁在一边,晾一会儿。等我冷静下来后,再去对付它们。如果你现在就去质问他,你会更生气,矛盾更严重。我建议你等情绪的水分都蒸发掉了,再来想这件事。到那时,如果你还打算讨伐他,请再来找我。不过晾干水分后,你也许会发现那泥点也淡得找不到了!"

当那位同学心存委屈时,吉娜教授为何不主张他急于和当事人理论?或者,用比喻的说法,为何要先把泥点晾干?

---

① 2005年4月8日.

公正的理性控制条件

之所以需要先把泥点晾干，其道理其实非常简单：等稍微冷静以后再做决定，这样在很大程度上就能免除情绪、感情对于理性的控制，确保决策的理智性。因为，“在强烈的激情控制之下，人的大脑在理智层面容易受到损伤。当人生气、紧张、愤怒的时候，会思路狭窄、比较偏执，但在稳定和安静的状态下，理智会增强。这就是中国传统文化提倡的知止而后有定，定而后能静，静而后能安，安而后能虑，虑而后能得”。①

2020 年 11 月 17 日，清华大学美术学院一女生声称同校的蔡同学在食堂用手猥亵其臀部，对其进行性骚扰。在查看了蔡同学的学生卡后，该女生直接高声怒骂蔡同学，并在社交网站上大肆散播蔡同学的身高、长相并辱骂蔡同学，说什么“小东西我确实不能暴打你一顿，但我先让你在我朋友圈社死吧”。信息的曝光给蔡同学带来很大的影响：他不间断地收到同学的各种讽刺和挖苦，当晚是他人生最难熬的一天，垂泪到天明。后来，经查看学校监控视频发现：其实是蔡同学的书包无意碰触。于是，该女生通过辅导员向蔡同学转告“已在社交媒体解释，我们互相道歉，此事了结”。此事件引爆多个社交媒体平台，微博上“清华学姐”话题阅读截至 2020 年 12 月 10 日就超过 14.4 亿。

诚然，当事女生在有所怀疑的情况下，勇敢叫住男生，主动了解对方身份，秉着不放过一个坏人的原则，这是值得肯定的。但是，在做进一步的决策之前，她需要充分了解事实的真相，需要了解触碰的原因，男生到底是主观的还是不经意的？正如康德的动机论所言，行为动机对于行为的道德性具有非常重要的价值和意义。同样的行为，如果动机不同，那两者在性质上可能存在天壤之别。因为蔡同学碰到当事女生有两种可能：他可能是主观的，对女生进行了性骚扰；他也可能并非故意，而是在人群拥挤的时候不小心蹭到。如果是后者，当事女生曝光同学信息、对同学进行道德审判是不妥当的，对该同学非常不公。

现实中，当事女生在监控尚未调取的时候，就曝光男生的名字、院系等信息，

---

① 不妨在“冷静期”想原因、想后果、想将来[N]. 潇湘晨报，2020-12-14.

并且直言他“摸了自己的屁股”，私自进行道德审判，扬言让其“社会性死亡”，给蔡同学带来很大的压力和影响。当事女生之所以如此，从她的言行来看，这可能与其当时的情绪失控有关：其行为可能是以为自己受到冒犯情况的应急反应，是泥点尚未晾干时的非理性之举，这使得其决策非常的不理性。这不仅对蔡同学不公，给蔡同学带来很大的心理伤害，也使得自己非常的被动。

这也就意味着，公正理性的决策不仅需要克服个体私利与观念对于决策的干扰，需要个体按照良心和理智去决定，同时也需要避免个体情绪对于决策的支配性，需要以理性控制情绪而不是情绪支配理性。哪怕个体要有情绪化的表达，也应该是建立在理性的思考之上。在此方面，亚里士多德有一句名言：发脾气是值得赞扬的，如果你能够做到在适当的场合，向正确的对象，在合适的时刻，使用恰当的方式，因为公正的理由而发脾气。

理性控制条件的现实实践

也正因为情绪失控下的决策可能会不够公正，在德国的军队中有这么一项军规：一名士兵可以检举同伴的错误，被检举人也有反驳权。但是，如果长官发现检举和反驳的士兵曾在近期发生过冲突，那么两人都会受罚。发生过冲突的人至少要等一周，等情绪完全冷静下来后，才可以告对方的状。[①]

而在我国，面对日益高涨的离婚率，从2021年1月1日起开始实施的《中华人民共和国民法典》为离婚设置了离婚冷静期。设置离婚冷静期的目的不是限制婚姻的自由，因为“总体上来说，民法典实际上对离婚采取的是非常温和的态度，还是坚持了婚姻自由，仅仅只是对冲动离婚增加了一个程序性的小限制而已。如果夫妻双方都是理智地想离婚，即使有了‘离婚冷静期’的规定，除了稍微麻烦点要跑两次婚姻登记机关以外，基本不会有真正实质性的影响，无非也就是需要再等一等。”[②]国家设置离婚冷静期的实质就是“让泥点晾干”，以避免双方在情绪激动的时候做出不正确的决定。因为现在有不少年轻人由于冲动或者不成熟，一发生点争吵或不如意，就要闹离婚，但往往上午离了下午就后悔。离婚

① 参见2005年4月8日的《讽刺与幽默》。

② 不妨在“冷静期”想原因、想后果、想将来[N]. 潇湘晨报，2020-12-14.

冷静期的程序性规定就是为了给冲动型离婚人士修复婚姻的机会，避免儿戏婚姻。毕竟，离婚涉及面很广，包括子女抚养与财产划分等诸多方面，如果没有处理好，麻烦很多，很容易出现离婚后的纠纷案件。

12.4 法外私刑有什么问题？

《无人生还》(And Then There Were None)是英国推理小说作家阿加莎·克里斯蒂(Agatha Christie)创作的长篇小说。[①] BBC 于阿加莎·克里斯蒂 125 周年诞辰之际推出电视剧版《无人生还》。剧情大致如下：

“八位客人(包括一位法官，一位老师，一位将军，一位修女，一位前军官，一位富二代，一位警察以及一位医生)和两位管家被一位神秘的人物邀请到了一座小岛上去参加聚会。但是，当到达岛上之后，他们被神秘人指控为杀人凶手。之后，这十个人一个个被杀死。原来这一切都是老法官布的局。这位年事已高的法官得了不治之症，于是在生命的最后一段时间里设置了这样一个计划，自己为这群罪人降下审判的铁锤。”[②]

阿加莎·克里斯蒂另一部小说《东方快车谋杀案》(Murder on the Orient Express)及其改编的电影的主题与《无人生还》在性质上类似，也是法治不健全情况下的私刑寻仇：

“一辆东方快车上发生了一起命案，山谬·雷切特先生被发现身中数刀死在自己的车厢内。一位名叫波洛的侦探当时恰好在火车上，波洛于是开始着手调查这起案件。通过调查，波洛发现，死者原名卡塞蒂，是一名恶名昭彰的罪犯。他曾经绑架美国阿姆斯特朗上校 3 岁的女儿黛茜，尽管得到上校的大笔赎金，但他还是残忍地杀害了小女孩并远走高飞。上校的妻子当时怀孕了，在听到女儿

---

① 该书出版于 1939 年，发行时书名为 *Ten Little Niggers*，后改为 *Ten Little Indians*。

② 参见百度百科“无人生还(阿加莎·克里斯蒂著长篇小说)”。

的死讯后，她发生休克并早产，母子医治无效当场死亡。阿姆斯特朗上校悲伤过度，开枪自杀。黛茜的保姆苏珊被警方认为是共犯，从窗口坠楼身亡，之后她被证实是清白的。卡塞蒂后面虽然被捕，但他花钱上下买通，最终无罪释放。东方快车上除了侦探，还有十二位乘客，他们都是阿姆斯特朗上校和保姆苏珊的亲戚或挚友。为了复仇，这十二个人一起策划了这场谋杀案，并且每人捅了卡塞蒂一刀。在查明真相后，心地善良的波洛先生最终选择帮这十二名复仇者掩盖罪行，将其全部归因于某个不存在的凶手，这桩案件最后不了了之。”①

法治不健全情况下的私刑寻仇，毋庸置疑，它在一定程度上能够弥补法律不足所引致的正义缺失，在《无人生还》和《东方快车谋杀案》中，作恶的卡塞蒂等人都受到了正义的惩罚。但是，法外私刑本身也是备受争议的，这一点在现代法治国家尤为如此。康德认为，“在法庭面前（而不是在你的私人判断中）报复法权，才能明确规定惩罚的质和量；其他一切法权都是摇摆不定的，而且由于其他种种干预性的考虑，不能与纯粹的和严格的正义之判决相符合。”②既然如此，那法外私刑的问题究竟何在？相关的问题对于公平正义的实现又具有怎样的含义？

法律制裁

关于法外私刑，由于其操作是由某一个人或某几个人根据他们自己的观念去进行的，这使得惩罚的行动可能受到个体私利及情绪的影响。在极端的时候，法外私刑者或许他自诩正义，其实只是在为他自己所犯下的暴力行为寻找冠冕堂皇的借口。

在《无人生还》中，法官曾经说过这样一段话：我十几岁的时候就意识到自己是个矛盾的集合体。只要看见死亡或者亲手造成死亡，我会像虐杀狂那样高兴。但是，我也同时具备强烈的正义感。影片中曾有一个镜头：法官每次给犯人判处死刑后，都要亲自去观看行刑现场。当他西装革履地端坐在那里时，他的眼神让人不寒而栗。

---

① 《东方快车谋杀案》由英国柯林斯犯罪俱乐部于 1934 年首次出版，参见百度百科“东方快车谋杀案（阿加莎·克里斯蒂创作侦探小说）”。

② 康德．康德著作全集：第 6 卷[M]．北京：中国人民大学出版社，2007：344.

正义使者与虐杀狂有时只在一线之间。一旦个体的行为决策受到私利和情绪的支配，私刑的公正性就难以保障，这是法外制裁者的一个普遍缺陷，特别是制裁的主体是当事人本身时。毕竟，制裁者本人也拥有感情和冲动，他们如何保证自己一碗水端平？或许他今天的心情好，对某个罪犯的惩罚就会轻一点；又或者他心情不好，对某个罪犯下手就重一点。相比而言，在法律体系下，陪审团等相关的制度规定在极大程度上能够克服和避免私人利益和情绪对于决策的干扰和影响。

当然，法外私刑支持者一般是在法治不健全的体系下为弥补法律不足而引致的正义缺失而出现的，私刑行使者的目的在于弘扬社会的公平正义。但问题是，法外私刑者出于正义的行为是否就必然保证其行为的正义性呢？

问题并非如此简单。因为，受信息与能力的约束和限制，法外制裁者对罪犯的判断很可能是不公正的，甚至可能扩展到无辜的人。法律体系虽然有可能不完整，但它好歹是一套体系，使用这一套体系，一般能最大限度地对犯罪者做出公正的判决。但伸张正义的法外制裁者，他们所掌握的信息往往只是个人的信息，而其行为标准也仅凭借他本人的一己之见，这使得他们对犯罪者的惩罚标准不一定合理。

在影片《无人生还》中，女佣埃塞尔·罗杰斯或许就受到了不公正的待遇。埃塞尔·罗杰斯和她的丈夫都被老法官指控杀害了他们的前任雇主，并进而被老法官给杀了。但杀掉前任雇主不一定是埃塞尔·罗杰斯本人的意愿，因为她的丈夫在杀害前任雇主时，她不在场，甚至事先并不知情，她可能只是迫于丈夫的压力而闭口不谈。这也就是说，她可能只能算作一个胁从犯，或者更加轻一些，只是犯有包庇罪。如果真如此，那老法官将埃塞尔·罗杰斯杀害就远超出了她应受的惩罚而违背公平正义。

也正因为如此，在法外私刑之类的小说与影视作品中，主人公往往被设定为具有信息和能力的优势（即公正得以实现的能力——信息保障条件）：在《无人生还》中，老法官拥有职务之便，拥有很多的渠道来收集这些人犯罪的证据；而在《东方快车谋杀案》中，波洛侦探能力超群，能够从蛛丝马迹中发现事实的真相。但此等假设很难引申到一般的情况，毕竟，法的制裁者往往并不拥有司法机关所有的调查权，缺乏可供调查的人力、物力和财力。他们本意也许是好的，但却很有可能被人利用而成为罪恶的帮凶。

道德审判

法律制裁是如此，道德审判同样也是如此。在社交网络和媒体上，我们时常能看到“法律无法帮助的受害者”向社会发出求助的呼声，很多热心的网友会帮他们转发和呼吁，或是痛斥所谓的“人渣”。但很多时候我们发现，事件可能会反转。因为，真实的情况可能是，所谓的受害人其实只是想借助社交网络的力量占对方的便宜，或者是先发制人。

诸如此类的事件不胜枚举。在微博上，“带节奏”这一现象比较常见。知名大V发表看法，动辄万人跟随，随后一些事件的性质就在舆论的大方向之下被确定。然而，真相却往往并非如此。例如前几年的重庆大巴坠江事件，舆论一开始都是在攻击另一侧车道的女司机，但当公交车监控画面曝光后，才发现事实并非如此。了解的片面性与群体的盲从性，很有可能会让群体的观点偏离公平正义。

再比如清华女生性骚扰事件。当事女生将蔡同学的相关信息在社交媒体上发布之后，其行为得到了诸多网友的声援和支持：网友@Skkkip（微博）就认为“她做得非常好”，“表现出了强大的自我”，“男蛆之所以跳脚，之所以是她而不是别人被口诛笔伐，恰恰是因为她表现得如此无畏，反击得如此坚决而果断，所以他们恐惧了”。显然，不管是当事女生本人还是其支持者，他们在私自进行道德审判时已经主观认定蔡同学对当事女生进行了骚扰。相比而言，由于有监控视频等作为判别基础，基于正规途径而进行的判断就纠正了由此带来的偏差。可以设想：如果当时没有监控或者监控失灵，事情进展又会怎样？私自的道德审判又要将无辜的蔡同学置于何地？

12.5 子贡赎人为何反被批？

《吕氏春秋》里记载了“子贡赎人”这么一个故事：

在春秋时期，鲁国曾有这么一项规定：赎回沦为他国奴隶的同胞，国家将报销费用并给予奖励。因为此政策的实施，许多流落他乡为奴为婢的鲁国人获得自由身而返回故土。有一次，子贡也赎回了一个鲁国人，但由于他财力雄厚、品德高尚，因此拒绝了国家的奖励。鲁国上上下下听说这事后纷纷称赞子贡重义轻财，是个君子。子贡自己也非常得意，认为自己做了善事而不求财物回报是更高的善举。但他的老师孔子听了这消息后却十分生气，并对子贡进行了批评，认为子贡此举实在太愚蠢了。①

子贡的善举为何反被孔子批评呢？按照康德的动机论，子贡出于义务性动机而不是出于倾向性动机去赎人，这不正是值得肯定和表扬的行为吗？为何出于义务性动机的行为反而受到批评了呢？

无知的热心

其中的原因，在孔子看来，这与子贡没有充分考虑其行为的后果有关：

鲁国人被赎回，救人者被人称赞的同时也应得到相应的酬劳，这是平衡的规矩道理。然而，子贡却把它打破了，日后人们赎回奴隶，若领取赏金，可能会受到别人的嘲笑，被当作贪财之人。而若不领取赏金，虽然会得到称赞，但却会白白蒙受金钱的损失。由于鲁国富翁少，平民多，许多平民难以承担这一损失。这么一来，救了奴隶后，要么是被人嘲笑，要么是自己蒙受损失。长此下去，大家恐怕都会对受苦受难的奴隶视而不见。②

① “子贡赎人”和“子路受牛”的故事[EB/OL]. 品略图书馆，2020-07-10.

② “子贡赎人”和“子路受牛”的故事[EB/OL]. 品略图书馆，2020-07-10.

与子贡的情况恰好相反，孔子的另一个学生子路救了一个溺水的人，被救的人很感激子路，要送一头牛给他，子路欣然接受了。孔子听说之后，非常高兴，说道："从此之后，再见到溺水的人，必定人人奋力相救。"①

无知的热心，犹如在黑暗中远征！子贡赎人和子路受牛这正反两方面的故事说明，个体行为决策的正当性、公正性、合理性，不仅要出于心，而且要出于智：单有心是不够的，行为选择的正当性还需要以人类理性所具有的"智"作为前提（即公正实现的知识、智慧保障条件），否则，我们的行为选择的结果可能与我们所要追求的目标不一致，在有的时候，善良的心可能会引致错误的、甚至是悲剧的结果。

比如罗马限价法令。公元 301 年，大罗马皇帝戴克里先（Diocletian）颁布了《关于被卖物价格的告示》（Edictum De Pretiis Rerum Venalium），该法令设立了最高工资标准，并对许多商品——特别是食品——设定最高限价：凡是以高于规定限价销售相关商品的人，一律处以死刑。结果，雇工们悄然失踪，或者只坐不干。而卖主则纷纷撤回商品，他们不愿冒险，也不愿按法令规定的限价销售。该法令最终被撤回，成为人们愚弄嘲笑的经典题材，更给大罗马帝国的声望和权威留下了永远抹不去的阴影和创伤。②

安特卫普市的粮食限价令与此类似。荷兰独立战争期间（公元 1584 年），帕尔玛公爵亚历山大·法尔内塞（Alexander Farnese）率领他的部队包围了荷兰最大的城市安特卫普。起初的围城不起什么作用，因为帕尔玛公爵的战线之中存在不少空隙，而且安特卫普这座城市拥有海上运输线。但是，帕尔玛公爵得享上帝垂怜，运气不错，因为安特卫普市地方行政官宣布对粮食设定最高限价，这严重挫伤了广大走私分子突破封锁线运送粮食的革命热情。面对饿得找不到腰的困境，安特卫普于次年投降。③

有知的无情

善良的心，如果不考虑行为的影响，可能会带来悲剧性的后果。反过来，某

① "子贡赎人"和"子路受牛"的故事[EB/OL]. 品略图书馆，2020-07-10.

② 愚蠢的经济学错误[J]. 博客天下，2011(21).

③ 愚蠢的经济学错误[J]. 博客天下，2011(21).

些看起来不能为人们所接受的“无情”，由于它们是建立在理性考量基础上的次优选择，反倒可能会带来意想不到的收益。比如，向救灾粥中掺沙子。

乾隆年间曾发生了大旱灾，乾隆派遣和珅等官员前去救灾。让和珅没有想到的是，灾民的数量远远超过了他们的想象，而他们带去的救灾粮数量很有限，都给的话迟早有不够的那一天。和珅苦思冥想，最终想出了一个法子：不再给百姓们发米，而是施粥，且往粥里放了一些沙子，很多人因此而走开了。原来，除了真正需要救助的人，灾民中还有一些富贵人家的人，他们穿着破烂的衣服来冒领粮食。①

作为中国历史上的有名贪官，和珅可谓劣迹斑斑。但是，在救灾这一问题上，和珅倒是很有智慧和理性：往粥中加沙子的做法将那些没有实质性困难的人给排除在外而保证救灾人群的针对性，此时无情胜有情。

“廉租房应该是没有厕所的，只有公共厕所，这样的房子有钱人才不喜欢。”经济学家茅于轼的“茅厕论”曾在互联网上引起了广泛的讨论，很多人针对这一言论发表了看法，包括对于这一观点的批判。②

具有代表性的观点认为，穷人也有享受独立厕所的权利，廉租房没有独立的厕所，这是对穷人的不尊重。在他们看来，要解决富人入住廉租房的问题，最佳的办法就是加大申请者的财产审核力度。

确实，如果财产审核制度健全的话，此举的必要性会下降。但问题是，在财产审核制度存在漏洞和缺陷的情况下，看起来不合情理的做法又有其理性可取的一方面，它可能相比那些看似善意的举措更能保障廉租房的效果，使得真正需要廉租房的人能够得到。

12.6 应禁止政治不正确吗？

政治正确(Political Correctness)是在近代思想及政策研究中的专业名词，

① 乾隆派和珅去赈灾，和珅却向粥里掺沙子，不料灾情迅速得到了控制[EB/OL]. 搜狐网，2020-10-27.

② 茅于轼建议廉租房不设厕所防富人购买[N]. 信息时报，2009-03-19.

它在不同的社会中，其语义可能有不同。广义指在言论、行为上，不顾客观事实，迎合主流价值观、道德和舆论导向。也可以指那些无视事实，站在道德制高点上全力支持主流价值观的人。而政治不正确，就是与主流价值观、道德观不一致的观点。① 极端例子如支持纳粹等。对于政治不正确的言论，威权主义者与国家干预主义者往往主张在法律和政策上加以限制乃至禁止。在他们看来，政治不正确的错误言论如果任由发展，这会对社会发展不利，比如误导公众并带来其他方方面面——思想上的和行动上的——负面影响。

直觉上看，既然言论是不正确的，而不正确的言论又确实可能误导公众和社会决策，在法律和道德上加以限制或禁止是极其自然的。但是，以密尔（穆勒）为代表的自由主义者却认为，与其他方面的个体自由一样，个体有言论的自由，法律应该加以保护而不是限制。在密尔（穆勒）看来：个体自由“要求在不论是实践的或思考的，是科学的、道德的或神学的一切题目上的意见和情操的绝对自由。”②

那么，自由主义保护言论自由的依据是什么？为什么对于那些明显存在错误的言论，自由主义者要加以保护而不直接加以限制和禁止？是他们有意护短吗？自由主义能够为其观点做出辩护吗？相关的辩护对于公平正义的实现具有怎样的含义？

真理如何战胜谬误？

自由主义者之所以要保护包括不正确言论在内的言论自由，这不是他们不明是非，要任由谬误、歪理横行，而在于：在他们看来，自由而公开的讨论，是接近真理的唯一可靠途径。③

比如，转基因食品是否安全、是否应该禁止的问题。转基因就是通过基因工程技术将一种或几种外源性基因转移到某种特定的生物体中，使其产生可预期的、定向的遗传改变。以转基因生物为原料加工生产的食品就是转基因食品。

---

① 政治正确是虚伪的吗？[EB/OL]. 美篇网，2017-06-11.
② 密尔. 论自由[M]. 北京：商务印书馆，2015：14.
③ 密尔. 论自由[M]. 北京：商务印书馆，2015：25.

那么,转基因食品是否安全呢?社会是应该支持还是抵制?2013 年 9 月,方舟子发起由基因农业网赞助的"品尝转基因玉米活动",央视主持人崔永元在腾讯微博上发表评论,由此引起了两者间的一场大战:

方舟子:昨天,在中国工程院院士戴景瑞等专家的带领下,20 多名网友来到中国农业大学试验基地采摘转基因玉米,并煮熟品尝。品尝转基因玉米虽无科学研究价值,但有科普价值,应创造条件让国人可以天天吃转基因食品!

崔永元:转基因食品,你吃吗?你可以选择吃,我可以选择不吃。你可以说你懂"科学",我有理由有权利质疑你懂的"科学"到底科学不科学。你可以说我"白痴",我也可以说你"白吃"。

方舟子:你当然可以选择不吃,但是不要传谣阻碍中国农业技术发展。我科普的是国际权威科学机构认可的科学,你根本不懂,有何资格质疑?

崔永元:哪句是"传谣"?你怎么知道我不懂?先补习一下语文和逻辑入门再"科普"好不好?这么两句中国话都看不明白,有何资格科普?①

2017 年 8 月 17 日,崔永元被邀请至复旦大学做演讲,结果在会场上出现了类似的情况。从转基因作物"黄金大米"开始争论,复旦大学的一位老师怒怼崔永元,差点都要动手了。其中,复旦的老师说:"我认为科学,你认为不科学,这是你的事情。问题出在程序上、伦理上,不是科学上。你非要讲科学性,说实话,你有什么资格跟我讲黄金大米的科学性?"②

那么,转基因食品安全性的实际情况究竟如何呢?真理究竟是站在以方舟子为代表的支持者这一边,还是在以崔永元为代表的质疑者那一方呢?

很显然,不管是转基因食品的支持者还是质疑方,简单地认为它安全或不安全都是不够的:质疑转基因食品安全性的论者,需要举出质疑其存在不安全的依据和理由;而转基因食品的支持者,他们为转基因所做的科普不能局限在吃转基因食品上,更是应该对相关的质疑做出科学、理性的回应,为转基因的安全性提

① 方舟子召集网友试吃转基因玉米 称应让国人天天吃[N]. 京华时报,2013-09-08. 崔永元与方舟子论战 网友:公说公有理 婆说婆有理[EB/OL]. 长城网,2013-09-11.

② 回看!崔永元与复旦大学教授激辩转基因视频[EB/OL]. 搜狐网,2017-08-21.

供科学的论证，使得转基因食品的安全性、合理性能够在人类理性的法庭面前得到应有的辩护。而禁止质疑、简单地将质疑转基因的观点定性为“传谣”，这丝毫都不能提升人们对于转基因食品安全性的认可而只能增加人们的怀疑甚至是不信任。

这也就是说，真理的发现其实是通过自由讨论、公开辩论与理性对话而不是通过简单的禁止、压制来实现的。也正因为如此，言论自由与学术自由是大学精神的灵魂：蔡元培时代的北大大力提倡“兼容并蓄”的精神；而哥伦比亚大学的讲坛甚至向“敌人”开放：

2007 年 9 月 24 日，美国哥伦比亚大学不顾多方强烈反对，邀请“美国公敌”伊朗总统内贾德前往演讲。校长李·博林格明确表示，为激烈辩论提供论坛是哥大的长期传统，允许内贾德演讲是言论自由和学术自由的表现。

然而，博林格的“欢迎词”是这样的：“当你来到这样的地方，会显得非常可笑，因为你(的讲话)要么是厚颜无耻的挑衅，要么就是显得令人惊异的无知，让我们开门见山吧。总统先生，你展现了一个狭隘、残酷的独裁者所拥有的一切特征。”

内贾德站起来，也照样鼓掌。做过宗教祈祷之后，他回应道：“校长的开场白，简直就是对在场观众知识的侮辱。”①

真理的发现之所以需要通过自由讨论与公开的辩论来实现，这与如下一个基本事实有关：人类理性总是处于无知之中。就转基因食品而言，由于它是一种新的事物，且理论上确实存在各种可能性，其安全与否，这存在不确定性。在此情况下，对与错，是与非，都应该且只能通过公开的讨论和辩论来加以识别。

直接禁止谬误有何问题？

相反，如果对于可能不正确的言论直接加以禁止，斥之为谣言或者谬论，这其实是在一定程度上禁止了对真理的客观讨论。结果，遇到所有的事都站在大

---

① 邀请敌人演讲[J].今日文摘，2010(11).

众和舆论的角度而无视事实，所发出的言论都只关乎立场而不关乎内容，更极端地说，只关乎国籍、身份而不关乎事实。这非常不利于真理的发展：

其一，主流的观念、普遍认可的事实以及为权威所推崇的学说，它们本身也可能是错误的，哪怕是我们认为天经地义的真理，也都可能有误。在此方面，历史给我们提供了大量的例子，比如，“重的物体比轻的物体落地快”“地球是宇宙的中心”等。相反，与主流观点不一致的“异端”则可能是正确的，或者是部分正确的。在此情况下，出于对主流观点的辩护而禁止“异端邪说”，这就不是在捍卫真理，而是在固守谬误：直接禁止“异端邪说”其实是使社会丧失了一个以谬误换取真理的机会！

其二，主流的观念、普遍所认可的事实以及为权威所推崇的学术，哪怕它们是真实可靠的，它们也需要得到进一步的辩护，需要增强社会对于它们的认可度，比如公正、法治、自由等社会基本价值。但是，对相关价值所做的辩护，恰正是建立在歧视、人治、强制等对立面之上的。直接禁止了相关对立的观点，这其实也就阻碍了真理和谬误进一步争锋、进一步强化人们对真理进行认识的机会。

其三，直接禁止谬误可能使得真理变成硬性的教条。相反，在同时允许不正确言论存在的环境下，正如密尔（穆勒）所言：不正确的言论使正统观点接受一些观念的挑战，将会防止它成为硬性的教条和偏见，阻碍陷入荒谬的一致性陷阱。现实表明，一个强迫其成员接受习俗和传统的社会很可能会陷入一种荒谬的一致性陷阱，从而剥夺了其自身促进社会进步的能量和活力。①

其四，在制度上，如果允许对不正确的言论直接加以禁止而不允许它们为自己的合理性进行辩护，那些手握真理判断大权的人，就很容易以禁止不正确之名来行不正确之实，人类科学发展史中的宗教迫害为我们提供了诸多有案可查的实例。

言论的负面影响怎么办？

尽管不正确的观点有其价值和意义，但是，真理毕竟是真理，而谬误固然是

① 密尔.论自由[M].北京：商务印书馆，2015：40.

谬误，主张对不正确言论加以限制和禁止的论者还是可能认为，不正确观点的负面影响客观存在，而从防止其负面影响的角度看，禁止不正确的观点还是有其理由。问题是，不正确言论的负面影响究竟是什么呢？相关的负面影响能够成为禁止不正确观点的正当理由吗？

其一，以防谬误遮挡真理的光辉？在现实性上，谬误影响人们对于真理的认知在某种意义上说是客观存在的。但问题是，是否可以基于防止谬误遮挡真理的光辉而禁止不正确的言论呢？直觉上看，对谬误直接在制度上加以禁止，真理就直观地摆在人们面前，这就保护了真理不受谬误的影响。但是，真理的光辉不是独立存在的，真理之所以有光辉，恰恰在于有谬误，就像光明之所以有价值，恰在于世界有黑暗。进而，真理要凸显出光辉，不是禁止谬误出现，而是将谬误和真理一起摆出来：真理不会因为谬误的存在而遮掩光辉，相反，恰好因为谬误的存在而熠熠生辉。密尔在《论自由》中说过，迫使一个意见不能发表就是对整个人类的掠夺。因为假如这个意见是对的，就失去了一个以错误换真理的机会，假如那个意见是错的，也失去了从真理与错误的冲突中产生出来的，对于真理更加清楚的认知和更生动的印象。①

真理要凸显其光辉，需要以谬误为参照：谬论越多，谬误越大，真理也就越有力量。也正因为如此，真理的真正守卫者，对于谬论，他们往往不是禁止，而是欢迎：我不同意你的观点，但我誓死捍卫你说话的权利。之所以如此，这在于在他们的心中有如下坚定而恒久的信念：其一，真理不会被谬误所击倒，因为，真理本身是不会被击倒的；其二，谬误的存在不会削弱真理的力量，而是在增加真理的力量。反过来，这也就意味着，主张对不正确言论加以禁止者，他们很有可能不是真理的守卫者，而只是某种传统、利益的卫道士。他们之所以对所谓不正确的言论加以限制和禁止，很可能在于他们所要保护的观念才是真正不正确或存在不正确的方面。

其二，避免公众被谬误所误导？错误言论确实有可能误导公众，现实中，也时常不乏妖言惑众的“有意作伪”者。针对方方面面的谬误和偏见，在制度上直

---

① 密尔．论自由[M]．北京：商务印书馆，2015：20.

接对它们加以禁止,这似乎是釜底抽薪的最有效之策。但问题是,对于真理的认知,它不仅在于知晓真理是对的,同时更是在于理解谬误是错的:不理解谬误所存在的问题及原因,对真理的认识至少是不完整、不深刻的。而要能够理解谬误及其存在的问题及原因,第一要务恰正是要让谬误和偏见加以彻底地表达出来。如果一开始就在法律和道德等制度层面对谬误和偏见加以明确禁止,那它们就不能得到彻底的表达,进而,我们也就难以理解它们为何错了,当然,也就难以充分理解真理为何是对的。

对于真理的认知和理解,需要以谬误的充分表达为前提。而对谬误可能带来的误导的防范与阻隔,也并不一定需要直接对谬误加以禁止。因为,对于可能存在的谬误,除了直接加以禁止之外,还可以对可能存在的谬误做出提醒和标识。在此方面,美国前总统特朗普曾发推特宣布赢下密歇根州,但被推特打上标签"无证据,存争议"。显然,通过打标签进行提醒相比直接禁言(比如后面特朗普推特号被禁的情况)更为可取。一方面,它极大程度地防范了公众被误导的可能;另一方面,它也可以避免禁止正确言论所带来的尴尬。

面对谬误给公众可能带来的误导,之所以不是直接的禁止,而是将真伪的辨别权交给社会公众自由判断,这与如下基本理念有关:(1)是个体理性辨别的能力及其权利。如果言论是自由的,不仅给不正确言论的自由,同时也给正确言论的自由,在同时存在两种言论的情况下,社会公众有辨别是非的能力。而主张直接加以禁止的论者,他们往往以如下假设为前提:社会公众的辨别能力是如此之低,容易受到妖言惑众者的蛊惑,他们没有能力及相应的权利。(2)是"观点自由市场"的有效性和"真理自我修正"的可能性:

"应对'有意作伪',需要营造一种争吵文化,它不要求每个公民思想、相信、希望同样的东西,而是着力保障各色人等自由表达的权利,容忍异见自不必说,就是愚蠢的问题也有专业的人士认真作答。要是有了这样一个观点自由市场,耳聪目明的公众就自能择善而从,轻巧应对'有意作伪'。"①

① 自由争吵:择善而从[N].南方周末,2015-05-14.

其三，避免给他人带来伤害？这首先要看伤害的类型：如果言论是在无端地攻击人，这无疑是不允许的。与此同时，如果某种言论纯粹是对其他个体的欺诈，此等言论也是需要禁止的。自由主义所保护的言论自由是个体有关公共事务、公共决策发表自己观点的自由，不是欺诈他人、对其他个体无端进行人身攻击的自由。

当然，在公共事务、公共决策领域，言论的自由还是可能会伤害到一部分人：发表关于进化论的言论可能会让某些宗教信徒感觉受到伤害；你就说是自己爱吃肉，都可能有素食主义者或者吃不起肉的人表示自己受到了伤害。同时，真理的阐述，对于谬误的支持方来说，可能会影响其颜面。但问题是，如果自己是对的，"我"完全可以就对立方的观点进行反驳。如果自己是错误的，我们是否应该为了避免自己受到伤害而固守谬误呢？我们是否应该为了自己的所谓颜面而顽固不化、坚持错误的观点呢？

12.7 公正的条件及其含义

公正如何才能成为可能，涉及多个层面的问题：其一，是决策主体的动机层面，个体的行为应该保持中立性并克服情绪对于理性决策的影响；其二，是决策的信息和依据层面，行为的公正性应该以应有的信息和知识为基础，单纯的行为动机并不能充分保持个体行为的正义性；其三，是社会决策的制度规则、程序层面，由于个体的理性是有限的，公正的实现离不开就公共问题进行自由辩论的理性对话机制和环境。相关的条件对于公平正义的实现具有重要的价值和意义。

一方面，在个体层面，为了保证个体行为的公平性，在进行决策时，我们应该尽可能使得自己的利益保持中立，尽量控制自己的情绪，行为的选择不依赖于自己的情绪，而是依赖于信息、知识掌握基础上的理性判断。而对于与自己观点不一样的看法，则给予充分的尊重和倾听。反过来，对于各种可能的异议和批评，如果我们加以拒绝、甚至是进行打击，最终可能会使得我们丧失自我。

2006 年 11 月 5 日，伊拉克高等法庭判决：前总统萨达姆被判绞刑，择日押赴刑场。法庭指控他1982年报复杀害杜贾尔村148名什叶派村民。判决书宣读完毕，法官给萨达姆最后5分钟时间作法庭陈述。下面是其陈述的内容：

各位逊尼派兄弟、伊拉克人民、我的真主：

我对今天法庭的判决，一点都不感到意外。自从我落到布什手上，就知道迟早会有这一天。即使不判我绞刑，我也会选择杀身成仁。在美国发动的这场侵略战争中，我的两个儿子、我8岁的孙子、我的许多同胞亲属，都死了，我活着已没有任何意义。我选择与真主同在。

为了伊拉克人民的自由和解放，我奋斗了一辈子。与伊朗打了8年，曾想收复科威特这块失地，也同美国打了3次海湾战争，我的本意是为了捍卫国家利益，让伊拉克成为穆斯林世界的真正领导者。但我没有成功，现在已筋疲力尽。我只能把这项未竟的事业，留给我们的后代，愿真主保佑伊拉克。

今天的宣判，不仅是我个人的悲剧，也是伊拉克的悲剧。我在位24年，从没有人敢反对我，从没有一个教派敢牵制我，我周围的人都在逢迎我的想法，都当面一套，背后一套。是我的独裁和专断，蒙蔽了我的眼睛，而落得今天的下场。

如果再给我一次机会，我一定选择当一个开明君主，让各个教派畅所欲言，让人民充分表达意见。因为只有这样，才会让我的决策变得更准确，才会让我保持清醒的头脑。但这只是一个假设，一切都无法挽回，伊拉克人民再也不会给我这个机会。我赴死后的第一件事，就是到真主面前，忏悔我的罪过。

永别了，我的穆斯林兄弟！永别了，我的伊拉克！①

在最后的陈述中，萨达姆已经清楚地认识到广开言路的重要性，但过错已经酿造，悲剧无法挽回。

另一方面，在社会层面，为了实现社会的公平正义，应该在制度规则上创造条件，使得个体公正决策的相关条件得到满足。包括：(1)通过决策程序的设计，比如司法中的亲属回避制度等，使个体的利益与其决策独立开来，并避免个体情绪对理性决策的影响；(2)通过制度的设计，将与决策相关的信息和知识充分考

① 萨达姆临死前的法庭陈述[EB/OL]. 西陆网，2018-05-02.

虑进来；(3)充分保护异议，容纳不同的观点。在此方面，马克思、恩格斯曾指出：舆论是国家立法最丰富、最可靠和生气勃勃的源泉。而习仲勋同志则“曾设想制定保护不同意见制度”，他多次讲要保护不同意见，这是他的切身体会。[①]

当然，有关公平正义的实现条件和机制的讨论，这存在一个前提：决策者试图去践行公正的价值和理念。但是，在现实中，这一前提条件可能并不满足。相反，强权者往往试图利用其权力来维护自己的利益及其统治。那在此情况下，公平正义是否还有实现的可能？

应该说，由于强权的存在，公平正义的实现会面临很大的困难。但从人类历史发展的进程来看，公平正义的实现是不可抗拒的潮流：公平正义有自我实现的潜力和可能。因为，即便是强权拥有者，其自我利益的保护也离不开公平正义。在此方面，人们经常援引卢梭的一句话来说：“最强者并非永远能保持其主人地位，除非他将力量化为正义，将服从化为责任！”

思考题

(1)ALS冰桶挑战赛(ALS Ice Bucket Challenge)简称冰桶挑战赛或冰桶挑战，2014年由美国波士顿学院(Boston College)前棒球选手发起。该活动旨在让人们了解并体会被称为“渐冻人”的罕见病人，同时募款治病。活动要求参与者在网络上发布自己被冰水浇遍全身的视频内容，然后该参与者便可以要求其他人来参与这一活动。活动规定，被邀请者要么在24小时内接受挑战，要么就选择为对抗“肌肉萎缩性侧索硬化症”捐出100美元。ALS冰桶挑战赛在全美科技界大佬、职业运动员中风靡并扩散至中国，科技界大佬纷纷响应。包括比尔·盖茨在内的名人、明星都接受了挑战，美国总统奥巴马虽未应战，但选择捐款100美元。[②] 请问，为何要有冰桶挑战赛？它对于公平正义的实现有何启发意义？

(2)贾平凹的小说《老生》中有一个关于一位秦岭老人的故事：这位老人是我

---

① 高锴忆习仲勋：“他曾设想制定保护不同意见制度”[EB/OL]. 21世纪报道，2013-10-15.

② 参见百度百科“冰桶挑战赛”词条。

一个熟人的亲戚，熟人给我多次介绍，这位老人是他们那条峪里六七个村寨中最有威望的，几十年来无论哪个村寨有红白事，他都被请去做执事。即便如今年事已高，腿脚不便，但谁家和邻居闹了矛盾，哪家兄弟分家，还是用滑竿抬了他去主持。我见到了老人，问他为何如此德高望重，他说："我只是说些公道话而已。"再问他怎样才能把话说得公道，他说："没有私心，你即便错了，也错不到哪儿去。"请问：我们如何理解秦岭老人所说的"没有私心，你即便错了，也错不到哪儿去了"这句话？

(3)2017年8月，河北省涉县一男子因在网上指责医院食堂饭菜难吃，被警方处以行政拘留五日，引起网民强烈反对。另外，陕西华县一教师在网上吐槽"为什么要强制捐款200元"，被警方处以行政拘留五日。处罚通知书称，李某于2017年6月7日8时50分在西部网以"刘铭"发布了标题为"华州区强制所有公职人员捐款200元，请问是否合理?"的不当言论，造成严重的社会负面影响。决定给予李某行政拘留五日的处罚。对网上吐槽被抓捕的问题，《人民日报》上的评论曾呼吁有关方面要尊重老百姓发声的权利，多一些说理的机会，有可供吐槽的多元化平台。评论警告说："吐槽不可怕，可怕的是不再吐。"请结合相关的案例，谈谈自己对于《人民日报》评论警告的看法，这对于公平正义的实现具有怎样的含义？

(4)在鸟类，杜鹃的名声较好，声声啼血的传说，指认杜鹃为蜀帝冤魂所化，还有的说它是忧心报国的志士、肠结乡愁的游子抑或哀情哽咽的佳人。春末夏初，杜鹃的四声鸣转，好像在催人赶上农时快快布谷，所以杜鹃又叫布谷鸟，据说谷穗和福祉会随它恳切的劝告一同前来。但杜鹃是寄育的且极残忍，而画眉等由于不知道杜鹃之恶，而世世代代为杜鹃做牺牲。① 请结合"杜鹃之恶"讨论公平正义得以实现的条件。

(5)乔治·奥威尔的小说《1984》描绘的那个社会是病态的。所有人的一言一行都受着监控，人们无法表达自己的观点，思想都被束缚僵化。社会没有道德秩序可言，更不要提公平正义了，这些概念都会被少数统治者所定义并直接传输

---

① 杜鹃之恶[N]. 齐鲁晚报，2005-05-18.

给每位公民。这与分歧通过相互对话来解决完全不同,人们无法表达自己的观点,没有分歧也没有观点的碰撞,社会是一潭死水,也不会进步。这说明了什么?

(6)新冠疫情期间,微博上谣言四起,造谣者、辟谣者层出不穷。面对微博这一相对言论自由之地,拉黑、举报用户、没收造谣者言论自由这一行为是自由本身的体现,还是自由的另一种侵犯?

(7)伊斯兰教戒律认为,妇女全身都是羞体,假如有男人看见了陌生妇女的面孔,则被认为是不吉祥的。如今阿拉伯女性受到妇女思潮开放的影响,很多大城市里的妇女也逐渐抛弃面纱、长袍,穿着时装和男子一同参与社交活动。随着社会的发展,人类的思想也在不断交流碰撞,打破许多固守的观点是未来不可阻挡的趋势。这说明了什么?